EVA-MARIA UND WOLFRAM ZURHORST
Das Liebesgeheimnis

W0058255

G GOLDMANN
Lesen erleben

Buch

Viele Menschen ahnen nicht, wie viel mehr Liebe und Beziehungsglück das Leben für sie bereithält. Eva-Marie und Wolfram Zurhorst
zeigen in diesem Praxiskurs, wie jeder dieses unerschöpfliche Potenzial entfalten kann – egal ob als Single oder in einer Partnerschaft.
Dieser Kurs zeigt Ihnen einen einfachen Weg, sich von Selbstzweifeln,
alten Prägungen und ungesunden Bindungen zu befreien und stattdessen Frieden mit sich selbst zu schließen. Liebe und erfüllende Beziehungen werden sich dann unausweichlich einstellen.

Autoren

Eva-Maria und Wolfram Zurhorst sind Deutschlands bekannteste Paarberater.
Eva-Maria Zurhorst ist Bestsellerautorin und Beziehungscoach. Ihre
Bücher wurden weltweit in 17 Sprachen übersetzt. Sie war ursprüng-
lich als Journalistin tätig und wechselte später als Kommunikationsbe-
raterin in die Wirtschaft, bis sie nach einer psychotherapeutischen Zu-
satzausbildung das Projekt »Liebe Dich selbst« ins Leben gerufen hat.
Wolfram Zurhorst arbeitet als Beziehungs- und Lifecoach und hat das
Herz der gemeinsamen Arbeit – das Paar-zu-Paar-Coaching – entwi-
ckelt. Er begann seine berufliche Karriere als Manager in führenden
Unternehmen der Textilbranche, bis er gemeinsam mit seiner Frau das
Beratungsbüro Zurhorst & Zurhorst gegründet hat.

Eva-Maria und Wolfram Zurhorst

Das Liebesgeheimnis

Der große Praxiskurs zu
*Liebe dich selbst und es ist egal,
wen du heiratest*

GOLDMANN

Von Eva-Maria und Wolfram Zurhorst sind außerdem erschienen:

Eva-Maria Zurhorst: Liebe dich selbst und es ist egal,
wen du heiratest (21903)
Eva-Maria und Wolfram Zurhorst:
Liebe dich selbst und freu dich auf die nächste Krise (21969)
Eva-Maria und Wolfram Zurhorst:
Liebe dich selbst und entdecke, was dich stark macht (22022)
Eva-Maria und Wolfram Zurhorst: Liebe kann jeder (22234)
Eva-Maria und Wolfram Zurhorst: Das Liebesgeheimnis (22285)
Eva-Maria Zurhorst: Ida (34109)

Verlagsgruppe Random House FSC® N001967

1. Auflage

Vollständige Taschenbuchausgabe September 2019
© 2019 Wilhelm Goldmann Verlag, München,
in der Verlagsgruppe Random House GmbH,
Neumarkter Str. 28, 81673 München
© 2016 Arkana, München,
in der Verlagsgruppe Random House GmbH
Umschlaggestaltung: UNO Werbeagentur, München
Umschlagmotiv: FinePic®, München
Lektorat: Anne Nordmann
JG · Herstellung: cb
Satz und Layout: Satzwerk Huber, Germering
Druck: GGP Media GmbH, Pößneck
Printed in Germany
ISBN 978-3-442-22285-8

www.goldmann-verlag.de

Besuchen Sie den Goldmann Verlag im Netz

  SINN SUCHER

Für all die mutigen Menschen,
mit denen wir schon arbeiten durften

Möge dieses Buch Ihnen und vielen anderen helfen,
neue Lebensfreude, Lebendigkeit und Heilung
in Ihr Leben und Ihre Beziehungen zu bringen.

Inhaltsverzeichnis

3. Kapitel
Wie Sie dem eigenen Herzen folgen

4. Kapitel
Wie Sie frei werden für eine erfüllende Partnerschaft

5. Kapitel
Das Praxisprogramm

Dieses Buch soll Ihnen nicht neue Erkenntnisse schenken, sondern Sie zu Ihrer inneren Wahrheit zurückführen und Sie mit der zeitlosen, immerwährenden Liebe Ihres Herzens verbinden, aus der heraus alles heilen kann. So habe ich, Eva, bei wahrhaft liebenden, mutigen und weisen Menschen aller Zeiten geschaut, was sie über die Liebe zu sagen haben. Egal, in welcher Zeit und bei wem ich gesucht habe, ich habe eine universelle Wahrheit gefunden, die uns alle verbindet. So habe ich Impulse von Menschen, die mir den Weg gewiesen und mich in meinen intuitiven Einsichten bestätigt haben, in dieses Buch eingewebt, um Sie zu ermutigen, den Weg der Liebe zu wagen und Sie daran zu erinnern, dass auch Sie Teil einer universellen, immerwährenden Verbundenheit sind.

Jack Kornfield, einer der großen Meditationslehrer unserer Zeit, hat uns mit seiner Arbeit und seinen Worten oft ermutigt, über unsere Angst und unseren Widerstand hinauszugehen, wenn er sagt:

Die Liebe baut auf unsere Fähigkeit,
stets auf eine Realität jenseits der Angst zu vertrauen,
sich auf eine zeitlose Wahrheit einzulassen,
die größer ist als all unsere Schwierigkeiten.

Die Liebe verlangt nichts.

Manchmal bedeutet die Liebe Standhaftigkeit,
manchmal auch Loslassen oder Seinlassen.
Sie sprießt dort hervor, wo wir weiter gehen,
als die Angst uns trägt, und zur Ruhe kommen
in der Großmut unseres Herzens.

Jack Kornfield

Meditationen zum Download

Begleitend zum Buch haben Eva-Maria Zurhorst und Wolfram Zurhorst das Drei-Wochen-Übungsprogramm mit Meditationen gesprochen, das ein wesentlicher Bestandteil des Kurses ist.

Sie können es kostenlos herunterladen unter:
www.randomhouse.de/zurhorst/liebesgeheimnis

Einleitung

Der ganze Trick
von Liebe dich selbst

*L*iebe *dich selbst und es ist egal, wen du heiratest.* Über diesen Titel hat sich so manch einer vor dem Lesen unseres großen Bestsellers aufgeregt: »So ein Quatsch! Als ob es egal wäre, mit wem ich verheiratet bin.« Am Ende des Buches hat es dann aber bei den meisten klick gemacht, und sie wussten, dass der entscheidende Punkt der erste Teil des Titels ist und dass der zweite Teil mit dem »egal« nur richtig Sinn in Verbindung mit dem ersten ergibt: Liebe dich selbst! Darin liegt das Geheimnis! Nicht nur das Geheimnis von gelingenden Beziehungen, das Geheimnis des gesamten Lebens liegt hier verborgen.

Alles, was Sie in Ihrem Leben mit anderen Menschen erleben, ist ausnahmslos davon geprägt, wie sehr Sie sich selbst lieben. Sie können Superman heiraten, der Sie auf Händen trägt, und trotzdem unglücklich mit ihm sein, wenn Sie sich selbst für Aschenputtel halten. Alles in Ihrem Leben nimmt dagegen dramatisch an Fahrt auf, wenn Sie die Leidenschaft für sich selbst entdecken.

Wenn Sie wüssten, welche Wunder dieses »Liebe dich selbst« bewirken kann, würden Sie nicht mehr zögern, sich mit sich selbst und Ihrer Beziehung zu beschäftigen. Sie würden wissen, dass Sie mit all Ihren Ängsten und vermeintlichen Fehlern einfach perfekt und liebenswert sind.

Wenn Sie wüssten, wie oft wir erleben, dass Menschen völlig verblüfft sind, worum es in unserer Arbeit in Wirklichkeit geht und wie oft wir beim Coaching mitten im tiefsten Schlamassel alle gemeinsam befreit lachen können, wenn die Menschen wieder in Kontakt mit sich sind. Ja, wie viel Spaß wir zusammen beim Erkunden eines Auswegs aus dem Schlamassel haben, wenn diese Schwere erst einmal vom Thema genommen ist. Dieses: »Wir müssen zur Paartherapie.« Als ob Paare krank wären, die nach neuem Leben und frischer Liebe in ihrem Zusammensein suchen.

Wenn Sie wüssten, wie viel Liebe, Lebendigkeit und Lebensfreude, wie viel neue Perspektive in allen möglichen Lebensbereichen wir mit Menschen ausbuddeln, die eigentlich nur deshalb zu uns gekommen sind, weil sie gerade in einer haushohen Beziehungskrise stecken und sich von uns letzte lebensrettende Maßnahmen für ihre Ehe erhoffen. Gerade Männern, die sich eher widerwillig zu einem Paarcoaching haben mitschleppen lassen, fällt oft ein ganzer Fels vom Herzen, wenn sie merken, dass es nicht darum geht, sich jetzt von links nach rechts krempeln zu lassen, sondern dass der ganze Trick in Sachen Liebe darin besteht zu lernen, voll und ganz man selbst zu sein. Und dass die Liebe zu sich und zu einem anderen ein überaus spannendes Spiel sein kann, dessen Regeln zu kennen nicht nur was für Psychoopfer ist. Sondern dass vielmehr der, der die Spielregeln kennt und mit Spaß und Neugierde trainiert, einen unglaublichen Zuwachs an Lebendigkeit und Power in allen Lebensbereichen finden kann.

Wenn Sie nur wüssten, wie sehr eine gesundende Beziehung und die wachsende Nähe zu sich selbst tatsächlich der Nährboden für alle anderen Bereiche des Lebens ist. Wenn Sie das alles wüssten, dann würden Sie jetzt sagen: Komm Schatz, vergiss den ganzen Frust und Ärger – lass uns sofort mit dem Kurs hier beginnen.

Der geheimnisvolle
Anfang jeder Liebe

> »Das Sichtbare ist nur ein Schatten,
> den das Unsichtbare wirft.«

Martin Luther King

Martin Luther King ist nur einer der großen Menschen in der Geschichte unserer Welt, die erkannt haben, dass es eine machtvolle Realität jenseits dessen gibt, was wir mit unseren Augen sehen und mit unseren Händen fühlen können. Und dass diese unsichtbare Schöpferkraft in unserem Geist allem sichtbaren in unserem Leben – auch in unseren Beziehungen – vorausgeht. Was wäre, wenn Ihre und meine inneren unsichtbaren Sehnsüchte tief im Herzen uns in diesem Buch zusammengebracht hätten?

Wissen Sie eigentlich, wie eine Beziehung entsteht? Im Ursprung auf völlig unsichtbarer Ebene und auch oft lange, bevor Sie dem Menschen real begegnen. Eine Beziehung entsteht aus zwei inneren Wünschen und Sehnsüchten, die zueinander passen und sich magnetisch anziehen. Es gibt eine Art energetische Resonanz der Wünsche. Zwar scheint es vielleicht manchmal so, als träfen Sie aus Zufall auf einen bestimmten Menschen, aber diesen Zufall gibt es nicht. Sie beide sind im gleichen Moment am gleichen Ort und offen für eine Begegnung, weil die Anziehungskräfte ihre Wirkung getan haben – auch wenn sich diese Kräfte Ihrem Bewusstsein oftmals nicht erschließen.

Wenn Sie diese Zeilen lesen, ist schon einige Zeit vergangen, nachdem ich, Eva, sie für Sie geschrieben habe. Aber während ich hier sitze, wünsche ich mir von ganzem Herzen, dass dieses Buch Ihnen helfen möge, wahrhaft Frieden mit sich zu schließen, sich selbst wirklich kennen und lieben zu lernen und in Ihren Beziehungen zu anderen neue Nähe, Lebendigkeit und Heilung zu finden. Dass es Sie ermächtigen möge, durch die Liebe zu sich selbst Ihr gesamtes Leben in eine neue Kraft zu bringen.

Ich kann gar nicht in Worte fassen, wie dankbar ich für diesen Moment mit Ihnen bin – in dem Wissen, dass damit eine Beziehung zwischen uns beginnt. Geheimnisvoll, oder?

Ich sitze hier und denke an Sie und schreibe für Sie. Nur wissen Sie davon noch gar nichts. Sie wissen nicht einmal, dass es dieses Buch irgendwann geben wird. Und trotzdem kann schon hier und jetzt unsere Beziehung beginnen, weil Sie in diesem Moment vielleicht gerade irgendwo sitzen und sich mit ganzem Herzen nach Hilfe sehnen. Nach etwas, das Ihnen Frieden schenkt und Ihren Schmerz heilt. Und irgendwo im großen, unsichtbaren Netz, aus dem dieses Universum gesponnen ist, treffen sich unsere Wünsche. Sie mit Ihrem Wunsch, endlich Hilfe zu bekommen, und ich mit meinem Wunsch, jemandem das weiterzugeben, was meinem Mann und mir schon seit vielen Jahren hilft und zum kostbarsten Schatz in unserem Leben geworden ist. Und schon beginnt unsere Verbindung …

Auch wenn Sie noch nicht wissen, dass ich gerade für Sie schreibe – vielleicht ging ja eben ein warmer Windhauch durch Ihr Inneres. Vielleicht haben Sie in diesem Moment ein wenig Hoffnung geschöpft und Erleichterung gefühlt, ohne dass Sie genau hätten benennen können, warum. Da war einfach nur dieses ermutigende Gefühl, dieser tiefere Atemzug, ein sanftes Loslassen in Ihrem Inneren. Vielleicht ja, weil ich hier gerade an Sie gedacht habe. Vielleicht weil Sie gerade den Wunsch nach Hilfe ausgesandt haben, während ich Ihnen voller Vorfreude die Essenz dieses Kurses in Gedanken geschickt habe.

Vielleicht berühren diese Zeilen über unsere unsichtbare Begegnung ja Ihr Herz, und Sie sagen sich: »Ach ja, das wäre schön, wenn wir so durch unsere Herzenswünsche zusammengeführt worden wären. Ich habe die ganze Zeit geahnt, dass es eine Lösung gibt. Und nun lese ich das hier.« Vielleicht haben Sie sich ja auch bereits mit Quantenphysik und anderen modernen Wissenschaften und Studien beschäftigt und wissen, dass Gedanken Energien aussenden, die ihre Wirkung jenseits von Raum und Zeit tun. Und dass Begegnungen tatsächlich vom Gesetz der Anziehung – von den Informationen, die wir ständig unbewusst über unsere Gedanken und Gefühle aussenden – bestimmt werden.

Das tun nicht nur Menschen, wenn sie sich begegnen, sondern auch die Dinge, die wir in unserem Leben erschaffen, sind erfüllt von Energie und Informationen. Der berühmte japanische Koch, Nobu Matsuhisa, hat ein schönes Bild dafür, er sagt: »Sie können gern alle meine Rezepte exakt nachkochen. Aber Ihre Speisen werden nie genauso schmecken wie meine, weil in Ihren Ihr Herz steckt und in meinen mein Herz.«

Mein Mann und ich möchten Sie in diesem Kurs dazu einladen, die Zutaten Ihres Lebens mehr und mehr nach Ihrem Herzen auszuwählen und Ihr Leben, Ihre Beziehungen und all die Dinge, die Sie denken und erschaffen, immer mehr nach Ihrem Geschmack zu gestalten. Dazu müssen Sie zuerst einmal nichts anderes tun, als still werden und lernen zu lauschen. Sie werden noch sehen, dass das viel leichter ist als gedacht.

Wir möchten Ihnen hier ein Handwerkszeug geben, mit dem Sie in Ihrem Inneren ganz allein zuhause Ihr Leben verändern, Ihr Herz und Ihre Beziehungen heilen können und das Sie an Ihre Liebsten und Ihre Kinder einfach mit Ihrem Herzen weitergeben können. Ein Handwerkszeug, das nichts kostet, das jedem Menschen in jedem Alter unabhängig von Bildung oder Geschlecht zur Verfügung steht und mit dem jeder sein Leben verwandeln und heilen kann. Ein Handwerkszeug, mit dem wir gemeinsam eine neue friedvolle und gesunde Welt erschaffen können, nach der wir uns alle in diesen Tagen so sehr sehnen.

Seit fast zwanzig Jahren arbeiten wir so – ganz allein zuhause ohne irgendwelche Hilfsmittel oder Lehrer, einfach indem wir in Stille unser Inneres entdecken und die Welt gestalten, in der wir leben möchten. Das klingt vielleicht noch etwas fern und verrückt in Ihren Ohren, aber ich weiß einfach, dass diese Arbeit über die Jahre meinen Mann, mich und unser ganzes Leben verwandelt und mit einer weisen, inneren Führung verbunden hat. Diese Führung hat uns gezeigt, dass jeder alles, was er braucht, in sich trägt. Er muss sich diesem Schatz nur zuwenden. Und so sitze ich heute hier und ohne dass Sie es wissen, denke ich an Sie und schreibe dieses Buch für Sie, damit auch Sie erleben, dass Sie alles haben, was Sie brauchen.

Wie funktioniert der Kurs?

>>Ein Problem sieht,
wenn es einmal gelöst ist, immer einfach
aus. Der große Sieg, der heute leicht
errungen scheint, ist das Ergebnis einer
Reihe kleiner, unbemerkter Siege.<<

Paulo Coelho

Das sagt Paulo Coelho im *Handbuch des Kriegers des Lichts*. Kennen Sie das auch, dass Sie sich für all die vielen, kleinen Schritte auf Ihrem Weg gar nicht richtig wertschätzen? Dass Sie Dinge als selbstverständlich ansehen, wenn Sie erst mal Teil Ihres Lebens geworden sind? In diesem Kurs geht es ab jetzt um viele kleine Schritte. Bitte würdigen Sie die kleinen Siege! Würdigen Sie jetzt in diesem Moment, dass Sie dieses Buch überhaupt lesen! Dass Sie zu den mutigen Menschen gehören, die aus sich heraus ihr Leben ändern wollen. Die jetzt in diesem Moment beginnen, aus eigener Kraft die Liebe wieder lebendig werden zu lassen. Was für ein Sieg!

In *Das Liebesgeheimnis* zeigen wir Ihnen, wie Sie Ihr Herz wieder für sich selbst öffnen und durch eine Praxis der Achtsamkeit, Annahme und Vergebung Freundschaft schließen mit sich – denn erst eine gesunde Beziehung zu sich selbst öffnet Ihnen die Tür in eine erfüllende Partnerschaft. Im Buch finden Sie einen Downloadlink für ein dreiwöchiges Übungsprogramm, das ein wesentlicher Bestandteil des Kurses ist. Die von uns gesprochenen Audioübungen leiten Sie konkret dazu an, wieder einen liebevollen und unterstützenden Umgang mit sich und Halt, Klarheit und Ruhe in sich zu finden. Sie lernen außerdem, emotionale Verletzungen bewusst loszulassen und sich aus ungesunden Bindungen zu lösen.

Das Liebesgeheimnis führt Sie auf eine Entdeckungsreise nach innen, auf der Sie Ihre Widerstände gegen eine erfüllende Partnerschaft entlarven, Ihr Herz heilen und auch in Krisenzeiten Ruhe und Frieden im Alltag finden können. Sie lernen, wie Sie die Liebe ganz aus sich heraus wieder in Ihr Leben bringen, belastete Beziehungen heilen und sich von ungesunden Bindungen und Abhängigkeiten lösen. Anhand konkreter Fallbeispiele zeigen wir Ihnen praktische Ausstiege aus Partnerschaftskonflikten und einen konstruktiven Umgang mit Krisensituationen. Außerdem vermitteln wir Ihnen einen leicht verständlichen Einstieg in die Meditations- und Achtsamkeitspraxis – eine Praxis, mit deren Hilfe Sie für einen Wandel sorgen können.

In diesem Buch greifen wir die wichtigsten Beziehungsthemen auf. Wir geben Ihnen eine Übungspraxis für den Alltag an die Hand und zeigen Ihnen, wie Sie im Umgang mit sich selbst und als Paar für ein besseres Verstehen, eine gelungene Kommunikation und einen guten Umgang mit schwierigen Situationen sorgen können. Es gibt eine Reihe von Fragen, die wir in unserem Paarcoaching immer wieder gestellt bekommen. Die zentralsten haben wir für Sie gesammelt und leiten Sie damit durch die einzelnen Kapitel. Für das Kerntraining finden Sie unter dem Downloadlink Hörübungen und geführte Meditationen für die tägliche Praxis und den eigentlichen Entwicklungs- und Transformationsprozess. In Kapitel 5, dem *Praxisprogramm*, gehen wir konkret auf die Bedeutung der Meditationen und die Durchführung des Trainings ein und geben hilfreiche Hinweise für die Umsetzung.

Für das vorliegende Buch ist es hilfreich, mit den Lehren und Einsichten unseres Buches *Liebe dich selbst und es ist egal, wen du heiratest* vertraut zu sein, das im Kern dazu auffordern will, einen eigenen Entwicklungsweg zu suchen, statt auf einen idealen Partner und damit die Lösung aller Probleme zu hoffen. Sie werden hier immer wieder Auszüge aus diesem Buch finden.

⚭ *Trennung führt selten zur Lösung. Trennung führt meist nur zur Verlagerung des eigentlichen Problems. Wenn Männer zu mir kommen, vergleiche ich die Trennung häufig mit einem Platzwechsel beim Tennismatch: Geht die Vorhand ständig ins Netz, wird der Spieler das Problem wohl kaum lösen, indem er einfach den Gegner und den Tennisplatz wechselt. Auf einem neuen Platz, mit einem neuen Netz, einem neuen Gegner, aber einer alten überrissenen Vorhand wird* das Spiel nun mal nicht besser. Beim Tennis bleibt bei einem lange falsch eintrainierten Bewegungsablauf nur eins übrig: Der Schlag muss umtrainiert, die Spieltaktik oder der Abstand zum Ball verändert werden. Aber wenn in unseren Beziehungen der Ball zu oft ins Netz geht, versuchen wir es heutzutage immer schneller, immer häufiger mit Platzwechsel und einem neuen Spielpartner. So finden wir vielleicht Erleichterung, Abwechslung und neue Erfahrung, aber wir verbessern unser Spiel nicht. Das macht uns mit der Zeit leer und frustriert. Wir gehen nur selten, weil uns der andere einfach egal ist. Wir gehen meistens – erst recht, wenn es nicht das erste Mal ist –, weil wir hoffnungslos und resigniert sind. Weil wir nicht mehr wissen, wie wir den Ball übers Netz bringen sollen, wie wir eine Lösung finden sollen für etwas, das uns unerträglich erscheint. Meist haben wir mit unserem Partner einen schmerzlichen oder verletzenden Ablauf unzählige Male durchlebt und durchlitten – ohne irgendeine Aussicht auf Veränderung oder Lösung.

Der Kurs ist für einen Zeitraum von 21 Tagen angelegt. Ein Rahmen von 21 Tagen hat sich in vielen Trainings bewährt, um alte Gewohnheiten nachhaltig zu überwinden.

Unser Unterbewusstsein ist grundsätzlich durchaus in der Lage, eine alte negative Prägung in einem einzigen Moment aufzulösen. Hier aber geht es um einen grundlegenden Wandel auf vielen Ebenen Ihres Lebens und um eine Art Häutung Ihres Bewusstseins, und dafür ist etwas mehr Zeit nötig. Wir möchten Sie deshalb anleiten, sich innerhalb dieser jeweils 21 Tage mit Geduld und Konsequenz von den alten Routinen zu lösen, um auf eine ganz neue Art zu sich und zu anderen in Beziehung treten zu können und alte Programme, Glaubenssätze und Muster mit einem neuen Programm zu überschreiben. Erst nach einer Weile beginnt sich das Neue auch tatsächlich in uns zu verwurzeln und in unserem Leben Ergebnisse zu zeigen.

Wir sind in diesem Jahr 21 Jahre verheiratet, die 21 ist eine kraftvolle Zahl für eine echte Wandlung im Unterbewusstsein. Stellen Sie sich vor: Von heute ab in 21 Tagen hat sich der Knoten gelöst; etwas Gravierendes verändert; haben die Umstände sich geklärt; ist Heilung eingetreten und Frieden eingekehrt. Nur noch 21 Tage!

1. Kapitel

Wie Sie
die Beziehung finden,
die Sie suchen

Andersherum denken

Kürzlich folgte ich, Eva, der Einladung eines Bekannten, dessen Frau ihn vor einiger Zeit verlassen hatte. Er trug sehr viel Groll in sich über ihren Schritt in die Trennung, und das Alleinsein jetzt schien für ihn kaum aushaltbar. Er arbeitete ja seit Jahren schon 70 bis 80 Stunden die Woche, und in seiner Freizeit war er leidenschaftlicher Sportler. Als er so vor sich hin schimpfte über das, was seine Frau ihm angetan habe, fragte ich ihn mehrfach, wie es *ihm* denn in der Ehe während der letzten Jahre gegangen sei und was *er* denn brauche, um sich in einer Partnerschaft erfüllt zu fühlen. *»Na ja, wie geht es einem schon mit einem anstrengenden Job und einer Frau, die ständig unzufrieden ist und immer mehr von einem will?«* Er schaute mich dabei an, als ob ich ihn gebeten hätte, mir über grüngestreifte Elefanten auf den Straßen von Wanne-Eickel zu erzählen. Er verstand gar nicht, was ich von ihm wollte und landete dann schnell wieder bei den Vorwürfen gegen seine Frau. Irgendwann am Ende des Abends sagte er: *»Das schwöre ich dir: Beim nächsten Mal such ich mir eine, die geschmeidiger ist und nicht ständig was von mir erwartet und dann am Ende abhaut.«*

Als ich wieder zu Hause war, wurde mir bewusst, dass ich lange niemanden mehr erlebt hatte, der so in seinem Groll feststeckte. Meine Stimmung war gedämpft, weil ich ihn so gar nicht hatte erreichen können und ich fragte mich, warum es für uns Menschen nur so schwer ist, in Sachen Beziehung endlich andersherum zu denken und unser Glück bei uns selbst zu suchen. Durch seinen vielen Frust und Groll war ich selbst ein bisschen jammerig geworden und dachte selbstmitleidig: »*Warum kommt nicht mal einer zu mir und gibt mir die Power, andersherum zu denken? Warum muss ich das immer bei anderen tun?*«

Kaum hatte ich das gedacht, ploppte eine Mail mit einem Hinweis zu einem Gespräch zwischen der berühmten amerikanischen Talkmasterin Oprah Winfrey und einer Frau namens Iyanla Vanzant auf, die als Kind ihre Mutter verloren hatte, geschlagen und vergewaltigt wurde und die jetzt anderen Menschen half, ihr Leben in Ordnung zu bringen. Ich klickte auf den Link zum Interview und hörte Iyanla Vanzant sagen:

»Es ist verblüffend für mich, wie viel Zeit Menschen darauf verwenden, sich Sorgen um ihre Beziehungen zu jemand anderem zu machen. Aber sie verbringen absolut überhaupt keine Zeit, um eine Beziehung zu sich selbst zu entwickeln. So oft wollen Menschen mit jemand anderem sein, weil sie partout nicht mit sich selbst sein wollen. Hier ist die Frage: Wenn du nicht mit dir sein willst, warum sollte dann irgendjemand anders mit dir sein wollen? Wie siehst du aus, wenn du mal nach innen schaust? Hast du einen klaren Verstand? Hast du einen süßen Geist? Hast du ein offenes Herz? Hast du dich im Stich gelassen? Hast du deine Träume im Stich gelassen? Hast du deine Gaben im Stich gelassen? Wann hattest du das letzte Mal eine intime Unterhaltung mit dir selbst? Wann war das letzte Mal, dass du dich selbst ganz allein ausgeführt hast für einen guten Abend mit dir? Wann war das letzte Mal, dass du es ge-

nossen hast, einfach zuhause im Pyjama mit dir zu sein, um etwas zu tun, was dir Freude macht? Wir leben in einer Welt, wo wir von jemand anderem da draußen erwarten, uns glücklich zu machen. Bitte vergiss nicht – die einzige Beziehung, die du da draußen finden kannst, ist eine Reflexion deiner Beziehung zu dir selbst. Also, wenn du jemand wirklich Wunderbaren in deinem Leben haben willst, dann beginne mit dir. Bau deine Beziehung zu dir auf und dann sieh, was passiert.«

Iyanla Vanzant

Ich musste schmunzeln. War ich mir doch in die eigene Falle gegangen und hatte mich an dem Abend selbst verloren und meine Stimmung von der Stimmung eines anderen abhängig gemacht und angefangen, an mir und meinem Glauben zu zweifeln. Wie verrückt das doch war! Das Interview brachte mich wieder zu mir zurück. Das Jammertal war wie weggeblasen, als Iyanla Vanzant sagte: »*Menschen sind so verrückt wie die Hölle, sie leben oft chaotische Leben – aber: Sie geben dir die Chance, etwas Größeres und Besseres in dir selbst wachsen zu lassen.*«

Meinem Bekannten schrieb ich nachts noch eine Mail: »*Vielleicht wollte sie ja immer mehr von dir, weil sie dich so geliebt hat?*« Er schrieb mir zurück: »*So habe ich das noch nie gesehen.*«

⌒⌒ »*Wenn ich behaupte, dass bestimmt siebzig Prozent der Ehen nicht geschieden werden müssten; wenn ich behaupte, es sei egal, wen Sie heiraten, Sie träfen dabei sowieso immer nur sich selbst, dann möchte ich Sie mit dieser vielleicht provokanten These dazu bewegen, die Ehe als etwas ganz anderes zu begreifen, als Sie es bisher getan haben: Die Ehe ist nicht die*

Geschenkverpackung für eine Romanze, der wahre Sinn der Ehe ist immer, die inneren Konflikte der beiden Partner ins Gleichgewicht zu bringen. Damit ist sie ein Ort tiefer Heilung und der Entdeckung wahrer gebender Liebe. Alltagsphilosophen behaupten, das Leben sei eine Schule. Wenn dem so ist, dann sind die intime Beziehung und die Ehe eine Art Elite-Universität. Hier stehen Sie vor den schwierigsten Prüfungen, hier können Sie am meisten lernen und wachsen – aber auch am meisten empfangen …

[…]

Ich behaupte nicht, dass dieser Weg leicht ist. Ich behaupte auch nicht, dass es leichter ist zusammenzubleiben, als sich zu trennen. Aber ich glaube, es ist erfüllender. Ich bekenne mich zu dieser so leidenschaftlichen Hommage an die gute alte Ehe eher aus pragmatischen als aus moralischen Gründen. Mein Leben hat mich einfach zutiefst davon überzeugt, dass es keine größere Aufgabe für einen Menschen gibt, als sich selbst wieder und wieder zu überwinden und dabei tiefer und tiefer zu begegnen. Um diese Begegnung mit sich selbst wahrhaft zu erleben, bedarf es allerdings der wahrhaften Begegnung mit einem anderen.«

Sie haben
den Schlüssel in der Hand

»Liebe beginnt mit mir.«

Deepak Chopra

Dies ist eine ebenso schlichte wie große Botschaft. Der amerikanische Arzt, Wissenschaftler und spiritueller Lehrer hat bereits über 80 Bücher geschrieben, von denen 22 auf der New-York-Times-Bestsellerliste waren. Schier unermüdlich forscht er und geht er den Geheimnissen des Lebens nach, ergründet, wie Liebe und Heilung in uns Menschen wirklich funktionieren. In Sachen Liebe kommt er zu diesem Kern: *Liebe beginnt mit mir.«* Was für eine Freiheit und Macht Sie damit haben: Die Liebe beginnt mit niemand anderem und nirgendwo da draußen, sondern mit Ihnen! Sie haben es in der Hand.

Sie möchten das Geheimnis der Liebe endlich lüften, Erfüllung in Ihrem Leben finden, nahe Beziehungen leben können, Ihre Partnerschaft heilen, Ihren Partner zurückgewinnen? Sie wünschen sich, dass Frieden einkehrt, Groll hinwegschmilzt, die Herzen wieder heilen, Erschöpfung und Einsamkeit ein Ende nehmen und die Leere sich füllen möge? Sie ahnen vielleicht gar nicht, dass Sie selbst den Schlüssel dazu in der Hand haben; dass alle diese Wünsche wahr werden können – egal wie wenig es in Ihrem Leben auch gerade danach aussehen mag.

In diesem Praxiskurs möchten wir, mein Mann und ich, Ihnen dazu verhelfen, dass Sie sich Ihre Wünsche wieder erfüllen können. Dazu beschreiben wir Ihnen einen Prozess, der unser Leben und unsere Ehe grundlegend verwandelt hat und der auch Ihr Leben und Ihr Liebesleben von innen heraus wieder in Ordnung bringen, Ihre alten Wunden heilen und Ihre Partnerschaft wieder mit Lebendigkeit, Frische und neuer Nähe erfüllen wird – und das erst einmal ganz ohne das Zutun eines anderen Menschen.

Dieser Prozess ist schlicht, und er entspricht zutiefst der inneren Welt Ihres Herzens, aber er verlangt nicht weniger von Ihnen, als die Welt genau andersherum zu sehen, als Sie es bisher vielleicht getan haben. Sie können aufhören, um die Liebe zu kämpfen und Ihren Partner verändern oder überzeugen zu wollen. In dem Prozess erleben Sie, dass Sie jede Heilung, die Ihre Partnerschaft braucht, und alle Nähe, die Ihnen bei einem anderen Menschen fehlt, in Ihrem Inneren säen und dann in der äußeren Welt ernten können.

Wir stecken völlig in der Sackgasse. Ist Trennung der einzige Ausweg?

Vielleicht sind Sie ja gerade an dem Punkt, an dem sich die Dinge so ausweglos anfühlen wie bei uns damals, als wir uns schon getrennt hatten und uns endgültig scheiden lassen wollten. Die Ausweglosigkeit der Situation hatte uns beiden so sehr den Boden unter den Füßen weggezogen und die Kontrolle aus den Händen gerissen, dass endlich unsere Herzen die Navigation übernehmen konnten. Mitten im größten Schmerz und unter dem gewaltigen Druck unserer Trennung hat es zuerst mich, Eva, auf einen neuen Pfad geführt. Auf einmal fand ich Lehrer und Lehren, die meine Sicht auf die Welt, auf die Liebe, auf meinen Mann und auf mich selbst so grundlegend durchgeschüttelt haben, dass wenig von meiner alten Vorstellung vom Leben übrig blieb.

Mein Mann und ich mussten los- und der Liebe das Aufräumen überlassen. Mitten in der Trennung wuchs etwas Neues, das keiner von uns für möglich gehalten hätte. Heute, rund fünfzehn Jahre später, sind wir so unendlich dankbar für den Weg unserer Ehe, der jedem von uns seit damals so viel innere und äußere Entwicklung beschert hat, dass es sich kaum in Worte fassen lässt. Unsere Ehe ist ein Abenteuer, das uns immer neu herausfordert, uns zu weiten und zu öffnen, und das uns kontinuierlich weiter zur Wahrheit unserer Herzen führt.

Wir haben in den letzten zwanzig Jahren etwas Entscheidendes über die Ehe gelernt: Sinn unserer Ehe ist nicht, dass wir zusammenbleiben um des Zusammenbleibens willen. Sinn und Kern unserer Ehe ist, dass jeder sich selbst immer genauer kennenlernt und sich selbst immer treuer wird im nahen Zusammensein mit dem anderem. Das hat uns beiden viel Entwicklung abverlangt und uns gezwungen, uns selbst immer ungeschminkter zu sehen und über unsere jeweilige Identität hinauszuwachsen. Aber das hat uns auch ermöglicht, uns wirklich nahezukommen.

So wurde unsere Ehe mein tiefster Halt und gleichzeitig mein größter Entwicklungsraum. Niemand weiß auch nur ansatzweise so viel von mir wie mein Mann. Niemandem habe ich mich tiefer anvertraut als ihm, und niemand hat sich mir tiefer anvertraut als er. Niemand hat je so konsequent und vorbehaltlos zu mir gestanden wie er. Niemand hat mehr mit mir gewagt und durchgestanden als er. Und niemand hat mich schmerzhafter betrogen, tiefer verletzt, ohnmächtiger gemacht und mehr herausgefordert als mein Mann.

Wir haben so viel Stress miteinander gehabt – wie sollte das mit uns noch einmal funktionieren?

Wenn Sie unsere Geschichte kennen oder *Liebe dich selbst und es ist egal, wen du heiratest* gelesen haben, wissen Sie, dass unsere Dankbarkeit für unsere Ehe nicht daher rührt, dass bei uns alles einfach glattgelaufen wäre und wir durch einen naturgegebenen Gleichklang der Seelen, unvergessliche Traumurlaube und regelmäßige Wellnesswochenenden ganz wie von selbst zusammengeschweißt worden wären. Diese Ehe war und ist auch kein rosaroter Hort sanftmütiger, immerwährender Verliebtheit. Mein Mann kann mich tierisch nerven und ich ihn.

Mir ist es gleich zu Anfang hier wichtig, Sie nicht zu ermutigen, in uns irgendwelche Idealbilder zu sehen, denen man nacheifern sollte. Heute lesen wir in allen möglichen Ankündigungen: *Deutschlands bekannteste Paarberater.* Manchmal denke ich: Wow – diese ganze Kompetenz ist aus unserer mörderischen Ehekrise damals entstanden. Und oft sage ich: Was für eine schöne, aber unbedeutende Verpackung. Wir sind weder erleuchtete Gurus noch anerkannte Wissenschaftler, noch sind wir ein perfektes Paar. Wir sind ganz normale Menschen, die genauso oft nicht weiterwissen und doch weitermüssen wie Sie auch.

Mein Mann ist stur und von Hause aus genauso wenig psychoaffin wie die meisten anderen Männer – aber er hat einen unerschütterlichen Glauben daran, dass die Dinge, die er wagt, gut ausgehen. Und er hat ein überwältigend großes Herz, das vor Glück hüpft, wenn es andere Menschen unterstützen kann. Ein Herz, das sich gern mit seiner Sturheit gegen seinen Wunsch nach Beständigkeit verbündet, wenn es darum geht, immer wieder neu nach der Liebe mit mir zu suchen.

Ich wiederum komme aus einer Familie voller belasteter und unterbrochener Verbindungen und habe durchaus die Neigung, mich in meine Höhle mit mir allein zurückzuziehen. Aber ich besitze von Kindheit an einen unerschütterlichen Glauben an die Unschuld aller Menschen und einen unermüdlichen Forschergeist, der nicht glauben will, dass Urteile, Trennung und Krieg einen Sinn haben. Und ich habe eine ebenso starke Verbindung zu meiner Seele, wie mein Mann sie zu seinem Herzen hat. Da meine Seele aber nicht nur deutlich weiser ist als ich, sondern außerdem auch mit mir sprechen kann, gibt es für mich schon lange keine andere Wahl, als ihr zu folgen und immer weiter nach der Liebe in allen und allem zu suchen.

Unsere Beziehung, in der zweifelsohne schon jede Menge Samen aufgegangen sind, bietet nicht im Ansatz Stoff für ein Hollywood-Drehbuch. Wir leben nicht auf der Insel der Glückseligen, auf der immer die Sonne scheint. Unzählige Male habe ich, Eva, mich gefragt, warum wir denn nun schon wieder durch diesen Mist gemeinsam durchmüssen. Und trotzdem bin ich von ganzem Herzen dankbar – für ihn und für unsere Ehe, weil beide mich öffnen, weichkochen und zu mir selbst führen und mir damit das größte Geheimnis der Liebe offenbaren – nämlich dass die Liebe eben genau andersherum funktioniert. Die Liebe kommt von innen. Wir alle ziehen im Leben an, was wir in uns tragen. Alle Beziehungen, die Sie da draußen finden können, sind lediglich Reflexionen Ihrer Beziehung zu sich selbst. Alle Menschen und deren Reaktionen gründen in Ihrem Inneren. Sie werden selbst hautnah erleben, wie wahr und immer gültig dieses »Andersherum« von Beziehungen ist, wenn Sie diesen Kurs praktizieren – Ihr Leben ist wirklich nur ein Spiegelbild dessen, was Sie in sich tragen. Und damit haben Sie eine Gestaltungsmacht, die über alles hinausgeht, was sich Ihr Verstand auch nur vorstellen kann.

Das »Andersherum« noch mal am Beispiel unserer Ehe: Unsere Beziehung stagniert genau an den Punkten, an denen jeder von uns sich selbst nicht begegnet und seine persönliche Entwicklung verweigert. Sie dreht immer wieder die gleichen Schleifen, wo wir in alter Gewohnheit stecken bleiben. Und es kracht da zwischen uns, wo wir mit uns selbst uneins und hart gegen uns selbst sind. Mein Kontakt zu meinem Mann wird immer dann enger, wenn jeder von uns seine Hausaufgaben macht. Wenn ich gut mit mir sein kann, spüre ich mehr Nähe zu ihm. Und umgekehrt muss ich dann weiter von ihm abrücken, wenn er sich aus den Augen verliert – das musste ich leider oft auch dann, wenn ich ihm eigentlich nah sein wollte.

Hoffentlich macht Ihnen das jetzt keinen Knoten in den Kopf – aber die Grenze für die Nähe von mir zu ihm entscheidet nicht mein Wunsch nach Nähe zu ihm, sondern meine Nähe zu mir und seine Nähe zu sich selbst. Die ist eine elementar wichtige Erkenntnis für unzählige Frauen, die sich seit Jahren an ihren Männern abrackern. Emotionales Rackern hat einfach keinen Sinn. Nur Hausaufgaben machen bei sich selbst.

Dieses »Andersherum« der Kräfte gilt für unser gesamtes Leben. Unser gemeinsames Leben wird immer voller und lebendiger, je stiller und einfacher wir leben. Wir finden zueinander, je mehr jeder von uns seinen eigenen Weg findet und in seiner eigenen Kraft ist. Unsere Ehe wird respektvoller und zugewandter, je klarer wir beide in der Lage sind, gesunde Grenzen zu setzen. Und je mehr sich jeder von uns dem anderen anvertrauen kann, desto mehr Freiheit erleben wir. Eine Partnerschaft ist ein sehr ehrlicher Spiegel und damit ein ziemlich lebendiger Heilungsraum. Sie ist nie statisch, sondern eher wie ein Tanz, bei dem sich die Kräfte und Gefühle immer wieder von einem auf den anderen übertragen und im besten Fall für einen gemeinsamen Rhythmus sorgen.

Auf jeden Fall macht eine Beziehung, die von zwei Menschen für ein bewusstes »Andersherum« genutzt wird, einen ziemlich wach, und sie sorgt für Dynamik. Bei uns fühlt es sich so an, als ob wir beide in dieser einen Ehe bereits mehrere Leben miteinander gelebt haben, so viele Häutungen hat es bei jedem von uns schon gegeben; so viel Bewegung, Veränderung und Entwicklung haben wir bereits miteinander erlebt.

Die beiden, die vor über zwei Jahrzehnten geheiratet haben, scheint es nicht mehr zu geben. So wenig wie die beiden, die sich vor vielen Jahren am absoluten Tiefpunkt ihrer Ehe scheiden lassen wollten.

Was ist passiert, dass wir heute dankbar sind, obwohl wir uns damals enttäuscht und verbittert trennen wollten? Jeder von uns hat sich einer inneren Wandlung unterziehen müssen – und tut dies noch. Im Ursprung war es unsere erste große und existenzielle Krise damals, die diesen Wandlungsprozess angestoßen hat und über die ich ausführlicher in *Liebe dich selbst und es ist egal, wen du heiratest* geschrieben habe. Von da ab haben wir kontinuierlich lernen müssen, unsere Verletzungen und Abwehrstrategien ans Tageslicht zu fördern und zu heilen, weil sie sonst uns und unsere Partnerschaft systematisch zerstört hätten. Das ganze Mistrauen, all die Verdrängungsmechanismen, der Groll und die Unversöhnlichkeit mussten auf den Tisch. Sie haben uns zu der wahren Verletzung, die es in unserem Inneren zu heilen gab, geführt, der Verletzung, die die eigentliche Ursache der scheinbaren Unvereinbarkeit unserer äußeren Lebensvorstellungen war.

Gott sei Dank steckten wir beide so komplett in einer Sackgasse, dass selbst unsere Trennung keinen echten Ausweg brachte. Egal wo wir uns hinbewegen wollten, nach einiger Zeit und diversen Versuchen der Kompensation und Ablenkung, standen wir immer wieder vor uns selbst: vor unserer Leere, unserer Getriebenheit, unseren Ängsten und all den destruktiven Glaubenssätzen und negativen Selbstbildern, die am Ende jede echte Nähe und jeden Zustrom an Liebe vereitelten.

Heute weiß ich: Es waren damals nicht wir, mit denen das Zusammenleben so unerträglich geworden war, es waren un-

sere unbewussten Ängste und Wertlosigkeitsgefühle, in denen
wir gefangen waren. Als wir das endlich begriffen hatten, ging
ein anfänglich heftiger Aufräumprozess los, aus dem heraus
wir uns wieder füreinander öffnen und einen neuen Weg miteinander finden konnten.

Muss jede Partnerschaft irgendwann mal
zusammenbrechen und von Grund auf erneuert
werden, wenn sie nicht Gefahr laufen soll, an der
Oberfläche zu bleiben?

Marianne Williamson beschreibt diesen Aufräumprozess in
ihrem wunderbaren Buch *Rückkehr zur Liebe* sinngemäß so:
Sie war in ihrem Leben so am Ende, dass es scheinbar keine
Lösung mehr gab. Sie hatte von Freunden gehört, dass sie an
diesem Punkt endlich bereit gewesen waren, zu beten und
Gott um Hilfe zu bitten. Und dass dann tatsächlich wunderbare Heilungen eingetreten seien. Marianne Williamson war
verzweifelt und am Boden genug, um schließlich auch Gott
um Hilfe zu bitten. Schmunzelnd erzählt sie, wie sie darauf
wartete, dass sich nun ein großer Frieden über sie senken würde. Aber genau das passierte nicht. Sie schreibt, es sei tatsächlich etwas Großes in Ihrem Leben passiert – und zwar habe
Gott eine große Abrissbirne genommen und nach ihren Gebeten auch noch die letzten Überreste ihres nicht mehr tragfähi-
gen Lebens eingerissen.

So ähnlich hat es sich bei uns damals auch angefühlt. Erst
musste all das nicht mehr tragfähige Alte zusammenstürzen,
damit sich daraus ein neues Leben zusammenbauen konnte.
Eines, das uns tatsächlich die Rückkehr der Liebe bescherte.
Aus dieser eigenen Erfahrung heraus konnte ich damals mit

Liebe dich selbst und es ist egal, wen du heiratest Millionen von Menschen berühren und aus vollem Herzen behaupten:

> *Vielleicht haben Sie aber auch schon Dutzende von Büchern gelesen, Seminare besucht, sogar eine Paartherapie gemacht und dennoch den Glauben an eine Lösung für Ihre Beziehung verloren. Es kann trotzdem gehen! Alles kann sich um hundertachtzig Grad wenden, zwei Menschen können wieder – oder zum ersten Mal richtig – zusammenfinden. Ich weiß, dass das möglich ist, selbst wenn es klingt wie ein Wunder. Wenn man es erlebt, fühlt es sich auch manchmal an wie ein Wunder. Aber es liegt trotzdem ganz und gar in Ihrer Macht. Sie können genau die Beziehung führen, die Sie sich wünschen, und zwar genau mit dem Partner, den Sie jetzt haben. Egal wie distanziert, unattraktiv oder abschreckend er gerade auf Sie wirkt. Ich weiß einfach, dass es geht. Ich weiß es deshalb, weil ich es selbst erlebt habe.*

Wir beide haben uns seit damals mit aller Konsequenz einem gemeinsamen Weg – in guten wie in schlechten Zeiten – verschrieben, der von uns eine stetige Entwicklung hin zur Liebe und zum Loslassen aller alten Vorstellungen, Prägungen und Bindungen fordert, die dieser Liebe im Wege stehen. Das ist nicht Friede-Freude-Eierkuchen und weit entfernt vom klassischen Modell vieler Ehen, in dem Menschen die eigene Lebendigkeit sukzessive minimieren und sich von ihrem wahren Wesen entfernen, um in einem engen Status quo einigermaßen friedlich, möglichst krisenfrei und mit möglichst positiver Außenwirkung miteinander zurechtzukommen. Unser Weg stellt uns immer wieder vor neue Herausforderungen, und er lässt beständig neue Stellen zutage treten, die Unfrieden und Schmerz hervorrufen und die so lange für Unruhe in unserer Ehe sorgen, bis sie aufgedeckt, angenommen und geliebt werden.

Der Weg in ein erfüllendes Paarsein bietet extrem wenig Spielraum für Verdrängen und Verdrücken und freundliche Angepasstheit. Er macht Sie wach, authentisch und lebendig und führt Sie immer wieder zu sich selbst, zum Hinterfragen Ihrer Beziehung, zum Loslassen des anderen, des Alten und zum Ankommen im Hier und Jetzt. Er bringt Sie dazu, für eine Vertiefung der Liebe zuerst einmal das Alleinsein zu lernen. Er fordert von Ihnen, für sich einstehen zu lernen, sich aus Abhängigkeit und negativen, suchthaften Verwicklungen zu befreien. Er zeigt Ihnen, dass wahrhaftige Liebe mindestens ebenso oft ein »Nein« zu den Bedürfnissen des anderen, wie ein »Ja« zu Ihren eigenen verlangt. Und dass Sie dem anderen nur geben können, wenn Sie in einer gesunden Kraft und Verbindung zu sich selbst stehen. Am Ende geht es in Ihrem Leben um die Treue Ihrem eigenen Herzen gegenüber und nicht um Kompromisse für ein möglichst langes Zusammensein mit einem Menschen.

Ich kann es gar nicht oft genug betonen: Es gibt tatsächlich nur einen Weg der wirklichen Heilung, nur einen Weg, der authentischen Erfolg für die Beziehung zum Partner beschert: Wir sehen uns unsere eigenen Abgründe mutig an. Dazu sind nicht unbedingt Jahre der Psychotherapie vonnöten oder quälend analytische Selbsterforschung. Allein die echte Nähe zu unserem Partner und unsere ehrliche innere Bereitschaft zur Wahrheit reichen, um uns wieder zu entdecken. Wenn Sie mit dieser Bereitschaft tatsächlich auf unliebsame Eigenschaften und verborgene Ängste in Ihrem Tun und Sein stoßen, begin-

nen Sie, die Schwierigkeiten in Ihren Beziehungen langsam in einem anderen Licht zu sehen. Sie beginnen zu ahnen, dass die unbefriedigenden Abläufe genau Ihren tief versteckten unproduktiven, vielleicht sogar destruktiven Glaubenssätzen entsprechen: Sosehr Sie sich nach Zuwendung und Liebe sehen, sosehr fühlen Sie sich dieser vielleicht auf einer unbewussten Ebene gar nicht wert. Sosehr Sie Nähe erflehen, so sehr vereiteln Sie sie gleichzeitig. Im Lichte Ihres ehrlichen Bewusstseins beginnen Sie sogar zu ahnen, dass Sie es sich nie wirklich wert waren, besser als schlecht behandelt zu werden. Sie entdecken und verstehen vielleicht sogar, dass Ihre Beziehungen immer wieder Mustern folgten und dass Sie den Zwang zur Wiedererschaffung dieser Muster nicht durch einen neuen Partner beenden können.

In diesem Prozess finden Sie den Weg zu Ihrem Herzen zurück und auch die Kraft, mit Heilungsschmerz und der Abrissbirne, von der Marianne Williamson gesprochen hat, umzugehen. Wenn Sie sich von innen heraus erneuern und lieben lernen, dann werden Sie sich in einer bestehenden Partnerschaft gegenseitig Schmerz bereiten und in Angst versetzen. Nicht weil Sie sich absichtlich schaden wollen, sondern weil Sie alte, vertraute, aber ungesunde Pfade verlassen. Sie bringen Ihre Partnerschaft und Ihren Partner in eine Phase der Auflösung, Transformation und Unsicherheit, damit etwas Neues daraus hervorgehen kann, was die Liebe wieder erblühen lässt. Dieses Sterben und Neugeborenwerden braucht jede gesunde Beziehung ebenso wie einen bewussten Umgang mit Unsicherheit, Angst und Schmerz. Nur so sind Wachstum und Entwicklung in jedem Einzelnen möglich, und nur so bleibt eine Partnerschaft lebendig.

Freuen Sie sich mit diesem Kurs also auf ein spannendes Abenteuer und faszinierende Heilungsmöglichkeiten. Falls Sie sich jetzt gerade resigniert und hoffnungslos fühlen und unseren Worten noch keinen rechten Glauben schenken können, dann stellen Sie sich vor, dass der Kurs Sie da abholt, wo sich der Held im Märchen aufgemacht hat, um sein Glück zu finden, und ehe er sichs versieht, plötzlich im dunklen Wald steht – Auge in Auge mit Monstern, die es zu umarmen, Fröschen, die es zu küssen, bösen Feen, deren Bann es zu brechen und Drachen, die es zu töten gilt. Fast immer hat der Held im Märchen Gefühle von Resignation und scheint vor unüberwindbaren Herausforderungen zu stehen. Doch dann entdeckt er eine Waffe, die im Kampf gegen die Dunkelheit funktioniert – die unschuldige Liebe seines Herzens, gepaart mit dem Mut, über seine Angst hinauszugehen. Erst wenn er sich in seiner Liebe und seinem Mut ausprobiert und deren unvorstellbare Kraft erlebt hat, ist er frei, darf er König oder sie Königin werden.

Ich wünsche mir ja, dass es besser wird, aber im Moment tut es einfach nur weh, und es scheint einfach keine Lösung zu geben. Wie soll ich da vorgehen?

Wenn Sie also mit diesem Kurs das Königreich einer erfüllenden Partnerschaft erobern wollen, dann akzeptieren Sie für den Moment, wo Sie gerade stehen. Nehmen Sie einen tiefen Atemzug und sagen Sie sich: Es ist okay! Genau so, wie es ist! Umarmen Sie Widerstand, Angst, Zweifel und den ganzen dunklen Wald und erinnern Sie sich daran, dass das Leben eines Helden selten eine All-inclusive-Pauschalreise mit Sonnengarantie und Reiserücktrittsversicherung ist. Die Helden finden trotzdem den Schlüssel zur Lösung – oft mit himmlischer Unterstützung und immer an Orten und auf Wegen, wo sie die Lösung nie vermutet hätten. Die große Herausforderung für die Helden im Märchen ist: Am schwierigsten Punkt müssen sie loslassen, sich ganz auf sich selbst besinnen und ihrem Herzen folgen.

Wenn es gerade nicht die ideale Partnerschaft, sondern einen dunklen Wald gibt … Wenn es keinen idealen Partner, sondern nur einen Frosch zu küssen gibt … Wenn es gerade keine liebevolle Verbindung zu Ihnen selbst, sondern nur ein Monster zu umarmen gibt … Dann heißt die Zauberformel: Alle und alles loslassen da draußen und sich auf den Weg zum eigenen Herzen machen. Am dunkelsten Ort im Märchenwald führt die Reise den Helden nach innen, wo er endlich alles finden wird, um das Geheimnis der wahren Liebe zu lüften.

Mitten in der ungewissen Dunkelheit gibt es ein kraftvolles Werkzeug für den Helden: das Fragenstellen. Fragen bringen Sie auf einen neuen Weg. Vorausgesetzt, Sie stellen neue Fragen und sind bereit, sich wirklich auf eine Antwort aus Ihrem Inneren einzulassen.

Werden Sie still, schließen Sie die Augen, entspannen Sie sich einen Moment und fragen Sie sich:

Wenn ICH dir etwas geben könnte, mein liebes Herz, was bräuchtest du gerade am meisten?

Wenn ICH gut auf dich aufpassen würde, was dürfte ich dann nicht mehr tun?

Wenn ICH dich wichtiger nehmen würde als jeden anderen Menschen, worum würde ich mich mit aller Leidenschaft kümmern?

Nehmen Sie sich für jede Frage Zeit. Seien Sie offen. Antworten Sie nicht mit dem Kopf, sondern öffnen Sie sich für eine Antwort, die aus Ihrem Inneren kommt. Vielleicht kommt sie Ihnen sofort. Vielleicht ist sie etwas, das Sie nicht gern hören wollen. Vielleicht will Ihnen einfach nichts in den Sinn kommen.

Sie müssen die Antworten nicht wissen. Es reicht, wenn Sie sie wissen wollen und bereit sind, sich überhaupt wieder mehr für Signale und Antworten aus Ihrem Inneren zu öffnen. Manchmal kommen solche Antworten auch auf ganz anderen Wegen. Sie hören oder lesen etwas und spüren: Das ist die Antwort! Oder Sie träumen etwas, das Ihnen eine Antwort gibt. Oder Ihre Gefühle melden sich wieder deutlicher und signalisieren: JA! Das fühlt sich richtig an! Oder: Nein! Stopp! Fragen an sich selbst zu stellen ist deshalb so wichtig, weil Sie dadurch den Kontakt zu sich verstärken.

Allein dass Sie sich jetzt öfter durch solche Fragen mit Ihrem Inneren verbinden, sorgt für eine Kehrtwendung heraus aus der Sackgasse, irgendwo im Außen die Lösung finden zu wollen, und führt Sie hin zu sich selbst. Und dort wartet das eigentliche Geschenk der Heldenreise: das Wunder der Liebe.

Ja, es kann gehen! Sie können die Beziehung leben, von der Sie träumen. Und Sie können den liebenswertesten Menschen kennenlernen, nach dem Sie sich schon so lange gesehnt haben: sich selbst!

Entdecken Sie Ihre eigene Liebenswürdigkeit

»Das Universum ist rettungslos in Sie verliebt. Ganz gleich, wie viele Fehler Sie machen, an welchem Punkt Sie sich in Ihrem Leben befinden, was Sie von sich denken, das Universum wird Sie immer lieben.«

The Secret

Das habe ich, Wolfram, irgendwo im Buch *The Secret* gefunden. Damals, als es auf den Markt kam, fand ich das Buch mehr als seltsam. Viele Jahre später auf meinem Weg fiel es mir noch einmal in die Hände und ich las es mit anderen Augen. Irgendwie konnte ich die Botschaften auf einer anderen Ebene in mich hinein lassen und erkennen, dass es nicht um »Wünsch dir was« und »Bestellungen beim Universum« geht, sondern darum, dass wir uns kompromisslos auf die Liebe ausrichten. Dass alles, was wir aufrichtig und leidenschaftlich, aber ohne Bedürftigkeit und Anhaftung lieben, in unserem Leben Kraft gewinnt. Dass die Liebe sozusagen in Hülle und Fülle da ist und wir uns nur entscheiden müssen, uns für sie zu öffnen, indem wir selbst beginnen, uns zu lieben.

In diesem Kurs dreht sich alles darum, Ihnen dabei zu helfen, die Grundvoraussetzung für eine gelingende Beziehung zu schaffen – und zwar, indem Sie die eine wahre Beziehung – die zu sich selbst – in Ordnung bringen und sich selbst als der, der Sie eigentlich sind, entdecken. Das, was es dafür zu tun gibt, ist in Wahrheit nur ein Freilegen von etwas, das immer schon da war: ein Freilegen Ihrer eigenen Liebenswürdigkeit, Vollkommenheit und inneren Schöpferkraft. Dazu braucht es eine Art Reset auf Ihrer Festplatte, ein Update Ihrer Selbstwahrnehmung und Ihrer alten Beziehungsprogramme und das Aufspielen einer neuen Software für die Liebe, die mit Ihrer wahren Liebenswürdigkeit kompatibel ist.

Wir neigen dazu, unser Selbstbild an äußeren Faktoren festzumachen: an den Rollen, die wir spielen; an unserer Persönlichkeit, unserer Arbeit, unserem Aussehen, unserer Religion, unserer Vergangenheit und unseren Träumen für die Zukunft … Dies alles sind jedoch nur Vorstellungen von uns, mit denen wir uns identifizieren. Jenseits dieser sich am Außen festmachenden Identität gibt es unser wahres Ich, das vollständig und mit allem verbunden ist. Daher geht es bei unserer Entdeckungsreise zum Geheimnis der Liebe nicht um irgendetwas, das außerhalb von uns liegt, sondern um unseren inneren Wesenskern und um die Liebe, die in ihm fest verankert ist. Wir müssen sie nur zum Ausdruck bringen in unseren Beziehungen.

Das Einssein, nach dem alle so ruhelos suchen, existiert tatsächlich. Nur nicht da draußen, wo wir es vermuten. Vielmehr finden wir unser ideales Sein, dieses Gefühl von Ganzheit, nur bei uns selbst, in unserem eigenen Inneren. Jeder wurde damit geboren, aber kaum jemand erinnert sich noch daran. Es liegt in uns wie der Same einer Sonnenblume, der vom ersten Moment an bereits alle Informationen für die spätere Pflanze in sich trägt. Nie würde sich der Same einer Sonnenblume während des Heranwachsens fragen, ob er vielleicht lieber ein Apfelbaum werden möchte. Er wächst einfach und wird die beste Sonnenblume, die er sein kann.

Unser menschliches Heranwachsen verläuft meist weniger ungestört und eindeutig. Die Begrenzungen unserer Erziehung, die familiären Anforderungen und gesellschaftlichen Einflüsse wirken häufig wie seelische Genmanipulationen auf unseren Samen. Im Laufe der Zeit hinterlassen sie so starke Prägungen und Eindrücke, dass wir von unserer ursprünglichen Vollkommenheit nicht mal mehr eine Ahnung haben. Unser Kern ist aus unserem Blickfeld verschwunden – denn aus den Störungen, Einschränkungen, An- und Überforderungen haben sich unzählige Spannungsfelder entwickelt, die sich wie ein dichter Nebel um unser Samenkorn angesiedelt haben. Uns fehlen die Wurzeln und natürlichen Handlungsimpulse, nach denen wir uns spontan ausrichten können. Wir haben kein Gefühl mehr von natürlicher Verbindung. Was wir nur nicht verstehen, ist, dass uns nicht die Verbindung nach außen, sondern die Verbindung nach innen fehlt. Wir haben keinen Zugang mehr zu unserer Quelle, zu unserer natürlichen, kraftvollen und intuitiven Lebendigkeit. Was dazu führt, dass wir um diese vermeintlich unsichere Leere eine harte Schale entwickeln – unsere Rolle, die wir spielen, die Persönlichkeit, für die wir uns halten.

Manchmal identifizieren wir uns so stark mit ihr, dass wir im Laufe der Zeit vergessen, wer wir wirklich sind.

Auf unterschiedlichen Wegen dreht sich hier alles darum, dass Sie Ihren Glauben an Ihre Abhängigkeit von anderen und deren Verhaltensweisen durch ein neues Bewusstsein ersetzen; ein Bewusstsein, das dem Stand der modernen Forschung genauso entspricht wie den urältesten, mystischen Traditionen und das weiß, dass Ihr Beziehungsglück komplett in Ihrer Hand liegt ebenso wie die Heilung emotionaler Wunden.

Gibt es tatsächlich so etwas wie den idealen Partner?

Stellen Sie sich vor, Ihnen würde ein Mensch begegnen, der sich zu Ihnen setzt, die Welt da draußen für den Moment einmal vergisst und voll und ganz bei Ihnen ist. Der einfach nur mit all seinen Sinnen da ist, nichts verlangt, nichts macht, sondern einfach wissen will, wie es um Sie steht. Jemand, der Sie wirklich genau so nimmt, wie Sie sind. Der aufrichtig interessiert daran ist, was Sie denken und was Sie fühlen. Der Ihren Körper in all seinen Facetten erspürt, Ihnen Trost spendet und Ihnen von Herzen Glück, Gesundheit und Geborgenheit wünscht. Jemand, der Ihnen regelmäßig sagt, wofür er Ihnen dankbar ist. Der Sie mit den Jahren immer besser kennt, mit all Ihren Stärken und Ängsten, und dem Ihre Fehlbarkeit daher nirgendwo verborgen bleibt. Jemand, der auch dann ohne jeden Vorbehalt mit Ihnen verbunden bleibt, wenn es schmerzt, wenn Sie sich hilflos oder ohnmächtig fühlen. Jemand, der allem in Ihnen offen und voller Mitgefühl begegnet und in der Lage ist, Ruhe zu bewahren, auch wenn es Sie heftig schüttelt. Jemand, der Sie bedingungslos liebt, in guten wie in schlechten Zeiten.

Und nun stellen Sie sich vor, dieser Jemand wären Sie selbst. Sie können sich vielleicht noch gar nicht denken, wie das gehen soll. Müssen Sie auch noch nicht. Wir zeigen Ihnen hier Schritt für Schritt, wie Sie dieser Jemand tatsächlich werden. Wir weihen Sie in die Praxis der achtsamen Selbstliebe und damit in das größte Liebesgeheimnis überhaupt ein. Wenn Sie wirklich Liebe in Ihrem Leben erfahren wollen, dann müssen Sie sich selbst Ihr bester Freund werden. Vergessen Sie nicht: Wenn Sie sich oder etwas an sich nicht lieben, kann auch die stärkste Kraft dieser Welt Sie an diesem Punkt nicht mit Liebe berühren. Wenn Sie nicht wirklich mit sich verbunden sind, kann niemand Ihnen wirklich nahekommen. Sie allein bestimmen, ob die Liebe in Ihr Leben kommen kann oder nicht.

Wir beschäftigen uns mittlerweile seit sehr vielen Jahren mit dem Thema Beziehung. Wir können Ihnen versichern: Beziehungen erscheinen nur im alten Denken und von außen betrachtet kompliziert. Im Grunde aber ist es sehr einfach: Wir haben nur eine Beziehung, und zwar die zu uns selbst. Und die ist meist voller einschränkender Glaubensmuster, die uns an uns zweifeln, uns in Rollen schlüpfen und unser Herz vor anderen schützen lassen. Einschränkende Glaubensmuster, die wir aber trotz all unserer Bemühungen, sie zu verdrängen oder in einem besseren Licht zu erscheinen, immer und in jedem Moment als eine Art Frequenz in die Welt strahlen, so dass wir Situationen und Menschen mit gleich schwingenden Frequenzen und einschränkenden Glaubensmustern anziehen. Diesen immer absolut gültigen energetischen Zusammenhang von Beziehungen werden wir hier später noch anschaulich machen.

Ob es Ihnen gefällt oder nicht – alle Beziehungen gehorchen den Gesetzen der Physik. Nach dem Gesetz der Resonanz zieht Gleiches Gleiches an. Und deshalb spiegeln Ihre Beziehungen Ihnen unterschiedliche Aspekte Ihrer Eigenbeziehung wider. Wenn Sie Beziehungsprobleme haben, hilft nur eins: Eigenbehandlung. Wenn Sie etwas in Ihrem Leben erleben, das Ihnen nicht gefällt, dann haben Sie das bereits vorher unbewusst ausgestrahlt und erleben nun die sich widerspiegelnde Resonanz im Außen. Wollen Sie dieses Thema ändern, müssen Sie die entsprechenden Informationen aus Ihrem Energiefeld lösen.

Kann ich wirklich allein für die Heilung meiner Beziehungsprobleme sorgen?

Egal um welches Thema es in Ihrem Leben geht. Das Einzige, das wirklich grundlegend und dauerhaft für Veränderung sorgt, ist: Sie klären dieses Thema in Ihrem Inneren. Im ersten Schritt heißt das, überhaupt erst einmal Kontakt zu Ihrem Inneren aufzunehmen. Dazu ist es wichtig, dass Sie lernen, sich bewusst zu entspannen und wieder mehr im Hier und Jetzt anzukommen. So legen Sie langsam all die für uns Menschen üblichen Ablenkungs- und Verdrängungsmechanismen ab und landen wieder in der unmittelbaren Erfahrung Ihres Lebens. Das ist anfangs nicht immer angenehm. Aber mit etwas Geduld werden Sie erleben, wie Ihr tägliches Leben seine Lebendigkeit zurückgewinnt, ohne dass irgendetwas Besonderes geschehen müsste. SIE sind einfach nur wieder da.

Und Sie sind ein göttliches Wesen, mit dem alles vollkommen in Ordnung ist, das sich nur um seinen Kern eine Kruste zugelegt und damit den Kontakt zu seinem Wesen verloren hat. Im zweiten Schritt geht es deshalb darum, sich der eigenen Wahrheit wieder mit ganzem Herzen zu öffnen. Für diesen Entkrustungsprozess muss das Alte, das Ihnen für ein Leben in Selbstliebe nicht dienlich ist, losgelassen werden. Außerdem lernen Sie, sich selbst zu düngen und zu nähren und sich in der inneren Arbeit Liebe und Wertschätzung zu geben. Enden wird dieser Kurs mit einer Befreiung von alten Wunden und der Versöhnung mit sich und anderen.

Sie werden erleben, dass diese inneren Klärungsprozesse heutzutage nicht mehr viele Jahre dauern müssen, sondern viel umfassender und gleichzeitig in kürzerer Zeit auf einer energetisch-feinstofflichen Ebene in Ihrem Inneren stattfinden können. Aber Sie werden auch erleben, dass es bei einer echten Heilung und Weiterentwicklung nicht darum geht, alle Leiden und Beschränkungen einfach »wegzumachen«, sondern an ihnen zu wachsen. Das kann bedeuten, eine Einschränkung oder einen Verlust zutiefst zu akzeptieren und jeden Widerstand dagegen aufzugeben. Sie werden sehen, dass Sie erst dadurch eine der wichtigsten Eigenschaften für erfüllende Beziehungen entwickeln: annehmender und mitfühlender mit sich selbst und anderen zu werden.

Kann ich alte negative Prägungen auflösen und meine Beziehungen neu gestalten?

Das, was wir Ihnen in diesem Kurs zeigen, ist keine Theorie. Dieser Praxiskurs ist das Ergebnis unserer Arbeit mit Tausenden von Paaren und uns selbst in unserer über zwanzig Jahre währenden Ehe. Jeden Schritt haben wir selbst gemacht, jede Übung selbst erprobt. Aufgrund dieser authentischen Erfahrung können wir ihn auch so leidenschaftlich empfehlen und Sie ermutigen, das Geheimnis der Liebe in Ihrem Inneren zu lüften.

Wir schreiben diesen Praxiskurs, damit Sie die Lehren aus unserem großen Bestseller *Liebe dich selbst und es ist egal, wen du heiratest* auch tatsächlich in Ihr Leben bringen können. Die Kernthese von *Liebe dich selbst und es ist egal, wen du heiratest*, das seit 2004 in 17 Sprachen übersetzt wurde und bei so vielen Menschen für eine radikal neue, heilsame und befreiende Sicht auf sich selbst und auf ihre Partnerschaft gesorgt hat, lautet:

Es ist egal, wen Sie heiraten. Sie treffen dabei sowieso immer nur sich selbst. Der andere ist immer nur die Leinwand, auf der Sie Ihre eigenen unerfüllten Bedürfnisse, Ihre eigene Fähigkeit zu lieben, Ihre eigenen Blockaden und Verletzungen, Ihre eigene Lebendigkeit, vor allem aber Ihre eigene tiefe, innere Spaltung zwischen Sehnsüchten und Ängsten betrachten können. Kein Partner kann Ihnen zu Wohlergehen verhelfen, noch kann er Ihnen Selbstachtung oder Selbstvertrauen gewährleisten. Egal wen Sie treffen, Sie begegnen am Ende sich selbst. Und deswegen können Sie meiner Erfahrung nach auch ruhig bei dem Partner bleiben, bei dem Sie gerade sind – egal, wie unangenehm Ihnen dieser Zustand erscheint. Gerade da, wo es sich besonders festgefahren, kalt, wutgeladen, hasserfüllt oder abstoßend anfühlt, gibt es eine Menge zu tun – und zwar in Ihnen selbst.

Wir wissen, im ersten Moment ist das nicht das, was man gern hören will – schon gar nicht in Krisenzeiten. Und »eine Menge zu tun«, hört sich nach harter Arbeit an – und das auch noch an unangenehmen Themen. Aber so unangenehm die Themen und die Zeiten, in denen Sie gerade vielleicht stecken, auch scheinen mögen, die Arbeit, die wir Ihnen hier vorstellen wollen, ist sanft und ohne jeden Druck. Auch wenn wir aus unserer geschäftigen Welt voller Aktivität und Anstrengung etwas anderes kennen, hier in diesem Prozess braucht es an den entscheidenden Stellen, an denen wirklich Heilung und Wandlung geschehen kann, vor allem einen Zustand der Entspannung. Das mussten wir selbst erst auf tausend Umwegen lernen. All diese Wege haben uns zur Meditation und zur inneren Arbeit geführt. Beide sind mittlerweile die größte schöpferische Quelle und das kostbarste Gut überhaupt in unserem Leben und ein fester Bestandteil unseres Tages.

Innere Arbeit hat wenig mit äußerer Arbeit gemein. Der Kern der inneren Arbeit ist nicht etwa Rackern und Schaffen, sondern empfänglich zu werden und sich vertrauensvoll für Lösungen zu öffnen. In der inneren Arbeit lerne ich ganz praktisch und irdisch, zur Ruhe zu kommen, tiefer bei mir anzukommen und alte Glaubenssätze und Ängste loszulassen. Eher nebenbei erlebe ich dabei aber das eigentlich Geschenk, nämlich wie sich immer mehr meiner Kraft, meiner Liebe und meiner Verbundenheit zu einer unerschöpflichen inneren Quelle hin eröffnet. Die sich vertiefende Beziehung zu mir selbst bringt mich zwangsläufig in die Verbindung mit dieser Quelle. Und diese Quelle nährt in Wahrheit auch alle äußeren Verbindungen und ist dementsprechend auch in der Lage, sie wieder gesunden zu lassen und in die Balance zu bringen.

Diese Quelle in mir ist das wahre große Geheimnis der Liebe, das sich mir wie eine aufgehende Blüte im Laufe des Prozesses immer weiter offenbart, je mehr ich lerne, mich zu entspannen und zu vertrauen. Tatsächlich sind klare Absichten, tiefgreifende Entspannung und eine bewusste Öffnung für eine Lösung meinerseits alles, was diese Quelle braucht, um mir zufließen und für mich arbeiten zu können. Wenn ich loslasse und bitte, kann sie mein Leben mit ihrer allumfassenden Intelligenz wieder in Balance bringen. Diese Erfahrung haben wir nicht nur am Punkt unserer tiefsten Ehekrise machen können, sondern im Laufe der Jahre immer wieder.

Sind Sie bereit für einen grundlegenden Wandel?

»Das bloße Wissen um die
Möglichkeit von Liebe und Vergebung
reicht nicht aus. Wir müssen auch Wege
finden, sie mit Leben zu füllen.«

Nelson Mandela

Ich, Eva, durfte dabei sein, als Nelson Mandela nach fast 30 Jahren
Haft im Stadion von Soweto vor 120 000 Menschen leidenschaftlich
zur Versöhnung aufrief. Niemand hat mich je so motiviert, unter allen Umständen weiter an die Liebe zu glauben, Standpunkte klar zu
beziehen, aber immer nach Versöhnung zu suchen.

M achen Sie eine kleine Bestandsaufnahme … Was ist jetzt? Sie leben im Moment allein und wünschen sich wieder eine Beziehung. Sie sind unfreiwillig Single geworden, weil Ihr Partner sich getrennt hat. Sie leben noch mit Ihrem Partner unter einem Dach, doch bei Ihnen herrscht emotionale Eiszeit und Funkstille. Sie funktionieren nur noch wie ein Team; sind vor allem Eltern; streiten bei jeder Kleinigkeit; verheddern sich ständig in einem Machtkampf; führen kalten Krieg; dulden eine Dreiecksbeziehung, die nicht enden will. Sie hoffen schon so lange, wollen eigentlich nicht gehen, haben aber immer häufiger das Gefühl, alles sei sinnlos.

Sie haben bereits unzählige Male Anlauf genommen, um mit Ihrem Partner zu reden, aber all Ihre Versuche, etwas zu ändern, sind an ihm abgeprallt. Sie kämpfen immer wieder mit Eifersucht und haben das Gefühl, nie wirklich an Ihren Partner heranzukommen. Sie spüren ganz genau, dass Sie sich selbst immer mehr verraten, wenn Sie so weitermachen, aber Sie wagen nicht, mit Ihrer Wahrheit herauszukommen und sich zu zeigen. Sie haben Angst, endlich eigene Schritte zu tun, Ihren Partner loszulassen und Ihr Leben selbst wieder in die Hand zu nehmen.

Sie haben eine Affäre, lenken sich ab, sind nur unterwegs, arbeiten immer mehr, gehen jeder Konfrontation aus dem Weg und wissen aber, dass die Bombe in Ihrer Beziehung tickt. Die alte Sache ist längst vorbei, aber Sie können einfach nicht vergeben, stecken mit Ihren Gedanken und Gefühlen immer wieder in der schmerzlichen Vergangenheit fest. Sie verstehen die Welt nicht mehr, weil Ihr Partner über Nacht die Koffer gepackt und nach langem Betteln und vergeblichen Gesprächsversuchen nun verkündet hat: »Schluss, aus, vorbei, keinen Tag länger mit dir!«

Sie haben ein Krisental erfolgreich durchschritten oder waren bei uns im Paarcoaching, und es ist wieder Land in Sicht, Sie haben neue Klarheit, wie es gehen könnte. Sie verstehen, dass diese Krise nicht das Ende, sondern eine deutliche Aufforderung zur Weiterentwicklung war. Sie sind motiviert und brauchen jetzt eine Anleitung für den Alltag, welche Schritte für Sie anstehen und was zu tun ist, um Ihre Beziehung zu heilen und wieder mit neuem Leben zu erfüllen.

Egal was von alledem gerade Ihr Thema ist – lassen Sie es für den Moment erst einmal sein, wie es ist und beschäftigen Sie sich nicht weiter mit seiner speziellen Ausformung. Im Augenblick ist das Thema selbst nicht so wichtig für den Prozess. Das heißt nicht, dass wir es nicht ernst nehmen und hier im Kurs nicht auch auf die wichtigen Beziehungsthemen eingehen. Es heißt nur, dass der Weg zur Heilung Ihres Themas vielleicht ein anderer ist, als Sie die ganze Zeit vermutet haben. Sich das Hirn zermartern und sich anstrengen, damit haben Sie im Zweifel schon eine ganze Weile versucht, Ihr Problem zu lösen. Jetzt dürfen Sie sich entspannen und sich während der ersten Schritte des Kurses einfach vertrauensvoll auf unsere Erfahrung verlassen.

Damit meine ich auch an dieser Stelle nicht, dass Sie sich in einen tiefen therapeutischen Prozess versenken sollen.

Für diese Hinwendung zu uns selbst brauchen wir nur selten eine Therapie. Wir müssen nicht einmal etwas machen oder verändern. Alles, was dazu erforderlich ist, ist eine innere Haltung der Zuwendung, eine Bereitwilligkeit, uns selbst mitfühlend und ehrlich zu betrachten, unsere Gefühle im Moment wirklich zu empfinden.

Wir haben mit Tausenden von Paaren an allen wichtigen Beziehungsthemen in unzähligen Facetten gearbeitet. Wir haben bereits eine ganze Reihe von Büchern dazu geschrieben. Die Erfahrung hat uns dabei eines gelehrt: Egal womit ein Mensch auch zu uns kommt, egal was die Partnerschaft belastet – im Kern jedes Themas und jeder Facette des Themas geht es immer um das Gleiche: die Annahme Ihrer selbst.

Wir wissen heute mehr denn je, dass alle Themen, die eine Partnerschaft belasten – egal wie schwerwiegend sie sind – von einem der Partner oder im Idealfall von beiden Partnern die Bereitschaft zu zwei Schritten fordern, wenn sie gelöst und geheilt werden sollen: loszulassen und bei sich selbst anzukommen. Um sich dann selbst wirklich kennen, annehmen und lieben zu lernen und das Leben dementsprechend neu zu gestalten. Dann klären sich die Dinge im Außen, dann heilen Beziehungen, dann kommen Kraft und Klarheit zurück.

Ich will meine Beziehung heilen und soll mich nicht mehr länger mit meinem Partner beschäftigen?

Aber wie gesagt, für diese Wandlung und Heilung ist es nötig, sich zuerst einmal völlig auf sich selbst zu besinnen und sich nicht länger auf den anderen zu konzentrieren. Das ist dann gleich auch schon der schwierigste Schritt für den Kopf: »Ich will meine Beziehung heilen und soll mich nicht mehr länger mit meinem Partner beschäftigen?« Vorläufig ja! Weil die Heilung zuerst in Ihnen stattfinden muss, bevor sie im Außen greifen kann.

> ⌒ *Damit dies geschehen kann, bedarf es zuerst Ihrer Bereitschaft, volle Verantwortung für Ihre Angst, für Ihre Negativität und für Ihre Schmerzen zu übernehmen. Das heißt nicht, dass Sie sich augenblicklich in die Tiefen einer düster-depressiven Schlucht hinabstürzen sollen. Das heißt nur, dass Sie ganz praktisch den Fokus Ihrer Wahrnehmung verlagern sollen. Dass Sie sich von nun an im täglichen Miteinander weniger beschäftigen mit dem, was Ihr Gegenüber tut, als vielmehr mit dem, was in Ihnen durch dessen Tun geschieht. Wenn Sie diese Art der Selbstbeobachtung mit der Zeit gelernt haben, ist vor allem der Mut zur Ehrlichkeit Ihnen selbst gegenüber gefordert.* ⌒

Es gibt noch etwas Schwierigeres für das Gelingen einer erfüllenden Beziehung und einer wachsenden Liebe zu sich selbst als das Bei-sich-Bleiben. Wollen Sie wissen, was das Aller-, Allerschwierigste überhaupt an diesem Kurs ist? Dass Sie sich im Alltag Zeit dafür nehmen. Gar nicht so viel, wenn Sie nicht wollen, aber regelmäßig!

Wir hören so oft, dass jemand uns erzählt, wie tief berührt er von einem unserer Bücher gewesen sei, oder wie sehr das Coaching mit uns ihm die Augen geöffnet und er in der Arbeit mit uns endlich wieder Hoffnung geschöpft habe. Ab da nehmen die Wege dieser Menschen dann allerdings zwei grundlegend verschiedene Verläufe: Bei dem einen bleibt es bei einem Gefühl der Hoffnung und einer Einsicht – aber leider mittelfristig auch bei Stagnation, oder es entsteht sogar wieder neuer Schmerz. Bei dem anderen verändern sich das Leben und die Partnerschaft grundlegend.

Was unterscheidet Menschen, die erfolgreich aus einer Beziehungskrise hervorgehen, von anderen?

Wodurch unterscheiden sich die beiden Gruppen? Die, bei denen sich wirklich etwas Grundlegendes im Leben verändert, sind aus dem Verstehen ins Handeln gekommen. Sie sind über die reine Einsicht hinausgegangen. Sie haben sich Löcher in den Alltag gebohrt und sich Zeit für sich genommen, entgegen allen Gewohnheiten, Prägungen und vermeintlichen Verpflichtungen anderen gegenüber. Zeit für sich heißt in diesem Falle nicht fernsehen, ausgehen oder lesen. Auch nicht für den nächsten Marathon trainieren. Zeit für sich heißt still werden und nach innen gehen.

Die, bei denen sich wirklich etwas Grundlegendes im Leben geändert hat, haben eine Meditationspraxis, Achtsamkeitstraining oder innere Arbeit gelernt, die ihnen dabei geholfen haben, zur Ruhe und wieder zu sich selbst zu kommen. Sie haben sich nicht davon abbringen lassen, dies regelmäßig zu tun und anderes dafür zu lassen. Sie haben ihre Suche nach äußerer Bestätigung mehr und mehr aufgegeben und stattdessen die eigenen Gefühle, Ängste und Sehnsüchte immer mehr zugelassen.

Die, bei denen sich wirklich etwas Grundlegendes im Leben geändert hat, haben den Mut gefunden, neue Prioritäten in ihrem Leben zu setzen; ihr zeitliches und kräftemäßiges Engagement in bestimmten Dingen und vor allem im Beruf infrage zu stellen. Den Mut, den Daueraktivmodus auszuschalten und sich der treibenden Unruhe in ihrem Inneren zu stellen, sich selbst zu spüren und auch das Alleinsein mal auszuhalten.

Die, bei denen sich wirklich etwas Grundlegendes im Leben geändert hat, haben beharrlich geübt, negative Gewohnheiten aufzugeben, die sie selbst und ihre Beziehung vergiften. Sie haben sich für einen liebevolleren und nährenden Umgang mit ihrem Körper entschieden und mit dem Herzen geschaut, wer oder was ihnen guttut und wer oder was ihnen Kräfte raubt. Sie haben den Mut gefunden, mehr dem zu folgen, was sie fühlen, als dem, was sie denken.

Die, bei denen sich wirklich etwas Grundlegendes im Leben geändert hat, haben die Entdeckungen ihrer inneren Reise in ihren Alltag getragen und waren bereit, durch einen Loslass- und Reinigungsprozess durchzugehen. Sie haben sich von ihrer Angst nicht länger abschrecken lassen und haben sich getraut, aus ihrer gewohnten Rolle auszubrechen und anderen ihr wahres Wesen zu zeigen. Sie haben beschlossen, endlich daran zu glauben, dass sie liebenswert sind und Liebe verdient haben. Und dass andere dementsprechend respektvoll mit ihnen umgehen. Sie waren sogar bereit, für diese Einsicht gegebenenfalls ihre bestehende Beziehung infrage zu stellen.

Die, die erfolgreich ihr Leben und ihre Partnerschaft verwandelt haben, waren bereit, ihre neuen, mentalen und emotionalen Einsichten im wahrsten Sinne des Wortes zu ver-Körper-n, wirklich zu dem zu werden, woran sie glauben. Sie haben sich selbst in der kontinuierlichen inneren Arbeit wiederentdeckt und das auch in ihre Partnerschaft hineingetragen – egal ob sie damit eine wunderbar leichte Welle oder ein heftiges Erdbeben ausgelöst haben. Sie haben gelebt, was mit

Liebe dich selbst und es ist egal, wen du heiratest, tatsächlich gemeint ist: durch Selbstliebe die Beziehungen zu allen und allem anderen zu verwandeln.

Und die, die mit wachsender Freude und immer öfter aus eigenem Antrieb, ohne den Druck einer Krise, wirklich etwas Grundlegendes geändert haben, haben immer mehr darauf vertraut, dass alles, was sie brauchen, in ihnen liegt und dass es immer und überall Hilfe und Unterstützung gibt, wenn man darum bittet.

Mit diesem Kurs möchten wir Ihnen nicht einfach nur zu neuen Einsichten verhelfen, sondern Sie dabei unterstützen, die Liebe zu sich selbst zu vertiefen und dadurch Ihre Beziehung und Ihr Leben zu verwandeln.

Deshalb wollen wir hier auch nur so viel Hintergrundwissen vermitteln, wie es zum unmittelbaren Verständnis des Kurses notwendig ist. Wir haben schon viele Bücher geschrieben, die Ihnen die Zusammenhänge deutlich machen. In diesem möchten wir Sie vor allem dazu auffordern, Ihr Denken noch einmal upzudaten und damit dann konkrete Schritte zu tun; wirklich einzutreten in eine neue Welt, die für Sie erfahrbar von Selbstliebe geprägt ist. Um tatsächlich zu fühlen, dass Sie liebenswert sind. Um tatsächlich eine Wandlung, um kleine und große Wunder zu erleben und nicht nur über deren Existenz zu lesen.

Gerade die vielen Frauen, die gern Selbsthilfebücher lesen, möchten wir hier einladen, endlich zu leben, woran sie glauben, und ihren Männern und Kindern durch Taten statt durch Worte den Weg zu weisen. Die Männer möchten wir animieren, sich bei ihrem Wunsch nach einer Verbesserung ihrer Partnerschaft auf unsere Erfahrung zu verlassen, auch wenn es erst einmal wenig Konkretes gibt und sie nicht gleich den tieferen Sinn oder gar Mehrwert des Ganzen erkennen können.

Anfänglich tut sich mancher Verstand recht schwer, wenn es um die innere Arbeit geht. Insbesondere deshalb, weil dort eigentlich nichts zu erreichen oder zu erarbeiten ist. Ebenso wenig fällt es dem Verstand leicht zu akzeptieren, dass im bewussten Nichtstun eine unermessliche Schöpferkraft liegt. Und trotzdem ist genau dieser entspannte Weg der einzige, der uns wirklich zu uns selbst und zu wahrer Erfüllung bringen kann. Die Life-Coach Martha Beck sagt: »*Der leichte Weg ist in dieser Zeit nicht mehr länger nur eine Option – er ist ein Muss. Das, was deine Bestimmung in dieser Welt ist, hat vielleicht mit Schwierigkeiten begonnen, aber von da an bist du aufgefordert, den leichtesten Weg zu all deinen Zielen zu nehmen.*«

Wie geht der leichte Weg in eine erfüllende Beziehung?

Kämpfen Sie nicht länger um die Liebe und für Ihre Träume. Geben Sie stattdessen den Widerstand gegen Ihre Krise und das Hadern mit Ihrem Problem auf. Nehmen Sie einen Atemzug und sagen Sie sich: »Ja, das ist so. Das soll so sein, hat einen tieferen Sinn und hilft mir.« Lesen Sie diesen Satz nicht nur. Trauen Sie sich, ihn zu spüren: »Ja, das soll so sein!« Dann wird es sofort leichter. Krisen und Probleme sind einfach nur Wegweiser, die Sie näher zu sich selbst bringen und Ihnen enorm dienlich sein können. Vorausgesetzt Sie schauen nicht weg, sondern ganz genau hin.

Bei diesem Hinschauen werden wir Sie hier unterstützen und auch dabei, dem Impuls wegzuschauen nicht länger nachzugeben. Wir werden Sie darin bestärken, Widerstände zu nutzen und mit den Wehen zu gehen, statt gegen sie zu kämpfen. Wir wollen Sie ermutigen, mitten in der Krise, Auge in Auge mit dem Problem, still zu werden und nichts zu tun. Wir wollen Ihnen zeigen, wie Sie mit aktivem Nichtstun sich selbst und die Welt wieder mit Liebe erfüllen. Wie Sie eine schmerzende Leere durch aktive Dankbarkeit wieder voll werden lassen. Und wie die Welt und die Menschen Ihnen wieder nahekommen, weil Sie wieder bei sich sind.

Sind Sie bereit, das Geheimnis der Liebe zu erfahren und Wunder in Ihren Beziehungen zu erleben? Sind Sie bereit, sich Zeit für diesen Kurs zu nehmen? Erst einmal kleine und dann immer größere Löcher in Ihren vertrauten Alltag zu bohren, damit mehr und mehr Fülle, Frieden, Entspannung, Selbstvertrauen und Vergebung hineinfließen kann? Sind Sie bereit, sich auf eine andere Sicht und auf einen völlig neuen Umgang mit sich und Ihrer Beziehung einzulassen?

Eine neue Software
für die Liebe

»Obgleich ich keinesfalls glaube,
dass eine Pflanze zu sprießen vermag,
wo kein Same war, habe ich doch größtes
Vertrauen in den Samen an sich.
Überzeuge mich von seiner Existenz
und ich bin bereit, ein Wunder
zu erwarten.«

Henry David Thoreau

Henry David Thoreau formuliert in diesem Bild den leichtesten und
zugleich schwersten Sprung, den Sie in Sachen *Liebe dich selbst* wagen müssen. Egal, wie sehr Sie sich willentlich anstrengen – Sie können die Liebe nicht zum Wachsen bringen. Je tiefer Sie aber in sich
selbst eintauchen, desto offensichtlicher wird, dass es nichts für Sie
zu tun gibt, sondern dass alles bereits da ist.

Wir wollten uns vor vielen Jahren an einem Punkt scheiden lassen, an dem wir uns überhaupt noch nicht kannten. Rückblickend waren wir zwei Fremde, die sich trennen wollten, weil sie nicht die geringste Ahnung von einander hatten, und das wiederum, weil sie keine Ahnung von sich selbst hatten. Eigentlich wollten wir uns trennen, weil wir keine Ahnung von uns selbst hatten.

Damals war jeder von uns so viel begrenzter; unsere Sicht auf die Dinge so viel enger. Jeder hatte seinen Standpunkt und war überzeugt davon, dass er richtig sei. Wir waren gefangen in Vorstellungen von uns selbst und dem, was wir für die erstrebenswerten Ziele in unserem Leben hielten. Jeder lief auf der einprogrammierten Software seiner Kindheitserfahrungen, vertrat das Wertesystem seiner Herkunftsfamilie und glaubte all das, was er dort gelernt hatte über sich und das Leben.

Vor allem lief jeder von uns unbewusst auf dem Programm, das die alten Ängste und die kleinen und großen traumatischen Erfahrungen aus der Vergangenheit in seinem Bewusstsein hinterlassen hatten. Aber all diese Zusammenhänge waren uns damals nicht im Geringsten bewusst. Wir fingen an, uns ein Leben aufzubauen, von dem wir dachten, dass es uns Erfüllung bringen würde, und wir begannen, so wie es unsere Programme zuließen, in Beziehung zueinander zu gehen. Damit steuerten wir ahnungslos direkt in eine Sackgasse.

Egal was wir tun – es gibt auf dieser Welt nichts, was uns Frieden und Erfüllung bringen kann. Es gibt nichts da draußen zu finden, was uns aus unserer Unzufriedenheit und unserer Leere, von unserer Suche und unserem Schmerz befreien könnte – kein Partner, keine Beziehung, kein Erfolg und kein Besitz. Jeder Versuch, den Richtigen zu finden, führt uns nur weiter weg von unserer Möglichkeit, das Richtige zu entdecken. Um mit einem weisen Mann zu reden: Alles, was wir durch unsere Suche finden können, ist neue Suche.

Nun sagte ich ja anfänglich so begeistert, dass es geht. Dass Sie genau die erfüllende Partnerschaft leben können, von der Sie immer geträumt haben. Ich sage immer noch: »Es geht!« Es geht bestimmt. Aber es geht mit größter Wahrscheinlichkeit nicht so, wie Sie es geplant haben. Dazu ist eine völlige Umkehr Ihrer gewohnten Weltsicht erforderlich, die von Ihnen eine Art geistigen Quantensprung verlangt.

Sie scheinen regelrechte Anhänger von Beziehungskrisen zu sein?

Ehrlich gesagt, eigentlich steuern alle Menschen irgendwann mal in eine Sackgasse, was Beziehungen angeht. Und das liegt weder an einem Fehler im System noch an irgendeiner Art von persönlichem Versagen. Wir landen in der Sackgasse, weil sie den Sprit für unser Wachstum liefert. Wir landen genauso in der Sackgasse wie ein kleines Kind immer wieder auf dem Hintern, während es Laufen lernt. In Sachen erfüllte Partnerschaft können die meisten von uns nur krabbeln, wenn sie zusammenkommen. Wer weiß schon viel darüber, wie er selbst oder wie eine Beziehung eigentlich funktioniert? Nämlich dass das meiste, das uns und unsere Beziehungen wirklich ausmacht, auf unsichtbaren Ebenen abläuft – jenseits von unseren Worten und von dem, was wir erreicht haben oder äußerlich darstellen.

In einer Beziehung dreht sich alles um Attraktivität. Damit ist nicht Schönheit gemeint, sondern Anziehungskraft, die auf Informationen basiert, die wir die ganze Zeit unbewusst aussenden. Über dieses Informationsfeld, von dem wir alle ein Teil sind, werden wir im Weiteren noch ausreichend erfahren. Fakt ist: In unserer Kommunikation spielt das, was wir sagen, nur zu sieben Prozent eine Rolle. 38 Prozent macht unsere Stimme aus und 55 Prozent unsere Ausstrahlung und Körpersprache. Über unsere Stimme und über unseren Körper transportieren wir nicht das, was wir bewusst denken und wollen, sondern das, was wir innerlich fühlen und sind – das, was wir verkörpern.

Ausstrahlung heißt bei Menschen eigentlich das Gleiche wie bei Fernsehsendern: Auch wir strahlen ein – allerdings unsichtbares – Programm aus, das andere mit Informationen über uns versorgt – und zwar auch mit all den Informationen, die wir längst vergessen und verdrängt haben oder vor uns und anderen lieber verstecken möchten. Deswegen sorgen Versuche, etwas zu verheimlichen oder einer Konfrontation auszuweichen, mittel- und langfristig immer dafür, dass die Beziehung auslaugt. Denn dann versuchen wir, eine Harmonie und Nähe zu leben, die gar nicht richtig da ist. Das ist, als ob wir einen Liebesfilm ins Programmheft schreiben, aber dann wird ein Actionfilm ausgestrahlt. Das wirkt besonders in langfristigen Beziehungen fatal, weil unser Partner im Laufe der Zeit die Diskrepanz zwischen dem, der wir wirklich sind, und unserer Rolle, unserem Image oder unseren Worten instinktiv immer mehr spürt.

Meist geraten wir dann in Streit, oder wir driften schleichend auseinander. Dabei halten uns unsere Beziehungen eigentlich nur einen Spiegel vor. Sie zeigen uns, was wir wirklich von uns glauben und wie sehr wir uns tatsächlich der Liebe wert erachten. Wenn unsere Beziehung uns nicht gibt, wonach wir uns sehnen, dann können wir uns sicher sein, dass wir uns selbst nicht wirklich wertschätzen. Die Sackgasse sagt uns: Hey, es ist an der Zeit, dass du laufen und dich jetzt wirklich in deinem Wert und deiner Kraft kennen und lieben lernst.

Wir sehnen uns nach Partnerschaft – warum gibt es dann so viel Widerstand und Kampf in Beziehungen?

In langfristigen Beziehungen und erst recht in Krisenzeiten kommen wir nicht umhin, mehr von uns kennen und annehmen zu lernen, wenn wir mit uns und dem anderen glücklich werden wollen. Da helfen kein neues Auto, keine neuen Schuhe und auch kein wunderbarer Urlaub – da müssen wir ran an den Speck. Das heißt, ran an die Altlasten: Wir alle tragen jede Menge meist unbewusste, emotionale Altlasten in uns, die gegen Nähe, Verbindung sprechen und dagegen, sich einem anderen Menschen anzuvertrauen. Ob wir das nun wahrhaben wollen oder nicht: Eigentlich hat jeder Mensch Angst vor Beziehungen, so sehr er sich auch danach sehnt. Jeder von uns trägt in seinem System alle möglichen unverarbeiteten Erlebnisse aus der Kindheit und aus vergangenen Begegnungen und Beziehungen mit sich. Wir alle haben emotionale Verluste hinnehmen müssen, bei denen wir uns innerlich gesagt und in unserer Software festgeschrieben haben: Nie wieder!

Diese Erfahrungen graben sich tief in unser Unterbewusstsein, setzen sich in unserem Gehirn und Nervensystem fest, grenzen unser Denken ein und blockieren unsere bewussten Ziele und Handlungen. Darüber, dass tief sitzender, emotionaler Ballast die grundsätzliche Ursache von körperlichen und seelischen Blockaden ist, sind sich Wissenschaftler aus den unterschiedlichsten Disziplinen längst einig. Und auch darüber, dass erst durch die Aufarbeitung und Freisetzung dieser Emotionen körperliche und seelische Gesundung möglich wird.

Was Quantenphysik, Neurobiologie oder Epigenetik sagen, erleben wir beide täglich in unserer Arbeit. Menschen kommen zu uns und wünschen sich eine gelingende Beziehung, sabotieren diese aber auf allen möglichen Wegen. Warum? Weil jeder neben seiner grundlegenden Sehnsucht nach Verbindung erhebliche Ängste vor Nähe in sich trägt, genauso wie vor dem Verlassenwerden.

Im Lauf der Zeit wirken diese Ängste immer lähmender auf all unser bewusstes Streben nach Nähe – so wie ein unsichtbarer Virus auf der Festplatte. Sie blockieren sowohl unsere Versuche, mit jemandem eine Beziehung einzugehen, als auch unsere Versuche, in einer langfristigen Partnerschaft dauerhaft verbunden und lebendig miteinander zu leben. Wir bekommen erst dann wirklich das Steuer für unser Leben und für das Gelingen von Partnerschaft in die Hand, wenn wir lernen, uns von ungesunden Prägungen zu befreien, emotionale Blockaden zu erkennen und aufzulösen und unsere innere Software einem Update zu unterziehen. Und genau darum geht es hier im Kurs.

Noch drastischer als die Zahlen in Sachen nonverbaler Kommunikation sind unser beider Lieblingszahlen in Sachen Beziehung, die Ihr Verständnis von sich und von Ihrer Sehnsucht nach Liebe und Verbindung noch ein wenig mehr auf den Kopf stellen können: Die Wissenschaft geht davon aus, dass 96 Prozent unseres Selbst unter der Oberfläche unseres Bewusstseins schlummern und uns nur rund vier Prozent bewusst sind.

Die kraftvolle Wahrheit, die hinter diesen Zahlen steckt, erleben Sie unmittelbar, wenn Sie mit einer Gewohnheit zu brechen versuchen. Stellen Sie sich vor, Sie wollen unbedingt abnehmen, mit dem Rauchen aufhören oder endlich mehr Sport treiben. Dieses Wollen wird in Wahrheit oft nur von vier Prozent Ihrer selbst vertreten – den vier, die Ihnen bewusst sind. Mit am Werk sind allerdings auch noch die 96 Prozent unterhalb Ihrer Bewusstseinsschwelle. Jene, die lieber wieder zur Schokolade oder Zigarette greifen und die doch wieder vor dem Fernseher statt in den Joggingschuhen landen.

Diese 96 Prozent vereiteln auch Ihre bewussten Versuche, einen Partner zu finden, friedlich miteinander zu leben oder gesunde Grenzen für die eigenen Bedürfnisse zu setzen. Deswegen besteht ein Ziel des Kurses darin, dass Sie Zugang zu diesem großen Anteil Ihrer selbst finden und ihn für sich nutzen können. Sonst kratzen Sie mit all Ihrem Bemühen nach Liebe und Verbindung immer nur an der Oberfläche und landen stets wieder in Situationen oder bei Menschen, die Ihnen nicht guttun.

Im ersten Schritt geht es darum zu akzeptieren, dass Sie trotz eines klaren Ichbewusstseins nur einen winzig kleinen Ausschnitt von sich kennen. Tatsächlich ist es so, dass Ihre bewussten Wünsche mit vier Prozent gegen 96 Prozent nichts ausrichten können; dass Sie die Liebe nicht wollen, sondern sich nur für sie öffnen und innere Widerstände und mangelnden Selbstwert überwinden können.

Sie sagen, dass jeder das Potenzial in sich trägt, um seine Beziehung zu heilen. Stimmt das?

Wer die Liebe erleben, seine Wünsche verwirklichen und lang ersehnte Lösungen und Heilung erleben will, der braucht ein völlig neues Selbstverständnis – nämlich die Akzeptanz der Tatsache, dass er so gut wie keine (nur vier Prozent) Ahnung von sich hat. Aus eigener Erfahrung können wir Ihnen versichern, dass dieser erste Schritt – dieses Eingeständnis, fast nichts zu wissen und demnach auch nicht entscheiden zu können – anfänglich durchaus verunsichernd, für manch einen sogar bedrohlich wirkt. Dass dieses Infragestellen der gewohnten Identität aber in Wahrheit kein Verlust ist, sondern Ihnen die Tür in eine völlig neue Dimension und zu deutlich erweiterten Handlungsspielräumen eröffnet – in eine innere Welt, in der Sie erleben können, dass Sie viel mehr sind, als Ihre momentane Sicht auf die Welt zulässt. Dass Sie mehr sind als dieses kleine begrenzte Wesen, das immer noch keinen Partner hat. Schon wieder verlassen wird. Wieder den gleichen Stress wie in der letzten Beziehung erlebt. Immer noch nicht verzeihen, sich einlassen oder Lust empfinden kann.

Das alles sind Sie auch. Aber das sind nur die Anteile Ihrer selbst, die immer wieder nach engen, vertrauten Programmen ablaufen. Martha Beck sagt: *»Du bist Bewusstsein, gekleidet in eine Form, meine Liebe. Bewusstsein ist göttlich. Materie ist göttlich. Existenz ist göttlich. Alles ist göttlich. Solltest du irgendwie die einzige Ausnahme sein?«*

Tja, vielleicht sind Sie ja keine Ausnahme. Tatsächlich gibt es jenseits Ihres gewohnten Selbstbildes ungeahnte Handlungsspielräume. In Ihnen schlummern nicht nur die unbewussten Blockaden, die Ihnen jeden Tag das Tor zur Erfüllung

Ihrer Wünsche versperren. Wenn Sie erst einmal Ihr Denken öffnen, werden Sie sehen, dass hinter den alten Blockaden neue Lebens- und Beziehungsmöglichkeiten darauf warten, endlich ins Leben gebracht zu werden und Ihnen zu dem zu verhelfen, was Sie sich vom Leben wünschen. Sie werden entdecken: Mein Gott, es gibt ja noch so viel mehr, als ich immer dachte. Ich hatte ja gar keine Ahnung, was da in mir schlummert. Wie sich die Liebe wirklich anfühlen kann und wie viel Nähe mit mir und anderen Menschen möglich ist.

Wenn wir uns diese Stille und diesen Glauben wieder erlauben, erlauben wir uns gleichzeitig den Glauben, im Innersten ein liebevolles Wesen zu sein. Wenn diese Wahrheit in uns mit der Zeit genügend genährt wurde, manifestiert sie sich auch deutlich in unserem äußeren Leben. Wenn wir wieder mehr bei uns ankommen, wenn wir unsere eigene innere Autorität wieder spüren, lösen wir uns von Rollen, Süchten und gesellschaftlichen Ansprüchen. Wir werden langsam authentisch, wir erlauben uns, so zu sein, wie wir gerade sind. Wir erlauben uns, das auszudrücken, was wir gerade fühlen.

Wir vertrauen auf Fülle in unserem Leben und nähern uns unserer eigentlichen Berufung. Je tiefer wir wieder in uns selbst verwurzeln, desto mehr ahnen wir, wie tief wir mit anderen verbunden sind. Je mehr wir wieder bei uns selbst ankommen, desto mehr wird uns bewusst, dass wir nur dort kämpfen, jammern, abwehren, gieren und süchteln, wo wir uns selbst nicht mehr fühlen konnten. Nur dort, wo uns der Kontakt zu unserer eigenen inneren Größe abhandengekommen ist, stehen wir in Konflikt oder Bedürftigkeit mit den anderen um uns herum. Wir lernen, dass wir überall dort, wo es wehtut, Hinwendung von uns selbst an uns selbst brauchen.

Wenn Sie bereit sind für diesen Sprung in ein neues Bewusstsein, stellt sich natürlich gleich die nächste, nicht minder spannende Frage: Wie bekomme ich denn Zugang zu diesem großen, schlummernden Reservoir, zu meiner wahren, inneren Größe, zu den 96 Prozent? Der wichtigste Zugangscode lautet: »Zur Ruhe kommen und entspannen.« Stellen Sie sich noch einmal vor, Sie wären unser Held im Märchen. Sie wissen schon, dass so ein Held selten der Cousin von Superman, sondern meist ein Normalo mit einem Traum vom Leben und einem Herz am rechten Fleck ist. Er kann das Abenteuer nicht mit einem S auf der Brust und unermüdlichem Einsatz bestehen, er findet die Lösung meist dort, wo er sie nicht vermutet – in seinem Herzen.

Wieso soll ich mich entspannen, wenn gerade alles drunter und drüber geht in meiner Partnerschaft?

Weil Sie nur durch Entspannung an den Ort gelangen, wo es das Geheimnis der Liebe zu entdecken gibt. Von den vier in die 100 Prozent, von Ihrem gewohnten Ich in Ihr großes Reservoir kommen Sie weder, indem Sie sich gegen Ihre gegenwärtigen Probleme stellen, noch mit einem straffen Aktionsprogramm und Willenskraft, sondern nur durch Entspannung und Loslassen. So wenig es unserem normalen Vorgehen vielleicht entspricht: Um sich aus alten Prägungen und Ängsten zu lösen, den Ausweg aus einer Dreiecksgeschichte zu finden, wieder Lust auf Sex zu bekommen oder ein Ende des ewigen Streits herbeizuführen, müssen Sie zuerst einmal lernen, Körper und Geist zu entspannen – ausgiebig und tief.

Um einen Partner zu finden oder Ihre wackelige Beziehungswelt zu kitten, dürfen Sie alles angestrengte Machen und

Kämpfen für Ihr Beziehungsglück sein lassen. Der Schlüssel zu dieser neuen Welt heißt tatsächlich bewusste, aktive Entspannung. Im Zustand der Entspannung öffnet sich das Tor zu den fehlenden 96 Prozent und damit zu neuen Möglichkeiten und Kräftepotenzialen. Deswegen dreht sich in diesem Kurs alles darum, dass Sie lernen, sich zu entspannen und sich anzunehmen, da, wo Sie gerade sind. So können Sie langsam die Tür zu Ihrem größeren Sein öffnen und die Antwort auf Martha Becks Frage selbst entdecken: *»Du bist Bewusstsein, gekleidet in eine Form, meine Liebe. Bewusstsein ist göttlich. Materie ist göttlich. Existenz ist göttlich. Alles ist göttlich. Solltest du irgendwie die einzige Ausnahme sein?«* Nein.

Das wahre Geheimnis von Partnerschaft

> »Wenn man etwas ganz fest will,
> dann setzt sich das ganze Universum
> dafür ein, dass man es
> auch erreicht.«

Paulo Coelho

Ich, Wolfram, würde Paulo Coelho, einen der Lieblingsautoren meiner Frau, gern ergänzen: Wir sollten es unbedingt fest, aber bitte nicht *zu* fest wollen! Sie werden eine glückliche Beziehung in Ihr Leben ziehen, wenn Sie eine ganz klare Vorstellung von Ihrer idealen Beziehung haben. Je leidenschaftlicher und lebendiger Ihre Träume, desto kraftvoller setzen Sie die Kräfte des Universums tatsächlich in Gang. Wenn Sie aber Druck machen und eigentlich Angst haben, dann halten Sie alle Kräfte und die Liebe von sich fern.

Wenn Sie sich entscheiden, Beziehung tatsächlich andersherum zu sehen und sich von nun an mit der Beziehung zu sich selbst vor allen anderen zu beschäftigen, dann möchten wir Sie vor einer großen Einstiegsfalle warnen. Eine Gefahr beim »Andersherum« ist, dass man auf dem Weg zu sich selbst dem eigenen Ego in die Falle geht und sich sagt: Okay! Ich muss also nur perfekt werden, dann werden auch meine Beziehungen perfekt! Dem ist nicht so. In unserer eigenen Ehe, aber auch in der Arbeit mit mittlerweile Tausenden Menschen haben wir gelernt, dass eine glückliche Partnerschaft nichts damit zu tun hat, dass sich zwei Menschen treffen, die perfekt zueinander passen, und dann nehmen Harmonie, Lust und Leidenschaft selbstverständlich ihren Lauf.

Der wahre Sinn von Beziehungen ist immer, die inneren Konflikte der beiden Partner ins Gleichgewicht zu bringen. Dafür ist jede Beziehung, so wie sie gerade ist, der optimalste Raum, den die beiden beteiligten Partner überhaupt nur finden können.

Deshalb seien Sie froh, dass Ihr intimster Partner so präzise auf Ihre Knöpfe drückt, dass es manchmal schmerzt. Seien Sie sogar dankbar, dass dem so ist, denn auf dem Weg in eine erfüllende Partnerschaft geht es unabdingbar darum, jenen Bereichen in Ihnen Aufmerksamkeit zu schenken, die verletzt

sind, zerstörerisch wirken oder Ihren heutigen Handlungs-
spielraum einengen.

Es geht nicht um perfekt, sondern um authentisch und im Einklang mit sich selbst. Das ist das Gegenteil von perfekt: Das ist,
sich bewusst sein, wer man ist und was man nicht ist. Wir leben
oft in Strukturen, die eigentlich gar nicht zu uns passen, aber
von denen wir glauben, dass sie gut oder richtig seien. Oder wir
leben auf eine Art, die bei unserer Umwelt gut ankommt oder
Erfolg bringt, die aber eigentlich gar nicht wirklich unserem inneren Zustand entspricht. Sie kennen doch sicher auch diese
Singles, die super aussehen, einen tollen Job haben, ungehemmt
plaudern können und seit Jahren keine Beziehung haben.

Bereits der Beginn einer Beziehung funktioniert »andersherum« und zeigt, was in unserem Inneren los ist. Nicht, was wir
können, sondern wo wir festhängen, ist entscheidend. Die Tür
zu einem anderen öffnet sich mir so weit, wie ich innerlich
wirklich mit mir verbunden bin und die Vergangenheit aufge-
räumt habe. Für den Eintritt in eine echte Beziehung ist es zum
Beispiel wichtig, dass ich mein Herz wirklich von alten Bindungen befreit habe; meine Ängste vor Nähe und Verlassenwerden
schon mal berührt und gelernt habe, mitfühlend und ehrlich
mit diesem verletzlichen Teil meiner Selbst umzugehen.

Ich fühle mich im Moment alles andere als perfekt,
und Sie sagen, das sei trotzdem eine gute
Voraussetzung für eine erfüllende Partnerschaft?

Ja, es kann sein, dass jemand, der vielleicht schüchterner und
scheinbar viel weniger attraktiv und kommunikativ ist, viel
leichter in eine Beziehung gehen und auch den richtigen Part-

ner für sich finden kann, weil er innerlich mehr im Kontakt mit seiner Schüchternheit und mehr im Einklang mit seiner Person ist. Kurz: Weder für den Beginn noch für den Verlauf einer glücklichen Partnerschaft braucht es eine perfekte Version von mir oder einem anderen. Eine Partnerschaft wird immer erfüllender, je besser ich mich wirklich in meiner Fehlbarkeit akzeptieren und einem anderen Menschen anvertrauen kann. Und je mehr ich bereit bin, sukzessive über meine Einschränkungen mit Liebe und Achtsamkeit hinauszuwachsen.

Sie sollten gleich zu Beginn hier ehrlich mit sich selbst und Ihrem Ego sein, sonst verschließen Sie bereits die Eingangstür zu sich selbst, bevor Sie überhaupt den Weg der Zweisamkeit erforschen können. Fragen Sie sich, ob Sie vielleicht Ihre ganze Kraft darauf verwenden, eine perfekte Rolle von sich weiter auszubauen, um bei anderen nur ja gut anzukommen, nicht verletzt zu werden oder schwach zu wirken. So eine perfekte Rolle kann ein guter Grund sein, warum Sie nicht richtig in Beziehung treten können. Eine Rolle entfernt Sie von sich selbst. Sie macht zwar sicher, hält Sie aber gefangen und verhindert eine echte Begegnung und Berührung mit anderen und eine tiefere Einsicht in die eigene Verletzlichkeit und in Ihre unbewussten Beziehungsvermeidungsstrategien.

»Andersherum« gilt natürlich erst recht, wenn Sie schon in einer Beziehung leben. Denn deren Erfüllung hängt nicht von idealen Umständen und optimaler Passform ab, sondern davon, wie sehr jeder von beiden bereit ist, im Zusammensein mit dem anderen die eigenen Grenzen auszuweiten. Das hat nichts mit Kompromissen und Nachgeben zu tun, sondern damit, aus den eigenen, meist unbewussten Begrenzungen herauszuwachsen – selten freiwillig, meist durch den Druck, wenn es knirscht und Stress gibt. Dieser Druck kann helfen, sich selbst auch da genauer anzuschauen, wo man allein gern weggucken würde, und sich auf Erfahrungen einzulassen, die man allein gern ausließe.

Wenn es auf Dauer gut werden soll, braucht es zwei, die bereit sind, ihr Selbstbild, das sie mit in die Beziehung gebracht haben, in weiten Teilen hinter sich zu lassen. Denn dies war vor allen Dingen eine enge Vorstellung von sich selbst. Aber keine Sorge, das ist kein Verlust: Das Geknirsche und die ganzen Krisen richtig genutzt bringen langsam den hervor, der man wirklich ist.

Wir sind seit 21 Jahren verheiratet. Aber eigentlich gibt es die beiden gar nicht mehr, die damals geheiratet haben. Sie wurden in Krisenzeiten so oft aus den Fugen gehoben, geschüttelt und transformiert, dass wir heute manchmal auf Etappen unserer Vergangenheit schauen wie auf ein anderes Leben. Wir hatten und haben mit alldem zu kämpfen, womit andere Paare auch kämpfen: Wir waren so oft nicht in der Lage, wirkliche Nähe zuzulassen, obwohl wir uns nichts mehr gewünscht hätten. Wir wollten füreinander da sein und konnten es nicht. Wir haben uns das Jawort gegeben und uns dann ständig für das Anderssein verurteilt.

Und eines schönen Tages standen wir vor der Klippe, vor der heute die meisten Paare irgendwann – oft mehrmals – stehen: Trennung oder die bedingungslose Bereitschaft zu Wachstum, Heilung und Selbstüberwindung. Wir wollten nicht verbittern und erstarren, sondern lebendig und erfüllt miteinander leben, daher entschieden wir uns schließlich für das Zweite. Allerdings ging ab da das große »Hintersichlassen« bei jedem von uns los.

Warum sollte ich etwas von mir aufgeben, wenn ich
meine Beziehung erneuern möchte?

Partnerschaft geht nur gut mit lebendiger Entwicklung. So
mussten damals auch wir im Zusammensein mit dem anderen
unsere Sichtweisen immer wieder erweitern sowie alte Glau-
benssysteme und negative Gewohnheiten für die Liebe und
Verbundenheit überwinden. Hier hatte unsere Harmoniesucht oft einer ausgesprochenen, unangenehmen Wahrheit zu
weichen. Da musste das Herz geöffnet und viele Tränen mussten geweint werden. Dort hatte eine vertraute Sicherheit einem Ruf des Herzens und einem Sprung ins kalte Wasser zu
weichen. Und immer wieder mussten wir unser jeweiliges
Recht aufs Rechthaben opfern und uns bewusst für Liebe,
Mitgefühl und Nähe entscheiden, statt darauf zu hoffen, sie
würden uns zufliegen und sich wie rosaroter Zuckerguss über
unsere Beziehung legen. Wir können Ihnen versichern, das
war so manches Mal beinhart fürs Ego.

In den frühen Jahren unseres Zusammenseins gab es immer wieder dieses Fragezeichen: Warum ist das so schwer?
Sind die anderen nicht einfach so glücklich? Gibt es vielleicht
doch einen Partner, mit dem alles ganz leicht wäre? Und später gab es den Wunsch: Jetzt muss doch mal Ruhe sein. Jetzt
muss doch einfach mal alles flutschen, und wir sind durch.
Aber das war nie so. Eher war es bei uns wie in dem Märchen
mit dem dunklen Wald, mit den Monstern zum Umarmen,
Fröschen zum Küssen und Drachen zum Erlegen. Der Held
macht nicht alles wie immer – er macht sich auf einen Weg.
Ins Unbekannte.

Auf diesem Weg gibt es im eigenen Herz einiges zu heilen,
ein paar Sachen über sich und das Leben grundlegend neu zu

verstehen und einige Reifeprüfungen zu bestehen. Zu diesem Weg gehört es, Krisen zu meistern, Enttäuschungen zu verarbeiten, Vergangenes zu vergeben und Vorstellungen von sich selbst zu hinterfragen und zu verabschieden. Sosehr auch uns das wie jedes andere Paar verunsichert und schüttelt, sosehr können wir mit Abstand sagen: Das muss sein. Erst so wird die Beziehung erwachsen. Ohne dass sich alte Vorstellungen auflösen und wir aus den engen Gleisen unserer Prägungen herausgezwungen würden, hätte unsere Ehe viel weniger Spielraum und Tiefe.

Wenn Sie wirklich eine tiefe und lebendige Beziehung und persönliches Wachstum wollen, dann geht das nicht ohne einen aktiven Prozess von Öffnung, Transformation und Heilung alter Wunden und einer ehrlichen und sich vertiefenden Begegnung mit sich selbst. Aber damit dieser Prozess nicht zerstörerisch wird, sondern für eine Bewusstwerdung und neue Nähe sorgt, braucht das Paar eine Anleitung, einen sicheren Rahmen und jeder für sich eine regelmäßige Praxis. Es nützt nichts, wenn Ihnen alles, was Sie bis hierher gelesen haben, einleuchtet und Sie einsehen, dass es einen neuen Weg braucht. Es nützt auch nichts, wenn Sie all Ihren aufgestauten Gefühlen aus der Vergangenheit ab jetzt einfach freien Lauf lassen und Ihre Partnerschaft ständig irgendwelchen Überschwemmungen und Orkanen ausgesetzt ist. Es braucht ein Trainingscamp für die Liebe.

So oft beenden wir ein Coaching, nachdem wir einen ganzen Tag mit einem Paar verbracht haben, und denken uns: »Hoffentlich folgen die beiden unseren Tipps und finden einen Weg zur Meditation und zur inneren Arbeit, damit das Ganze im Alltag nicht untergeht.« So oft gehen zwei Menschen bei uns aus der Tür und konnten im Coaching mit uns ganz neue Einsichten finden, das »Andersherum« ein bisschen besser verstehen, ja sogar wieder eine Brücke zueinander bauen und die Herzen öffnen. Dann sind auch wir ganz beseelt und wissen, dass bei ihnen jetzt der Boden bereitet ist, auf dem die Liebe wieder aufblühen kann. Dass die beiden nun eine ganz neue Ebene von Partnerschaft miteinander aufbauen können – eine Nähe entdecken, wie sie beide sie vielleicht noch gar nicht kennen.

Ich habe schon sehr viel gelesen und zahlreiche Seminare besucht, aber meine Beziehungsprobleme wollen sich einfach nicht lösen. Was kann ich tun?

Aber wir wissen aus Erfahrung, dass das nicht geht, wenn nun beide einfach so weitermachen wie bisher und hoffen, dass die neuen Einsichten ausreichen, der Knoten einfach nur platzen musste und nun alles wieder gut ist. Meist legt dann schnell die Gewohnheit wieder ihren festen Griff um Denken und Tun, und ehe die beiden sichs versehen, landen sie erneut im alten Schlamassel.

Männern hilft hier oft ein Vergleich aus dem Sport: Es ist eins, wenn ein Trainer einem die richtige Vorhand zeigt und Fehlhaltungen korrigiert. Aber es ist noch mal etwas ganz anderes, regelmäßig die neuen Erkenntnisse auf dem Platz und im Spiel mit anderen auszuprobieren und zu üben. Wenn Sie Ihre Partnerschaft wirklich auf eine neue, erfüllendere Ebene hieven wollen, dann sind neue Einsichten gut, aber im Beziehungsalltag hilft nur Training und kontinuierliches Engagement, wenn Sie sich wirklich verbessern wollen und es ein gutes Spiel werden soll.

Der einzige große Unterschied zwischen Beziehungs- und Tennistraining: In der Partnerschaft geht es fast ausschließlich um innere Prozesse – um Gefühle, alte Verletzungen und verdrängte Ängste. Also braucht es auch ein Training, das sich auf diese inneren Prozesse auswirkt. Wenn Sie keinen Rückfall, sondern dauerhaften Fortschritt wollen, braucht es eine kontinuierliche innere Praxis – sozusagen regelmäßige Verabredungen mit sich selbst, um eine wachsende, wache Freundschaft mit sich aufzubauen, damit die kleinen Pflänzchen – Ihre neuen Einsichten und Hoffnungen – gedüngt und gewässert werden. Sie wachsen nur dann an, wenn jeder der Partner sich ab jetzt wirklich Zeit für sich nimmt und sich im Idealfall auch beide Zeit für die Erneuerung ihrer Zweisamkeit nehmen. Jetzt braucht es regelmäßige innere Arbeit, sonst greifen die alten Muster wieder. Finger weg vom Daueraktivmodus. Jetzt braucht es Besinnung, Achtsamkeit und Neuausrichtung.

Manchmal sitzen wir beide nach so einem Tag mit einem Paar da und sind ganz berührt. Wir wissen: Die beiden haben alles, was es braucht, um aus diesem Sumpf, in den sie sich hineinmanövriert haben, auch wieder herauszukommen und wirklich ein Abenteuer miteinander zu erleben. Aber eben ganz wie bei einem eingespielten alten Ehepaar gucken wir uns an und sagen im selben Moment den Satz: »Aber nur, wenn sie jetzt richtig dranbleiben und was machen.«

Ein Mann schrieb uns kürzlich: »*Grüßen Sie alle anderen Ehemänner von mir. Mann kann sich gar nicht vorstellen, wie sehr ein Paarcoaching das Leben eines Mannes verändern kann. Aber für eine gute Ehe braucht Mann Meditation. Danke, dass Sie mir die Meditation so sehr ans Herz gelegt haben. Bei uns ist Frieden eingekehrt, dass es mir manchmal schon unheimlich ist.*«

Wenn wir eine große Vision für unsere Arbeit und die Heilung von Beziehungsproblemen haben, dann die, dass nicht nur viele Menschen unsere Bücher lesen, sondern bald genauso viele mit Freude und Leichtigkeit die innere Arbeit tun, indem sie allein zuhause die Inhalte unserer Bücher umsetzen und deren Lehren in ihr Leben bringen. Die innere Arbeit, mit der sie die Macht über ihr Leben zurückgewinnen, ihr Herz aus eigener Kraft heilen können und zu einer Quelle der Liebe und des Friedens für diesen Planeten werden.

Wir möchten Ihnen hier nicht einfach einen Crashkurs »Beziehungsglück in drei Wochen« anbieten, sondern Sie einladen zu einer neuen, heilsamen Lebensart, die alles in Ihnen und um Sie herum gesunden lässt. Wir glauben, dass es in diesen Zeiten dringend notwendig ist, das Paarsein aktiv zu lernen und zu leben, weil es so ein kostbarer Raum für Heilung und Liebe ist. Und das Paarsein sollte gänzlich neu betrachtet werden: Wir sind nicht dazu da, zusammen ein Haus zu bauen und »Tatort« zu gucken. Auch nicht dazu, immer neue Kicks zu erleben und Traumreisen miteinander zu verbringen. Wir sind dazu da, als Paar die Liebe zu lernen und unsere Angst vor Verbindung zu überwinden.

Jedes Paar ist auf unserem Planeten wie eine Zelle im Körper: Es kann im Kleinen genauso viel Unverständnis, Unfrieden, Machtkampf und Distanz in die Welt bringen wie Nationen und Regierungen im Großen. Aber jedes Paar kann auch eine große Quelle der Heilung und Liebe sein. Nicht weil alles einfach glattläuft, sondern weil zwei ihre Geschichten und Glaubensmuster überwinden und heilen, an denen sich in der ganzen Welt Kriege entzünden. Weil zwei sich bewegen und gegebenenfalls bis hin zu einer heilsamen Trennung lernen, die Wahrheit ihrer Herzen tatsächlich in die Welt zu bringen.

Jedes Paar trägt einen Samen in seiner Verbindung, der die richtige Pflege braucht, um langsam heranzureifen und Früchte nicht nur für die beiden, sondern für die ganze Welt zu tragen – für ihre Kinder, ihre Herkunftsfamilien, Freunde, Kollegen, Kunden und Mitarbeiter. Dieser Kurs hilft Ihnen, den Samen Ihres Paarseins richtig zu behandeln, zu düngen und zu nähren. Die Meditation und innere Arbeit sind der Garten dafür. Sie schaffen einen Raum, in dem eine Ehe gedeihen kann.

2. Kapitel

Wie Sie Freundschaft schließen mit sich selbst

Meditation und Achtsamkeit

»Die Meditation gibt uns Gelegenheit zu offener, mitfühlender Aufmerksamkeit gegenüber dem, was gerade geschieht. Die Meditation besteht also im Wesentlichen darin, uns in etwas zu schulen, das ziemlich radikal ist und ganz bestimmt nicht dem Gewohnheitsmuster unserer Spezies entspricht – nämlich bei uns zu bleiben, ganz gleich, was geschieht. (...) In der Meditation öffnen Sie sich für das, was Ihnen das Leben auftischt.«

Pema Chödrön

Vielleicht müssen Sie diese Worte von Pema Chödrön, einer der großen Meditationslehrerinnen unserer Zeit, ein paar Mal lesen und wirklich in sich hinein lassen. Aber dann können Sie womöglich erkennen, dass in diesen Worten ein Schlüssel zur Transformation Ihres Lebens liegt. Sie lernen auf diese Weise, wirklich Ihr Leben zu leben.

Die größten Abenteuer in Ihrem Alltag birgt die Zeit der Ruhe. Sie arbeiten von morgens bis abends. Sie bauen immer mehr auf, haben viele Hobbys, aber da ist kein Raum zur Muße. Was glauben Sie, wie viel Aufregung in Ihr Leben kommt, wenn Sie sich Ruhe und Alleinsein gönnen? Wenn Sie Ihr Leben umgestalten auf Sinnlichkeit, Tiefe, Stille und Heiterkeit hin? Anfänglich werden Sie sich fühlen wie ein Junkie auf Entzug, wenn Sie mit sich allein sind. Sie werden gezwungen sein, ohne Ablenkung auf sich selbst zurückgeworfen zu sein. Das kann ziemlich abenteuerlich werden, wenn Sie sich dieser Begegnung mit sich selbst stellen. Vielleicht erleben Sie zum ersten Mal bewusst, dass nichts als Ihre eigene innere Unruhe Ihr Leben so getrieben und stressig macht. Vielleicht werden Sie von Ihrer Angst übermannt, verlassen zu werden, zu wenig Geld zu verdienen, nicht genug zu leisten, wenn Sie endlich Stille finden. Wenn Sie in solch einem Moment bei sich bleiben und lernen, diese Stille mehr und mehr zu suchen und auszuhalten, wird sich mit der Zeit etwas in Ihnen stabilisieren.

Sich mit sich selbst befreunden

»Versäume nicht,
einige Zeit des Tages mit dir
selbst zu verbringen.«

Unbekannt

Ich, Eva, liebe dieses Zitat. Es kommt mit einem Augenzwinkern daher, aber es zeigt uns den einzigen Weg in einen spürbaren Kontakt und zur Nähe.

Worauf brauchen Sie im Augenblick eine Antwort? Fragen Sie sich gerade, ob Sie sich endgültig trennen sollen? Oder werden Sie von der Vermutung geplagt, dass Ihr Partner ein Verhältnis hat? Vielleicht ist gerade auch schon alles rausgekommen, die Dreiecksgeschichte liegt schmerzlich auf dem Tisch, und Sie haben nicht die geringste Ahnung, was tun. Vielleicht sind Sie durch Ihr Gefühl, nie mehr einen Partner zu finden, an einem absoluten Tiefpunkt angekommen und Resignation macht sich breit. Vielleicht können Sie seit Jahren nicht mehr richtig miteinander reden, haben seit Ewigkeiten keinen Sex mehr, streiten nur noch und wissen keinen Ausweg mehr. Vielleicht harren Sie aus in einer ziemlich toten Ehe und merken, dass Ihr Partner sich nicht einen Millimeter bewegt – egal was Sie sagen oder tun. Vielleicht haben Sie sich verliebt, aber Sie hängen am Gummiseil und schaffen es nicht, Ihren Partner und die Kinder zu verlassen. Vielleicht sind Sie schon ausgezogen, aber Sie kommen trotzdem nicht richtig los. Und vielleicht sind Sie sogar schon seit Jahren geschieden, aber die Schatten Ihrer Exehe wirken noch immer wie Gift auf die Gegenwart, und auch Ihre aktuelle Beziehung ist schon wieder in Gefahr, ähnlich vor die Wand zu laufen wie die letzte.

Wer ist der beste Coach für eine Beziehungskrise?

Sie brauchen jetzt unbedingt Rat und Trost von einem Menschen, dem Sie wirklich vertrauen können. Am besten einen echten Freund mit einem offenen Ohr, der achtsam und mitfühlend ist und der wirklich verstehen will, was mit Ihnen los ist. Jemand, der Ihnen so nah ist, dass er Ihnen den richtigen Weg weisen kann. Warum sollte es da draußen in der Welt irgendjemanden geben, der Ihren Weg besser kennt als Sie selbst? Dem Sie mehr vertrauen können als sich selbst? Warum sollten wir oder irgendwelche anderen »Fachleute« besser wissen, was Ihr Herz gerade braucht und Ihre Seele für Sie vorgesehen hat, als Sie? Dürfen wir Ihnen die wahre Quelle für die Lösung Ihrer Probleme vorstellen: Sie selbst. Vorausgesetzt, Sie räumen sich Zeit ein und nehmen Kontakt zu Ihrem Inneren auf.

> *Es gibt auf dieser Welt nichts, was uns Frieden und Erfüllung bringen kann. Es gibt nichts da draußen zu finden, was uns aus unserer Unzufriedenheit und unserer Leere, von unserer Suche und unserem Schmerz befreien könnte – kein Partner, keine Beziehung, kein Erfolg und kein Besitz. Jeder Versuch, den Richtigen zu finden, führt uns, ehrlich gesagt, nur weiter weg von unserer Möglichkeit, das Richtige zu entdecken. In uns selbst.*

Ein guter Kontakt nach innen – das ist die einzig wahre Navigation für Ihr Leben. Einen guten Kontakt nach innen bekommen Sie durch regelmäßige Meditation. Die passendste Definition für Meditation, die wir uns vorstellen können, lautet: »Meditation heißt, Freundschaft schließen mit sich selbst.« Sie stammt von der weisen und mitfühlenden Meditationslehrerin Pema Chödrön. Und das genau ist es, wobei wir Sie hier unterstützen wollen: sich selbst anzunehmen und liebevoll zur Seite zu stehen wie ein wirklicher Herzensfreund.

Wie stelle ich eine wirklich gute Beziehung zu mir selbst her?

Haben Sie schon Übung darin, wirklich gut und verbunden mit sich zu sein? Oder wissen Sie noch gar nicht, wie Sie Kontakt zu Ihrem Inneren aufnehmen können? Wie könnte es gehen, sich selbst ein echter Freund zu werden, der wirklich wissen will, wie es Ihnen geht und was Sie gerade brauchen? Auf jeden Fall braucht es dafür Zeit zu zweit. Wirklich nur Sie und Sie. Überlegen Sie einmal, wann Sie wirklich ganz bewusst bei sich sind. Und wie viel Zeit Sie sich ohne äußere Ablenkung gönnen. Ist das bei Ihnen, wie bei den meisten Menschen, eher wenig?

Haben Sie je darüber nachgedacht, was es eigentlich für den Kontakt zu Ihnen selbst bedeutet, wenn Sie fernsehen, am Bildschirm sitzen, am Handy oder ständig unterwegs sind, oder den Kopf immer voller Sachen haben? Sie kriegen wenig bis gar nichts von sich mit. Sie sind mit Ihrem Bewusstsein immer woanders, obwohl körperlich anwesend.

Kennen Sie diese Leute, die neben einem sitzen und mit abwesendem Blick nicken oder die ganze Zeit im Raum herumschauen, während sie so tun, als ob sie einem zuhören? Haben Sie das Gefühl, neben Ihnen sitzt ein wirklich guter Freund, der gerade richtig an Ihnen interessiert ist? Wohl eher nicht. Wollen Sie mit sich so umgehen, wie diese rastlosen Zeitgenossen? Wohl eher nicht.

Und jetzt das Ganze noch einen Schritt weiter gedacht: Wie sollen Sie wissen, wer Sie sind, was Sie brauchen und was Sie fühlen, wenn Sie immer in Action sind? Und was bedeutet es für einen anderen Menschen, der Ihnen wirklich nahe sein möchte, wenn Sie fast immer abgelenkt, voller Gedanken und nicht bei sich sind? Kann Ihnen jemand anders nahekommen in Momenten, in denen Sie es selbst nicht sind? Wohl eher nicht.

Stellen Sie sich vor, in Ihnen schlummerten Liebe und Zartheit, Lebendigkeit und Treue in unendlicher Fülle. Vielleicht ja all das, wonach Sie in einer Beziehung suchen. Nur leider sind Sie nie da, sondern immer beschäftigt, abgelenkt oder bei anderen auf der Suche nach Liebe, Zuwendung und Nähe. Immer in der Hoffnung, dass jemand anders Ihnen nur endlich geben wird, was Sie brauchen, Sie versteht, Ihnen Anerkennung schenkt, Sie richtig behandelt und wertschätzt.

Wenn ein Paar in einer Dreiecksbeziehung gefangen ist, hören wir oft von dem, der fremdgeht, über seinen Geliebten oder seine Geliebte: »Ich habe einfach endlich wieder die Anerkennung bekommen, die mir zuhause fehlte.« Und der Betrogene sagt: »Jetzt hat er mir alle Liebe und meine ganze Sicherheit genommen!« Sosehr uns diese Sicht auf die Dinge geläufig ist, so verrückt ist sie doch in Wahrheit. Es ist, als ob es irgendwo da draußen einen Supermarkt gäbe, in dem wir uns besorgen können, was wir eigentlich in unserem Herzen tragen. Als ob irgendein anderer nur laut und lang genug sagen muss, dass wir gut sind, damit wir uns gut fühlen. Diese Hoffnung wird sich nie erfüllen. Sie macht uns nur abhängig und führt uns in die Irre. Vor lauter Hoffen, Sehnen und Suchen bleibt uns unsere eigene Liebe verborgen. Viele von uns rennen ihr Leben lang wie ein Bettler durch die Gegend, der nicht weiß, dass er auf einem Schatz sitzt. Verrückt, oder?

Sie sind kein Bettler. Egal wie heftig und bedrohlich Ihre Krise gerade sein mag – vielleicht ist sie kein Ende, sondern der Beginn einer neuen Liebe? Sie ahnen gar nicht, wie aufregend und alles verändernd es sich anfühlt, wenn Sie erst einmal gelernt haben, echten Kontakt zu Ihrem Inneren aufzunehmen und die Wahrheit dieser »Andersherum-Erfahrung« live in sich zu erleben: »Ja, es schmerzt, aber ich bin mir in diesem Moment so unvorstellbar nahe. Ja, ich kann nichts machen, aber ich bin mit mir verbunden.«

Wenn Sie lernen, wirklich nach innen zu gehen, sehen Sie alles in einem anderen Licht – auch Ihr aktuelles Thema. Vielleicht ist ja alles gar nicht so, wie es Ihnen vorkommt. Vielleicht ist das, was momentan mit Ihrem Leben geschieht, eher eine Häutung als ein Ende. Vielleicht geht gerade nur deshalb etwas zu Ende, damit etwas Besseres zu Ihnen kommen kann – das, worauf Ihr Herz sehnlich wartet. Vielleicht werden ja gerade auf einer tieferen Ebene alle Ihre Gebete erhört, während es von außen so aussieht, als würde es schlimmer. Vielleicht ist der Schmerz keine Krankheit, sondern eine Wehe, durch die etwas Neues geboren wird.

Was wäre, wenn Sie das, was Sie im Augenblick haben, brauchen? Wenn es exakt das ist, was Ihnen eine Tür in eine neue Welt eröffnet? Vielleicht ist es ja in Wahrheit so, dass Sie gerade einen Lebensabschnitt verlassen, der nicht mehr zu Ihnen passt. Vielleicht braucht es ja einen Abschied von einer alten Art von Bindung, damit Ihr Herz endlich befreit wird und Sie auf die Liebe Ihres Lebens und einen wahren Freund zusteuern können.

Wollen Sie Ihr Herz befreien und seine Liebe wieder freilassen? Wollen Sie sich selbst ein wahrer Freund sein, zu sich stehen und sich treu sein? Wären Sie bereit, Altes dafür loszulassen? Wären Sie bereit, dieser Liebe einen schützenden Raum zu geben, damit sie gedeihen kann? Wären Sie bereit, für diese Freundschaft einzustehen? Wären Sie bereit, dieser Liebe und diesem Freund von ganzem Herzen ein Versprechen zu geben? Können Sie vor Ihrem Herzen sagen: Ja, ich bin es mir wert, jetzt endlich die Liebe meines Lebens zu erleben! Ja, ich bin es wert, mir ein echter Freund zu sein!

Dann sollten wir jetzt ein erstes kleines Hallo wagen. Wie wäre es mit einer Art SMS an Ihr Inneres: »Hallo, bist du da? Wie geht es dir?« Dazu gibt es eine winzig kleine Meditationseinstiegsübung, die »Füße fühlen« heißt. Mit ihr läuten Sie jetzt den Beginn einer neuen Freundschaft in Ihrem Leben ein, und mit ihr können Sie später die Freundschaft ohne große Anstrengung pflegen, indem Sie täglich kurz mal Hallo sagen.

Lassen Sie uns ganz behutsam und leicht ausprobieren, wie es ist, sich selbst auf neue Art ein bisschen näherzukommen.

Nehmen Sie dazu einmal kurz bewusst wahr, was draußen los ist. Schauen Sie sich dort um, wo Sie gerade sind. Hören Sie, was es zu hören gibt. Nehmen Sie bewusst den Boden unter Ihren Füßen wahr, den Sitz unter Ihrem Popo oder die Unterlage, auf der Sie liegen. Wie ist es gerade da draußen um Sie herum? Ruhig oder laut? Angenehm oder unangenehm? Vertraut oder fremd? Wie auch immer es ist, lassen Sie es sein, wie es ist, nehmen Sie einen tiefen Atemzug und schließen Sie die Augen. Lassen Sie beim Ausatmen alles da draußen los und gehen Sie mit Ihrer Aufmerksamkeit nach innen zu Ihren Füßen. Spüren Sie Ihre Füße von innen.

Wie fühlen sich Ihre Füße gerade an?

Sind sie warm oder kalt?

Sind sie schwer oder müde?

Gibt es Spannungen an einigen Stellen?

Können Sie die innere Lebendigkeit in Ihren Füßen fühlen?

Ein Kribbeln ... ein Energiegefühl ... ein Pulsieren ...?

Gehen Sie mit Ihrer Aufmerksamkeit in Ihre Zehen.

Spüren Sie gleichzeitig die beiden dicken Zehen ...

Gleichzeitig die beiden kleinen Zehen ...

Und dann alle Zehen gleichzeitig.

Wie fühlen sich Ihre Fußgelenke an? Können Sie in die Fußgelenke hineinspüren?

Und nun in die Wölbungen unter Ihren Fußsohlen. Stellen Sie sich vor, wie von beiden Wölbungen ein Kanal tief in die Erde hinein reicht und Sie in der Erde verwurzelt.

Stellen Sie sich vor, wie Sie durch die Kanäle Kraft aus der Erde aufnehmen und Ihnen Halt und Stabilität zufließen.

Halten Sie die pulsierenden Kanäle unter Ihren Fußwölbungen in Ihrer Wahrnehmung und tanken Sie so lange durch Ihre Füße auf, bis Sie sich innerlich gut verankert fühlen.

Und dann öffnen Sie langsam die Augen und kommen Sie wieder dort an, wo Sie gerade sind.

Die Übung »Füße fühlen« ist ein wunderbarer kleiner Einstieg in den Kontakt zu sich selbst, aber auch ein herrliches Hilfsmittel für den Alltag, um schnell mal zwischendurch runter und wieder zu sich zu kommen. »Füße fühlen« können Sie überall und nirgends machen – gern auch mit offenen Augen. Sie können es leicht Ihren Kindern für stressige Situationen beibringen oder sie damit zur Ruhe bringen, wenn sie sehr überdreht sind. »Füße fühlen« kann mit ein bisschen Humor, Leichtigkeit und regelmäßiger Übung wie Zähneputzen ganz selbstverständlich zum Alltag einer ganzen Familie gehören und für Sie zu einem Anker in allen Lebenslagen werden. Wenn die kleine Übung »Füße fühlen« erst einmal ganz leicht und selbstverständlich funktioniert, dann vermittelt sie Ihnen ein Gefühl von sicheren Wurzeln. Von: »Etwas kann mich wegreißen, aber ich kann auch wieder zu mir kommen.«

Was ist Meditation wirklich, und wieso kann sie eine Partnerschaft heilen?

>In der Meditation
geht es ganz einfach darum,
man selbst zu sein und sich allmählich
darüber klar zu werden, wer das ist.«

Jon Kabat-Zinn

Jon Kabat-Zinn sagt das ganz salopp, aber er hat Tausenden von Menschen in seiner Klinik mit Meditation und Achtsamkeitstraining dazu verholfen, mitten in Schmerz und Leiden Frieden mit sich selbst und erstaunliche Linderung zu finden. Und wir haben schon ebenso erstaunliche Wirkungen in unseren Leben und in unserer Arbeit erlebt.

Vielleicht fragen Sie sich nach dieser kleinen Übung, welchen tieferen Sinn »Füße fühlen« für die Lösung Ihrer Beziehungsfragen haben kann.

Für alles und jedes in einer Beziehung bis hin zum großen Höhepunkt, der Sexualität, ist es wichtig, dass Sie Kontakt zu sich selbst haben und halten können und dass Sie im Moment wirklich da sein können. Sonst verliert jedes Gespräch, jeder Kuss, jede Berührung, jede gemeinsame Aktivität ihre Lebendigkeit und Nähe. Wenn Sie innerlich nicht in Kontakt mit sich sind, werden alle Dinge leer und mechanisch. Wenn Sie also nach zehn, zwanzig oder dreißig Jahren Ehe oder einer heftigen Krise wieder Saft in den Dingen erleben wollen, dann geht das nur, wenn Sie wieder präsent im Augenblick werden. Und genau das lernen Sie in Meditation und im Achtsamkeitstraining: aufmerksam zu sein und das Ziel seiner Aufmerksamkeit zu bestimmen.

Das klingt weder romantisch noch sexy. Und vielleicht hatten Sie sich unter Meditation auch etwas ganz anderes vorgestellt als »Füße fühlen«. Füße fühlen ist auch nur so, als ob Sie den Schläger in die Hand nehmen, um mal ein Gefühl dafür zu kriegen, wie es ist, einen Ball zu schlagen. Tennisspielen ist dann noch etwas anderes. Aber man fängt ja mit dem Schläger und dem Ball an. »Füße fühlen« ist eine Achtsamkeitsübung. Eine der vielen Formen von Meditation, die es gibt. Einige

weitere sind: die Stillemeditation, Atem- und Visualisierungs-
übungen, geführte Meditationen, autogenes Training, Bewe-
gungsmeditationen, Yoga, Gesänge, Gebete und, und, und ...

Wir werden Ihnen hier ein alltagstaugliches und für jedermann umsetzbares Meditationsprogramm vorstellen, das Sie
dabei unterstützt, sich selbst mehr und mehr anzunehmen
und alles in Ihrem Inneren auf- und auszuräumen, was einer
friedvollen, nahen und lebendigen Beziehung im Wege steht.

Aber das ist nur ein Ausschnitt aus dem unbegrenzten
Repertoire an Meditationsarten und -angeboten. Die eine Praxis kann Ihnen helfen, Ruhe zu finden und für eine Zeit den
Alltag mit all seinen Anforderungen hinter sich zu lassen. Eine
andere versetzt Sie in die Lage, Ihren Körper zu entspannen
und wieder mehr mit seinen Bedürfnissen und Regungen in
Kontakt zu kommen. Oder Sie lernen, Ihre Gefühle und automatisierten Reaktionen bewusster zu erfahren und sich durch
wachsende Präsenz langsam aus unerwünschten Automatis-
men und Suchtmustern zu lösen. Es gibt auch Übungen, die
Ihnen helfen, sich in körperlichen Schmerz hinein zu entspannen oder Eifersucht, Groll und Verurteilung bewusst zu erfahren und loszulassen. Und wieder andere unterstützen Sie dabei, sich gedanklich und emotional neu auszurichten. Dass
Meditation extrem vielfältige Wirkungen hat, ist wissenschaftlich erwiesen. Im Kern aber geht es bei all den verschiedenen
Übungen immer um das eine, nämlich darum zu lernen, Ihre
Aufmerksamkeit auf eine Sache zu richten und dort zu verweilen.

Das hört sich a) langweilig und b) leicht an. Doch wie Sie
feststellen werden, trifft jeweils das Gegenteil zu. Sie werden
erleben, dass sich diese scheinbar so einfache Aufgabe am Anfang als gar nicht so leicht erweist, weil Ihre Gedanken, Ge-

fühle und womöglich auch Ihr Körper erst einmal mit Ihnen Achterbahn fahren und Ihnen alles erlauben, nur nicht selbst zu bestimmen, wie Sie sich fühlen und worauf Sie Ihre Aufmerksamkeit richten. Also ist Meditation a) eine äußerst lebendige Sache und alles andere als langweilig. Und b) zeigt Ihnen nichts ehrlicher als Meditation, wie es aktuell in Ihnen aussieht, wenn jemand mit Ihnen in Kontakt kommen möchte. Wenn Sie am Anfang versuchen, wirklich bei sich zu sein, werden Sie erleben, dass es ganz schön viel Liebe, Beharrlichkeit und Geduld dazu braucht. Nach etwas Meditationspraxis werden Sie sicher mitfühlender mit allen anderen sein, die bisher versucht haben, Ihnen näherzukommen und länger zu bleiben, als nur mal auf ein Bierchen oder einen Kaffee.

Meditation kenne ich schon – das funktioniert bei mir nicht.

Vielleicht haben Sie ja schon versucht zu meditieren und dabei nur mühselige, fruchtlose Erfahrungen gemacht. Glauben Sie uns, es gibt den für Sie passenden Weg und mit ein bisschen Übung geht es Ihnen womöglich schon bald so wie uns: dass Sie sich gar nicht mehr vorstellen können, ohne Ihre geliebte Meditation zu sein. Falls Sie noch gar keine Erfahrungen mit Meditation haben, sondern eher nur Vorurteile oder Hemmungen in Bezug auf das Thema, dann schieben Sie die Vorstellungen von weiß gewandeten, weltfremden Sektenmitgliedern für den Moment zur Seite.

Meditation ist cool. Meditation ist wie ein Fitnesstraining, nur dass bei der Meditation Ihr »Aufmerksamkeitsmuskel« trainiert wird und Sie lernen, den Fokus immer mehr in die Gegenwart zu bringen. Vielleicht kennen Sie Geschichten von

Meditationsanhängern, die stundenlang regungslos auf einem harten Bänkchen sitzen. Das ist sicher ein Weg, der einem wichtige und tiefe Einsichten bringen kann. Aber heutzutage gibt es längst auch leichtere Einstiege und moderne Meditationsformen, in denen es erst einmal nur darum geht, dass Sie im Alltagstrubel runterkommen, trotz Druck und hoher Anforderungen Stress abbauen und Energie auftanken.

Jeder hat seine eigenen Wünsche, was die Wirkung der Meditation betrifft. Kürzlich gab es einen Artikel im *Manager Magazin*, in dem es darum ging, dass Meditation gerade überall in den Führungsetagen Einzug hält, weil sie den Männern mit den prall gefüllten Terminkalendern und eng getakteten Reiseagendas hilft, überall und immer schnell wieder aufzutanken. Viele Hollywoodstars meditieren aus ähnlichen Gründen. Mittlerweile gibt es auch immer mehr Kliniken, die ihren Patienten Meditationskurse anbieten, um den Gesundungsprozess zu unterstützen. Andere suchen in der Meditation ihren Weg zu Gott oder ins Erwachen.

Für unsere Arbeit rund um Partnerschaft ist Meditation deshalb kostbar, weil sie eins der besten Werkzeuge ist, um unsere Gefühlswelt wieder in Balance zu bringen und emotionale Spannung zu lösen. Und weil sie hilft, den Zugangskanal zu uns selbst zu öffnen, durch den wir überhaupt erst in Beziehung zu anderen treten können und durch den wir uns alles schenken können, was wir wirklich brauchen und was wir oft bei oder mit anderen suchen: Ruhe, Liebe, Entspannung, Freude, Heilung unserer Herzensangelegenheiten, Vergebung, Klarheit und, und, und ...

Alle schwärmen so von Meditation, doch in welchen Lebensbereichen nützt sie mir eigentlich?

In unserer Arbeit ist Meditation DAS Werkzeug schlechthin, wenn es darum geht, Aggression, Abwehr und Anspannung in einer Partnerschaft zu reduzieren; ebenso hilft Meditation dabei, aus der Abstumpfung, Routine oder einer nur noch mechanischen Begegnung im Alltag rauszukommen. Eine regelmäßige Meditationspraxis lässt Sie gelassener werden in Bezug auf die Höhen und Tiefen, die es in jeder Partnerschaft gibt. Es gelingt Ihnen, mit dem Anderssein Ihres Partners und den Verletzungen, die in einer Beziehung unausweichlich sind, viel entspannter umzugehen. Meditation hilft Ihnen, Schmerz, Ohnmacht und Verletzung so zu begegnen, dass Sie selbst in den schwierigsten Krisen nicht aus der Bahn geworfen werden und Sie auch in Zeiten von Auflösung und Verunsicherung inneren Frieden finden können. Und sie hilft Ihnen, zu vergeben und das Herz wieder zu öffnen.

Für uns persönlich ist Meditation das Herz unseres Lebens geworden. Wir haben vieles im Laufe der Jahre kennengelernt und ausprobiert, aber nichts hat sich so grundlegend positiv auf unsere Arbeit und unser Leben ausgewirkt wie Meditation. Mittlerweile gibt es bei uns kaum einen Tag ohne unsere Aus- und Auftankzeiten. Meditation ist für uns der größte Luxus, den das Leben uns und unserer Beziehung zu bieten hat. Aber neben unserem subjektiven Erleben zeigen mittlerweile diverse Studien renommierter Universitäten auf der ganzen Welt, dass bereits einige Wochen regelmäßigen Meditierens signifikant positive Auswirkungen auf unser Glücksempfinden, unsere Gesundheit, unsere Beziehungen, unsere Work-Life-Balance und unsere Gehirnstrukturen hat.

Meditation ist ein Allheilmittel. Die Liste der wissenschaftlich belegten positiven Auswirkungen wird ständig länger. Studien zeigen, dass eine regelmäßige Meditations- und Achtsamkeitspraxis einen positiven Effekt auf unser Immunsystem hat und unsere Stressresistenz erhöht; sie verlangsamt den Herzschlag, senkt die Atemfrequenz und löst Muskelverspannungen. Meditation sorgt dafür, dass das Angstzentrum im Gehirn weniger aktiv ist und wird mittlerweile auch in der Therapie von Angststörungen eingesetzt. Meditation erhöht die Fähigkeit zur Selbstregulation und hilft, Suchtverhalten zu verringern, ja zu unterbrechen. Suchtkranke können mithilfe von Meditation lernen, ihr Verlangen auszuhalten und wieder abebben zu lassen.

Wer regelmäßig meditiert, empfindet häufiger positive Gefühle, was wiederum die Lebenszufriedenheit und das Glücksempfinden steigert.

Wissenschaftlich belegt ist außerdem, dass Meditation den Blutdruck senkt und damit der Todesursache Nummer eins in Deutschland, den Herz-Kreislauf-Erkrankungen, vorbeugt; dass sie die Schmerzempfindlichkeit verringert und somit auch bei der Therapie chronischer Schmerzen unterstützend wirkt und dass sie die Konzentration bestimmter Eiweißstoffe im Blut senkt, die eine Rolle bei entzündlichen Erkrankungen spielen. Kurz: Meditation hilft Ihnen, auf Krankheit, Stress und Schmerz aus eigener Kraft positiv einzuwirken und Ihren Körper wirkungsvoll bei seiner Gesundung zu unterstützen.

Meditation ist außerdem Superfood für Ihr Gehirn und Ihre Kreativität. Beim Meditieren werden Hirnareale trainiert, die uns dazu befähigen, unseren Fokus besser zu halten, unsere Gedankenaktivität zu reduzieren und unsere Aufmerksamkeit zu steigern. In einer Studie der israelischen Ben Gurion

University fanden Wissenschaftler heraus, dass Personen, die über einen längeren Zeitraum hinweg meditieren, leichter von sich aus neue Ideen generieren. Im Rahmen eines achtwöchigen Achtsamkeits- und Meditationstrainings wurde bei Teilnehmern einer Studie der Harvard University und der Universität Gießen eine positive Veränderung in Gehirnregionen festgestellt, die in Zusammenhang mit Lern- und Gedächtnisleistungen stehen.

Und: Wissenschaftler der University of North Carolina untersuchten die Auswirkungen eines Achtsamkeitstrainings auf Paare. Das Ergebnis: Bei den Teilnehmern stellte sich eine dauerhaft höhere Zufriedenheit in der Beziehung bei gleichzeitig niedrigerem Stresslevel ein. Und wer jetzt immer noch nicht überzeugt ist: Ein Paar, das lernt, seine Atem- und Achtsamkeitspraxis in die körperliche Liebe zu bringen, kann dadurch viel Heilung, neue Verbundenheit und große Entspannung im Sex erleben.

Sind Meditation und die innere Arbeit dasselbe?

Wir nennen die Meditation auch unsere »innere Arbeit« – einfach weil wir in der stillen Zeit mit uns für fast alles sorgen können, was wir brauchen. Mit den Jahren haben wir persönlich gelernt, nicht nur Frieden und Entspannung in der Meditation zu finden, sondern auch die wichtigsten Fragen, Konflikte oder Blockaden in der inneren Arbeit zu klären und in gezielten Meditationen Ressourcen zu aktivieren. Wichtige Neuausrichtungen in unser beider Leben beginnen immer mit innerer Arbeit und einer gedanklichen Neuausrichtung.

Hier möchten wir Ihnen zeigen, wie Sie mithilfe von Meditation besser in Kontakt mit Ihren Gefühlen, Gedanken und mit Ihrem Körper kommen. Wie Sie das Bleiben lernen, auch wenn es innerlich turbulent zugeht, um so wieder Ruhe und Entspannung auch in Krisenzeiten zu finden. Wie Sie die kleinen Freuden in Ihrem Alltag achtsamer wahrnehmen. Wie Sie alte Wunden heilen und aus einer Beziehungskrise heraus in einen liebevolleren Umgang mit sich und anderen finden. Wir haben für Sie dazu geführte Meditationen vorbereitet (S. 11), die Sie durch das Drei-Wochen-Programm führen.

Doch bevor wir zum eigentlichen Praxisprogramm kommen, hier nun erst einmal zurück zu der Frage: Was bringt mir Meditation auf dem Höhepunkt einer Beziehungskrise?

Meinem Leiden ein Ende machen

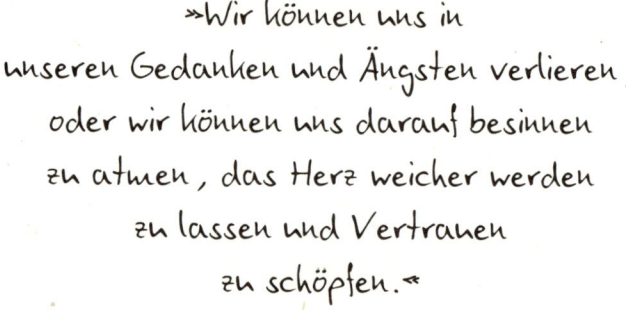

»Wir können uns in
unseren Gedanken und Ängsten verlieren,
oder wir können uns darauf besinnen
zu atmen, das Herz weicher werden
zu lassen und Vertrauen
zu schöpfen.«

Weisheit der Ojibwa-Indianer

Wenn Sie wirklich zur Ruhe kommen und Halt in Ihrem Leben finden wollen, dann sollten Sie akzeptieren, dass Sie es immer mal wieder mit der Angst und mit ziemlich unkontrollierbaren Umständen gerade in Beziehungen zu tun haben werden. Wir zivilisierten, modernen Menschen möchten so gern alles wegmachen, was uns nicht behagt. Oder wir lassen uns wegreißen, verschließen uns. Dabei brauchen wir diese emotionalen Herausforderungen, um zu wachsen und unser Herz zu öffnen.

Kürzlich saß eine Frau bei uns im Paarcoaching vor ihrem Mann und erklärte ihm und uns, wie viel die beiden doch gemeinsam aufgebaut hätten; wie toll es für die Ehe sein könnte, wenn ihr Mann sich mehr mit seinem Inneren beschäftigen würde; wie zwei Partner idealerweise miteinander umgehen sollten und was sie sich von ihrem Mann schon seit Jahren wünsche. Sie hatte einen perfekten Plan zur Ehesanierung und dazu noch ein großes Wissen über emotionale Zusammenhänge und Partnerschaft durch ihr Studium psychologischer Ratgeber. Sie war angetreten, um hier und heute mit unserer Hilfe die Beziehung wieder in die Bahnen ihrer Vorstellung zu lenken.

Bis zu dem Moment, in dem ihrem Mann ein: »Hör endlich auf!« entfuhr, er sein Gesicht für einige Momente in seinen Händen vergrub und dann mitten im Coaching gestand, dass er sich bereits vor einem Jahr in eine Kollegin verliebt habe, für seine Frau nichts mehr empfinde und überhaupt nicht mehr wisse, wo sein Leben eigentlich hingehen solle. Von alledem hatte seine Frau bis zu diesem Moment nicht die geringste Ahnung gehabt. In einem einzigen Augenblick hatte das Leben alle ihre Vorstellungen zunichtegemacht. Von jetzt auf gleich befand sie sich im freien Fall in eine Realität, die nicht vorbestimmbar war.

Wenn Sie schon viele Jahre in einer Partnerschaft leben; wenn Sie Kinder oder Eltern haben – dann wissen Sie, dass Sie sehr oft keinen Einfluss darauf haben, wie die Dinge laufen. Wenn Sie bereits Rückschläge, eine schwere Krankheit, schmerzhafte Verluste, Trennung und Tod erleben mussten, dann haben Sie schon eine elementare Wahrheit über das Leben am eigenen Leib erfahren: Wir können nicht über das Schicksal bestimmen. Wir haben die Dinge nicht wirklich in der Hand.

Wenn Sie sich gerade in einer Krise befinden, dann fühlen Sie live, wie es ist, wenn einem die Kontrolle entgleitet, die Gedanken sich unentwegt im Kreis drehen und die Gefühle Achterbahn fahren. Dieser Zustand schmerzt. Sie möchten ihm entfliehen, endlich wieder Klarheit und Boden unter den Füßen bekommen. Schließlich lernen die meisten von uns von Kind an, dass es wichtig und machbar ist, die Dinge im Griff und das eigene Leben unter Kontrolle zu haben. Vielleicht sind ja auch Sie es gewohnt, alle wichtigen Aspekte Ihres Lebens zu durchdenken und zu planen … um auf einmal festzustellen, dass all die Vorstellungen in Ihrem Kopf eben nur Vor-Stellungen waren und dass dieser Moment jetzt völlig unvorhergesehen eine reale Wendung mit sich bringt, die wehtut und deren Verlauf Sie nicht bestimmen können.

Die Frau, deren Mann bereits seit einem Jahr sein Herz bei einer anderen hatte, wurde im Augenblick seines Geständnisses ohne Netz und doppelten Boden in diesen schmerzlichen und unausweichlichen Moment hier und jetzt geschubst. Was sollte sie nun ganz konkret tun? Was sollten wir ihr raten? Klar, dass wir mit beiden eine Strategie entwickelt haben, wie eine Wiederannäherung gehen könnte. Natürlich haben wir gemeinsam angeschaut, wie es überhaupt bis hierher kommen konnte und was da jetzt bei jedem Einzelnen und bei beiden als Paar zu heilen und zu klären wäre. Aber konnte all das der

Frau in diesem Moment helfen? Nein! Jetzt war da einfach nur nackter Schmerz.

Sie sagen ja immer, man solle den Schmerz bewusst fühlen. Aber warum eigentlich, wenn er doch so unangenehm ist?

Für uns ist dieser nackte Schmerz, der immer wieder in Beziehungen zutage gefördert wird, ein kraftvoller Katalysator. Er bringt den oder die Betroffenen in die unmittelbare Gegenwart. Er zwingt sie, aus Vorstellungen und Idealbildern aufzuwachen und wieder zu fühlen, sich selbst und anderen die eigene innere Wahrheit einzugestehen und einer äußeren Wahrheit ins Auge zu schauen. Er fordert schonungslos vom Betroffenen, endlich die Schritte zu tun, die aus Angst, Gewohnheit oder Bequemlichkeit lange vermieden wurden. Er katapultiert uns in etwas sehr Wahrhaftiges, in den unkontrollierbaren, aber lebendigen gegenwärtigen Moment. Nur wenn wir bereit und in der Lage sind, diesen Moment voll und ganz zu fühlen und uns für ihn zu öffnen, können wir tatsächlich wieder lebendig werden. Alles andere sind sichere, aber theoretische Konzepte von perfekten Beziehungen, Vorstellungen von der Liebe und Stoffe für Hollywoodfilme.

Halten Sie inne und schauen Sie sich die Wahrheit in Ihrem Leben an. Die Wahrheit ist, dass Ihre Beziehung wahrscheinlich nicht Ihren Träumen entspricht. Die Wahrheit ist, dass Ihr Partner vielleicht kaum noch etwas von Ihnen weiß. Die Wahrheit ist, dass Sie vielleicht kein Gefühl der Verliebtheit mehr verspüren. Die Wahrheit ist, dass Sie in Ihrem Partner abstoßende und verletzende Eigenschaften erkennen. Die

Wahrheit ist, dass Sie sich eifersüchtig oder abhängig fühlen. Die Wahrheit ist, dass Sie Ihren Partner manchmal am liebsten los wären oder verachten. Die Wahrheit ist, dass Sie Ihren Partner vielleicht schon mehrmals mit jemand anderem betrogen haben. Die Wahrheit ist, dass Ihr Partner Sie vielleicht schon mit jemand anderem betrogen hat. Die Wahrheit ist, dass Sie Ihren Partner vielleicht aus den falschen Gründen geheiratet haben. Die Wahrheit ist, dass all dies zum natürlichen Gang von Beziehungen gehört und uns großartige Heilungsmöglichkeiten beschert, wenn wir unsere Beziehungen als Ort der Heilung betrachten. Die Wahrheit ist, sich der Wahrheit zu stellen, erfordert Mut und bedeutet kontinuierliche Arbeit.

Dieser Frau, wie so vielen anderen Menschen, die zu uns ins Coaching kommen, halfen wir zu »bleiben«, wie wir das nennen. Wir ermutigten sie, ihren Mann nur als Auslöser für ihre schmerzlichen Gefühle zu betrachten, diese nun wirklich in sich aufzuspüren und zu fühlen und sich dem, was emotional hochkam, zu stellen. Genau in diesem Prozess des Annehmens von Schmerz und des Loslassens von allen gedanklichen Vorstellungen liegt ein gewaltiges Geschenk und das Tor zum großen Geheimnis der Liebe verborgen.

Dieses »Bleiben« auch im größten Schmerz eröffnet uns eine nie zuvor gekannte Verbindung zu uns selbst. Es macht uns weich und offen und führt uns sukzessive weg von einer emotionalen Bedürftigkeit und Abhängigkeit von anderen. Stattdessen gelangen wir durch das »Bleiben« zu einer ehrlichen, weniger romantischen als vielmehr weisen, annehmenden Liebe zu uns selbst, die wir mit anderen teilen können. Dieses »Bleiben« führte die Frau, wie wir später noch sehen werden, in ein Gefühl von Frieden – und zwar mitten in der Krise.

Nichts brauchen wir mehr als diese offene und bedingungslose Liebe. Wer von einer Wahrheit so kalt erwischt wird wie diese Frau, der hat garantiert lange versucht, sich selbst, seinen Partner und seine Beziehung einer Vorstellung, einer Pflicht oder einem Anspruch unterzuordnen. Der hat oft alle seine Gefühle und Bedürfnisse verdrängt oder negative Regungen bei sich und beim Partner kontrolliert. Oder er hat projiziert und abgewehrt, was sich nicht gut anfühlte. Auf beiden Wegen hat er durch seine Kontrolle die Liebe von sich ferngehalten, sie ausgesperrt und aufgehalten wie einen Fluss hinter einem Staudamm. Aus unserer Sicht auf Partnerschaft und Gefühle ist es zwangsläufig so, dass irgendwann der Damm bricht und das Leben und die Gefühle wieder jenseits aller Vorstellungen unkontrolliert ihren Lauf nehmen.

Unsere Frau hier wollte natürlich, dass dieses Gefühlschaos schnell ein Ende nimmt und Sie wieder Kontrolle über ihr Leben und ihre Partnerschaft bekommt. Das wünscht sich eigentlich jeder in solchen Phasen: dass alles bloß möglichst schnell wieder in Ordnung und in die gewohnten Bahnen kommt, damit wir uns ja wieder sicher fühlen und Halt erleben können. Wir wünschen ihr und Ihnen das nicht.

Wer sich von uns im Coaching echte Hilfe und neue Nähe und Tiefe für seine Partnerschaft erhofft, dem wünschen wir, dass der Schmerz erst einmal seine Arbeit tut, bevor er wieder geht. Der Schmerz macht uns weich, hält uns offen und zwingt uns, wieder unmittelbar zu fühlen an einer Stelle, an der wir irgendwann in unserem Leben nicht mehr bereit dazu waren. Das hat uns unbewusst gemacht und uns vom Leben und einem lebendigen Kontakt zu uns selbst abgeschnitten.

Wenn Sie sich in einer Krise befinden, unter der Sie leiden oder die Sie komplett aus der Bahn wirft, oder wenn ein

Mensch Sie ärgert, verletzt oder Ihre Welt mit einem Geständnis seiner Liebe zu jemand anderem aus den Angeln hebt, dann müssen Sie anhalten und fühlen, was es zu fühlen gibt – in Ihnen, denn die Situation da draußen zeigt Ihnen ja etwas über Ihr Inneres. Es gäbe diesen Schmerz im Außen nicht, wenn es ihn nicht in Ihrem Inneren gäbe. Er muss sich im Außen zeigen, weil Sie ihn innerlich verdrängt haben.

Was meinen Sie damit, den Schmerz »anzunehmen«?

Da wir Ihnen hier natürlich helfen wollen, dass sich das Thema im Außen löst, unterstützen wir Sie dabei, das Außen loszulassen und den Schmerz in Ihrem Inneren zu entdecken und zu heilen. Der erste Schritt dazu ist, dass Sie den Schmerz in Ihrem Körper aufspüren und fühlen, der durch die äußere Situation in Ihnen gerade ausgelöst wird. Dieser im Körper wahrnehmbare Schmerz führt Sie auf die richtige Spur nach innen. Die äußere Situation hat nur den Schmerz hochgeholt, der jetzt auf Ihrem Lebensweg zur Heilung auf dem Programm steht. Etwas in Ihnen ist bereit für eine Heilung und deswegen kommt genau jetzt dieses Thema im Außen auf den Plan. Aus der Sicht Ihres Inneren – Ihres Herzens und Ihrer Seele – ist also gerade alles bestens auf dem Weg, auch wenn es für Sie aussieht wie ein Totalkollaps.

Die Hürde ist nicht unüberwindbar! Die Hürde bringt Sie auf den richtigen Weg zu Ihrem Schmerz, der geheilt werden will, damit er sich aus Ihrem Leben verabschieden und Raum für Liebe und Lebendigkeit machen kann. Und diese Heilung können Sie ganz allein vornehmen, indem Sie sich dem Schmerz zuwenden. Wenn Sie bereit sind, ihn bewusst zu fühlen, steigt er langsam aus der Verdrängung in Ihr Bewusstsein auf, wo Sie ihn transformieren können. Sie werden sehen, wenn Sie nichts anderes tun, als alles da draußen sein lassen, wie es ist, und innerlich in der Meditation »bleiben« und fühlen, was es zu fühlen gibt, dann löst sich das Thema auch im Außen langsam auf.

Wenn Ihnen also so etwas geschieht, wie unserer Frau hier oben, dann haben Sie wahrscheinlich eine bestimmte Art, mit so einer emotional extremen Situation umzugehen. Vielleicht neigen Sie dazu, komplett zu erstarren. Oder Sie toben, drohen und beschuldigen. Vielleicht sind Sie aber auch der Typ, der sich sofort eine Droge, eine Ablenkung, eine Bestätigung sucht. Die einzelnen Reaktionen wirken sehr unterschiedlich in ihrer Art, aber am Ende haben sie alle den gleichen Zweck – Sie daran zu hindern, den Schmerz unmittelbar zu fühlen. Das ist auf den ersten Blick natürlich auch ein guter Schutz. Wenn ich jemanden anschreie, der in mir Schmerz ausgelöst hat, dann habe ich wenigstens für einen Moment das Gefühl, dass dieser Schmerz nicht zu mir gehört. Und wenn ich aus meiner Gefühlswelt komplett aussteige, kann ich mir auch einreden: Ist ja gar nicht so schlimm. Wenn ich mir ganz schnell Ablenkung verschaffe, kann ich mir sagen: Mir kann niemand wehtun, ich kann mir ja selber helfen. Doch alle diese Strategien betäuben den Schmerz nur, sie lösen ihn nicht auf. Wir wollen ihn hier auflösen. Und wir wollen Sie dabei unterstützen, dass Sie persönlich wachsen und sicherer im Leben werden.

Unserer Frau hier rieten wir, sich erst einmal Raum für sich zu verschaffen und mithilfe unseres Übungsprogramms regelmäßig mit all den Gefühlen in Kontakt zu gehen, die so eine Geschichte mit sich bringt: Angst, Wut, Misstrauen … Die Frau lernte dadurch zu »bleiben«, was auch immer für Gefühle in ihr aufstiegen.

Sie werden sehen, dass sich die Gefühle bei konsequenter Übungspraxis auch in Ihnen beruhigen und Sie auf einmal neue Einsichten und Empfindungen bekommen und dass damit die ganze Krise eine neue Entwicklung nimmt. Sie beginnen, sie von innen zu gestalten und bekommen Zugang zu einer ganz neuen Kraftquelle in Ihrem Inneren – einen machtvollen Zugang, den Sie weder mit dem Kopf, noch mit Druck auf Ihren Partner erzwingen können.

Wenn Sie in der Meditation lernen, Ihren Schmerz anzunehmen, wird er Ihnen durch die Ängste hindurch den Weg bahnen zur Kraft Ihrer eigenen Liebe. Dieser Frau hat er geholfen, aus der Welt ihrer Vorstellungen und einer engen, vermeintlich sicheren Komfortzone aufzuwachen, sich ihren Ängsten, ihrem Kontrollzwang und den Defiziten ihrer Partnerschaft zu stellen und sich mit ihrem Mann zu konfrontieren. Das war hart, aber heilsam, weil sie diesen Prozess zu einem echten und ehrlichen Weg zu sich selbst genutzt hat.

Gut einen Monat nach dem Coaching und dem Geständnis ihres Mannes schrieb sie uns:

»Ich möchte Ihnen danken, dass Sie mich ermutigt haben, mit Ihren Meditationsübungen zu beginnen. Sie haben mein Leben verändert, auch wenn ich nicht behaupten kann, dass gerade alles rund läuft. Mein Mann und ich haben Funkstille und uns nach dem Coaching, wie von Ihnen geraten, eine Pause auferlegt. Es ist nicht leicht. Er trifft sich jetzt offen mit der anderen Frau. Trotzdem möchte ich niemals mehr so leben wie vorher. Ich meditiere täglich und habe das Gefühl, wie aus einer Betäubung aufzuwachen. Ich merke, wie weh das tut, wenn er bei ihr ist. Aber in der Meditation lerne ich, mit diesem Gefühl umzugehen. Ich werde auch bewusster und merke, wie viel ich immer geschluckt habe, weil ich Angst hatte, ihn zu verlieren. Ich mer-

ke, dass ich meine Angst hinter all dem Wissen aus den Psychologiebüchern versteckt habe. Jetzt spüre ich die Angst, meinen Mann zu verlieren und ganz allein dazustehen. Das ist grausig. Aber wenn ich es schaffe, mich dann hinzusetzen und zu meditieren, komme ich da immer schneller raus. Wissen Sie, ich habe gerade keine Kontrolle über meinen Mann und meine Ehe, aber ich habe trotzdem das Gefühl, ein Steuer in der Hand zu haben, und zwar so stark wie noch nie vorher. Nämlich wenn ich in der Meditation aus mir heraus meine Angst überwinde und ohne äußeres Zutun wieder ruhig werde, während ich meinen Atem und meinen Körper spüre. In der Meditation bekomme ich langsam eine Ahnung davon, was ›innerer Frieden‹ bedeutet.«

Weil diese Übungspraxis des »Bleibens« einem hilft, den gegenwärtigen Moment wirklich zu erfahren, ohne sich zu verschließen, egal wie angenehm oder furchteinflößend er auch sein mag, kann sie einem mitten in einer Ausnahmesituation tatsächlich ein Gefühl von Frieden geben – einfach nur, weil wir in einem scheinbar bodenlosen Moment in der Lage sind, bei uns zu bleiben und den Kontakt zu uns zu halten. Das sorgt mehr und mehr für ein Gefühl von Eigenmacht und echter Freiheit.

Es geht um diesen Moment! Wenn Sie sich jetzt wahrhaft eingestehen, dass alles nicht so ist, wie Sie es gern hätten; wenn Sie darüber hinaus bereit sind, diese Unvollkommenheit samt Ihren ungeliebten Gefühlen anzunehmen, alten Groll loszulassen und alte Schmerzen zu verzeihen, dann passiert etwas Merkwürdiges: Sie kommen an – mitten in Ihrem Leben, mitten im Moment, direkt bei Ihnen. Hier, in diesem Moment, gibt es kein Problem. Hier herrscht Friede.

Die Übungen, die wir Ihnen hier vorstellen, machen Sie freier. Nicht weil sie alle äußeren Einschränkungen beseitigen, sondern weil sie Ihnen helfen, sich von Ihren gewohnten Reaktionen und bereits lange in Ihnen verankerten schmerzlichen Gefühlen zu befreien. Denken Sie daran: Innen geht immer vor außen: Wenn das Leben Ihnen eine Situation wie dieser Frau beschert, in der es sich so anfühlt, als verlören Sie jeden Halt unter den Füßen, weil der Schmerz so stark erscheint, dann deshalb, weil Sie zu früheren Gefühlen von absoluter Haltlosigkeit geführt werden, die Sie verdrängt hatten. In der Übungspraxis hier lernen Sie, zu »bleiben« und endlich wieder bewusst zu erfahren, was es zu erfahren gibt – von Moment zu Moment. Damit ist sie eine unvorstellbar kraftvolle Helferin in Krisenzeiten, weil sie uns dazu befähigt, nicht länger vor einem Problem wegzulaufen oder gegen es anzukämpfen, sondern uns »bleiben« lässt und vom Widerstand befreit gegen das, das gerade so ist, wie es ist.

Sie werden durch diese Praxis erst einmal nackt und verletzlich, weil sich in solchen Momenten Ihre Betäubung auflöst und Ihre Konditionierungen lockern. Aber Sie erobern dabei auch Ihr Leben mit all seiner Lebendigkeit zurück und können es wieder leben, so wie es ist. Das fühlt sich erst mal gruselig an. Aber wenn Sie trotzdem »bleiben«, Ihren Widerstand gegen das, was sowieso geschieht, überwinden und nehmen, was kommt, wird alles auf einmal leichter, und manchmal eröffnet sich mitten im Schmerz ein Gefühl von Frieden oder grundloser Liebe.

Ich werde erobert, besiegt und entmachtet.
Von der Liebe.

Meditation oder Trennung?

> »Aus Sicht der meditativen Traditionen leidet unsere gesamte Gesellschaft am ›ADHS-Syndrom‹.«

Jon Kabat-Zinn

Jon Kabat-Zinn ist Arzt und bringt Tausenden von Menschen auf der ganzen Welt bei, wieder zur Ruhe zu kommen und im Hier und Jetzt des Lebens zu landen. Er weiß daher, was er sagt. Wir arbeiten seit vielen Jahren mit Tausenden von Paaren und können nur sagen, eine Hauptursache für Probleme in der Sexualität und in Beziehungen ist die ständige Rastlosigkeit und Getriebenheit so vieler Menschen.

ie haben das jetzt alles brav gelesen und denken sich: Bei uns läuft es zwar nicht gerade rund in der Beziehung, aber ich persönlich habe ja eigentlich gar kein Problem. Mein Partner ist der, der so frustriert ist mit dem Ganzen; der alles hingeschmissen hat; der unter der Situation leidet. Mir geht es eigentlich ganz okay. Ich wüsste deshalb jetzt auch nicht wirklich, wozu ich Meditation bräuchte.

Vielleicht ja, um zu entdecken, wieso Ihr Partner so unglücklich, entfernt oder frustriert in der Beziehung mit IHNEN ist. Vielleicht, um hautnah zu erleben, wie das Zusammensein mit IHNEN sich ohne jede Ablenkung wirklich anfühlt. Und falls es gerade nicht gut um Ihr Beziehungsleben steht, können Sie durch die Praxis der Übungen einen erheblichen Beitrag dazu leisten, dass es besser wird, weil Sie durch regelmäßige Meditation entspannter, offener und ausgeglichener werden. Letzteres allein könnte schon einen Versuch wert sein, oder?

Machen Sie doch einfach mal den »Freundschaft mit sich selbst schließen«-Test. Nehmen Sie sich fünf Minuten Zeit und finden Sie auf einfache Art und Weise heraus, wie es Ihnen tatsächlich geht, wenn Sie sich nicht ständig mit Aktivitäten von sich selbst ablenken; wenn Sie nicht arbeiten, joggen oder Mails checken; wenn Sie sich nicht mit Freunden treffen, ein Gläschen Wein trinken oder fernsehen. Wenn Sie einfach mal die Augen schließen und still mit sich werden.

Also, wie wäre es mit einem kleinen Experiment? Stellen Sie einen Wecker auf fünf Minuten und setzen Sie sich irgendwo bequem hin, wo Sie für diese fünf Minuten ungestört sind. Dann schließen Sie die Augen und stellen sich eine Frage. Entweder: Wo in meinem Körper kann ich Bewegung spüren, die durch meinen Atem ausgelöst wird? Oder Sie gehen mit Ihrer Wahrnehmung nach innen und fragen: Wie kann ich mich selbst wahrnehmen, wenn ich mich nicht sehe? Nehmen Sie die Frage, die Ihnen besser gefällt, und dann gehen Sie für fünf Minuten mit dieser Frage auf eine innere Entdeckungsreise. Stellen Sie sich die Frage im Geist ruhig immer wieder. Und immer wenn die Gedanken abschweifen, kommen Sie einfach wieder zu der Frage zurück. Probieren Sie es doch gleich einmal aus ...

Wo in meinem Körper kann ich Bewegung spüren, die durch meinen Atem ausgelöst wird?

Wie kann ich mich selbst wahrnehmen, wenn ich mich nicht sehe?

Viele, die bis jetzt geglaubt haben, dass bei ihnen eigentlich alles rundlaufe und nur ihr Partner ein Problem habe, empfinden diese kleine Übung als wahre Folter. Der eine hat das Gefühl, von der Flut seiner Gedanken überwältigt zu werden, den anderen juckt es und ziept es überall. Und noch ein anderer schmeißt nach einer Minute alles hin, weil er sich einfach nicht konzentrieren kann.

Ein Mann bat uns einige Monate nach einem Paarcoaching mit seiner Frau um ein Einzelgespräch, in dem er die folgende Geschichte erzählte: »*Nach den ersten zwei, drei Meditationen habe ich zu meiner Frau gesagt: Das kannst du vergessen. Das ist totaler Blödsinn! Was wollen die Zurhorsts und du von mir?*

Meine Frau war beleidigt und hat mir gesagt, dass sie end-
gültig ginge, wenn ich das jetzt nicht machen würde. Meditation
oder Trennung – das war für mich wirklich das Absurdeste, das
ich je gehört hatte. Ich habe noch am gleichen Abend meinen
Koffer gepackt und bin zu meiner Mutter in mein ehemaliges
Kinderzimmer gezogen. Am Anfang war das wie ein Befreiungs-
schlag. Keiner, der was von mir wollte, und auch keine Psycho-
gespräche. Meine Mutter hat auch noch jeden Abend für mich
warm gekocht und mir ein paar Bierchen kalt gestellt.

Aber dann ist einer meiner ältesten Freunde mit 47 überra-
schend an einem Herzinfarkt gestorben. Ich weiß nicht, was das
mit mir gemacht hat, aber da habe ich gemerkt, was für ein
stumpfsinniges Leben ich führe. Nach seiner Beerdigung hatte
ich den Mut, mir einzugestehen, dass ich schon lange keinen
Abend mehr ohne Alkohol verbracht hatte, und habe mir vorge-
nommen, eine Woche keinen Tropfen zu trinken. Dann fiel mir
irgendwie die Meditations-CD von Ihnen in die Hände, und ich
habe es noch mal probiert. Jeden Abend kein Bierchen, sondern
Augen zu und zehn Minuten einen Bodyscan von den Füßen bis
zum Kopf. Dann hab ich morgens meinen Wecker eine Stunde
früher gestellt, fünf Minuten Dankbarkeitsmeditation gemacht
und bin wieder wie früher vor der Arbeit joggen gegangen.

Um ehrlich zu sein: Ich kam mir vor wie einer auf Entzug. Es
war echt hart. Bei der Meditation einfach den eigenen Körper zu
spüren war schrecklich. Und mir jeden Morgen zu sagen, wofür
ich nach einer gescheiterten Ehe im ehemaligen Kinderzimmer
dankbar sein könnte, war auch absurd. Ich weiß nicht, wieso,
aber ich habe trotzdem weitergemacht. Erst eine Woche, dann
zwei und jetzt sind es schon ein paar Monate. Die Meditation
hat mir mein Leben zurückgegeben. Ich weiß zum ersten Mal
mit Mitte vierzig, was es heißt, sich wirklich zu fühlen. Ich bin so

viel ruhiger. Ich kann wieder schlafen und auch mal allein sein. Vor ein paar Wochen bin ich nach Hause und habe meine Frau um Entschuldigung für die letzten Jahre gebeten und geweint. Ich weiß nicht, wann ich das letzte Mal überhaupt geweint habe. Meine Frau hat mich zurückgenommen. Wir meditieren jetzt sogar öfter mal zusammen. Das ist wunderschön, auch wenn das vielleicht niemand außer Ihnen verstehen kann.«

Bei den meisten Menschen sind die ersten Versuche, still zu werden, nicht gerade eine erhebende Erfahrung vollkommener Tiefenentspannung. Gerade Männer sind oft sehr verstört über all die Unruhe, der sie da in sich begegnen, wenn sie ohne jede Ablenkung und Beschäftigung einfach nur still mit sich sein sollen. Einfach so mit sich sein hatte nichts von einem entspannten Bierchen mit einem Kumpel und auch nichts von der Souveränität eines erfolgsgewohnten Entscheiders.

Mein Partner hat doch das Problem, nicht ich. Wieso sollte ich also meditieren?

Also, wenn Sie gerade in einer Beziehungskrise stecken und eigentlich das Gefühl haben: Der Einzige, der hier ein Problem hat, ist mein Partner, dann setzen Sie sich mal fünf Minuten still mit geschlossenen Augen hin und machen den »Freundschaft schließen mit sich selbst«-Test so wie oben. Wie sieht es aus nach fünf Minuten nur mit sich in Stille? Wollen Sie gern mit dem Menschen zusammen sein, den Sie gerade erlebt haben? Wollen Sie gern in seiner Haut stecken? Wie fühlt es sich an, mit ihm körperlich nah zu sein? Wie nah können Sie seinen Gefühlen kommen? Ist er ein Mensch, der entspannt, freudig und souverän ist? Oder ist es echt hart, still mit ihm zu sein?

Wenn Ruhe und Alleinsein eher schwer für Sie sind, so wie für unseren Mann von eben, sollten Sie sich trotzdem nicht abschrecken lassen. Aber Sie sollten ehrlich zu sich sein: Okay – will ich weiter vor mir weglaufen? Will ich das meinem Partner zumuten und selbst lieber nicht hinspüren? Oder will ich in meinem Inneren ein wenig für Ordnung sorgen und mein wahres Ich mal ein bisschen entstauben und freilegen?

Sie sind jetzt dem wahren Geheimnis der Liebe näher als je zuvor, das können wir Ihnen versichern. Wenn Sie es tatsächlich wagen, still zu werden und bei sich zu landen, sind Sie der Liebe so nahe wie noch nie! Die ganze Unruhe oder Anspannung, die womöglich auftaucht, wenn Sie runterfahren – das ist nur der Meditationsanfangs-Muskelkater. Das ist nicht Ihr Kern, sondern nur ein Sammelsurium von angesammelten Spannungen und unverdauten Gefühlen, das sich endlich auflösen kann, wenn Sie sich ihm offen und bewusst zuwenden. Darunter kommen Sie zum Vorschein, so liebenswert und in sich vollkommen, wie Sie sind.

Wenn Sie dieser Begegnung ausweichen und sich dem inneren Tohuwabohu nicht zuwenden, dann treiben diese Spannungen Sie weiter unaufhörlich an und lassen Sie nie wirklich zur Ruhe kommen. Und wenn Ihnen jemand anders wirklich nahekommen möchte, dann ergeht es ihm genauso wie Ihnen in dem Moment, in dem Sie noch im bewussten Kontakt mit sich selbst sind. Würden Sie ihm das wünschen? Oder müssen Sie sich ehrlich eingestehen: Wenn ich keine fünf Minuten mit mir allein still sein kann, warum sollte es dann jemand anders können und sollen?

Meditation macht Sie beziehungsfähig. Sie räumt die unsichtbare innere Festplatte auf und repariert das Sammelsurium an defekten Dateien, die jeder von uns darauf abgespeichert hat. Sie fragen sich vielleicht: Woher kommen all diese defekten Dateien? Was ist da los auf der Festplatte? In *Liebe dich selbst und es ist egal, wen du heiratest* stellen wir Ihnen ausführlich das Eisbergmodell vor, das bei so vielen Menschen für ein ganz neues Selbstverständnis gesorgt hat:

> *Wir alle tragen, wie gesagt, unzählige kleinere und größere seelische Erschütterungen mit uns herum – die meisten davon sind uns nur eben nicht bewusst, durchwirken aber all unser Handeln. Weil das für unseren Verstand so schwer nachzuvollziehen ist, noch ein kleines Beispiel zur Verdeutlichung: Bringen Sie doch einmal die beiden Spitzen der Daumen und die der Zeigefinger zueinander. Das kleine Dreieck, das da entsteht, nenne ich die Spitze des Eisberges. Sie symbolisiert den Teil von Ihnen, der äußerlich erkennbar für Sie und die anderen zu sehen ist – der Teil von Ihnen, der Ihnen bewusst ist. Das ist der Teil, der sich verliebt. Das ist der Teil, der glaubt, einen Traummann oder eine Traumfrau getroffen zu haben. Der eines Tages zu einem anderen Menschen »Ich liebe dich« sagt. Das ist der Teil, der für das Jawort vor dem Traualtar zuständig ist.*
>
> *Halten Sie nun das Fingerdreieck in die Höhe Ihrer Stirn und stellen Sie sich vor, dass die ausgestellten Unterarme eine Verlängerung der beiden Zeigefinger sind. Jetzt haben Sie den ganzen Eisberg vor Augen. Die kleine Spitze zwischen den Fingern, die sich verliebt oder die bessere Hälfte gefunden hat, symbolisiert nur den Teil von Ihnen, der oberhalb der Wasseroberfläche zu sehen ist. Den Teil, zu dem Sie sagen: Das bin ich.*
>
> *In Wahrheit aber ist dies der kleinste Teil von Ihnen. Ihr wirkliches Sein, Ihr komplexes Persönlichkeitsgefüge, zeigt der gro-*

ße Teil vom Handgelenk bis zum Ellenbogen. Hier unten schlummert all das, was Ihrem Bewusstsein abhandengekommen oder Ihnen noch nie zu Bewusstsein gekommen ist. Alles, was in Ihrer Familie nicht sein durfte. Alles, was Ihnen einst als ablehnenswert und unerwünscht beigebracht wurde. All das, was einst so schmerzte, dass Sie es lieber verdrängen oder einfach vergessen wollten. All das, was Sie nie verstanden, angenommen und geheilt haben. All das, was Sie sich nicht zugetraut haben: alle alten Muster, alle frühen Kindheitserfahrungen, alle Schmerzen, Verletzungen und Ängste genauso wie Ihr noch ungenutztes Potenzial, Ihre nach Entfaltung strebende Lebenskraft und Ihre noch ungeteilte Liebe. All das Gute, all das, was einst ganz natürlich zu Ihnen gehörte, aber keinen Platz und keine Resonanz fand, verwandelt sich hier unten zum vermeintlich Bösen. Einstmals ungelebte Kraft und Lust, unerlaubte Wünsche und Triebe werden zu Aggression, Scham, Gier und Hass, die wir dann schließlich selbst an uns verurteilen, weil wir uns an die einstmals gute Absicht darin nicht mehr erinnern. [...]

So ist unten in unserem Eisberg alles eingesperrt, was wir heute als gefährlich einstufen und bewusst nicht mehr wahrhaben wollen oder uns nicht mehr erlauben – all das, was in unserem Wertesystem, in unserer Erziehung und Gesellschaft keinen Platz hat. All das, weswegen wir einstmals ein unbeachtetes oder ein »böses« Kind waren und das uns heute als inadäquat oder verurteilenswert erscheint.

Und da setzt die Meditation an: Sie führt uns unter die Wasseroberfläche. Sie bringt uns in Kontakt mit alldem, was im Eisbergrumpf schlummert – auch mit den verletzten und unterernährten Teilen, die sich allesamt nach Liebe und Zuwendung sehnen und die so lange wie Saboteure unseren Wunsch nach einer nahen, intakten Begegnung unterwandern, bis wir sie mit unserer Liebe und Zuwendung berühren und heilen. Den Zugang zu diesen Bereichen finden wir Menschen nur, indem wir uns entspannen und lernen, unter die Bewusstseinsoberfläche abzutauchen. Genau das geschieht in der Meditation. Sie hilft uns, uns in den Rumpf des emotionalen Eisbergs hinein zu entspannen und genau dort Liebe und Zuwendung hinströmen zu lassen, wo beides so lange gefehlt hat. Wenn Sie lernen, sich in der Meditation bewusst nach innen zu wenden, beginnt etwas in Ihnen zu heilen, das Sie dann nicht mehr länger im Außen suchen oder ins Außen projizieren müssen. Praktisch oder?

Der Eisberg wirkt immer in unserem Sinne, auch wenn es für unseren bewussten Verstand ganz und gar nicht so scheint. Er ist das göttlichste, präziseste und genialste Instrument, das unendlich weit über alles hinausgeht, was wir mit unserem bewussten Verstand begreifen und initiieren können. Wir glauben, die kleine bewusste Spitze, die für uns und jedermann oben über der Wasseroberfläche zu erkennen ist, sei unser liebendes Selbst. Hier machen und entscheiden wir, hier verlieben wir uns, wollen wir angeblich lieben und zusammenbleiben, bis dass der Tod uns scheidet. Was wir hier aber eigentlich tun, ist etwas anderes: Hier entwerfen wir Bilder, wie unser Leben sein sollte, hier schaffen wir ständig neue Vermeidungsstrategien, die uns von unseren Schmerzen und Unzulänglichkeiten fernhalten sollen, uns damit aber von unzähligen Möglichkeiten und unserer wirklichen Liebe trennen.

Jetzt, wo Sie wissen, an welchen Ort die Meditation Sie führt, können Sie vielleicht auch besser verstehen, warum die ersten Tauchmanöver nicht unbedingt angenehm sind. Erinnern Sie sich einfach daran, wie es war, als Sie eine neue Sportart oder eine neue Sprache gelernt haben. Da fühlten Sie sich auch nicht gleich wie ein Held. Bei der Meditation müssen Sie im klassischen Sinne nicht mal etwas Neues lernen, sondern sich nur von etwas Altem lösen. In der Meditation geht es darum, dass Sie still werden, Ihre inneren Abläufe, Strategien und Gefühle deutlicher wahrnehmen und sich nicht mehr von ihnen mitreißen lassen.

Das ist eher ein leiser, äußerlich unscheinbarer Prozess, der bereits nach einigen Wochen Übung dafür sorgt, dass sich etwas in Ihrem Leben grundlegend zum Positiven verändert. Meditation ist so ähnlich wie Niedrigtemperaturgaren. Kein zischendes Fett, in dem man etwas schnell und scharf anbrät. Man legt ein Stück Fleisch bei niedriger Temperatur für viele Stunden in den Backofen und fragt sich, was da überhaupt passiert. Aber dann probiert man es und kann kaum fassen, wie wunderbar zart und voll von eigenem Aroma es auf der Zunge zergeht. Die Meditation, die wir hier vorstellen, ist ein Prozess der langsamen Transformation, der Ihnen Bereiche Ihrer selbst öffnet, ohne die Partnerschaft und Nähe nicht wirklich möglich sind, und der dort für Heilung sorgt, so dass Sie wieder weich und zart und empfänglicher für die Liebe werden.

Also, wenn Sie gerade glauben, das einzige Problem in Ihrem Leben sei, dass Ihr Partner ein Problem hat, dann möchten wir Sie hier einladen, sich für einen Moment damit anzufreunden, dass Sie eigentlich gar keine Ahnung von sich haben, weil Sie nur einen sehr kleinen Teil von sich kennen.

Und dass jetzt ja vielleicht doch eine Entdeckungsreise nach innen anstehen könnte …

Bei sich bleiben
und Grenzen setzen

»Bei der Meditation geht es nicht
um den Versuch, irgendwo hinzugelangen.
Es geht darum, dass wir uns selbst
erlauben, genau dort zu sein, wo wir sind,
und genau so zu sein, wie wir sind,
und desgleichen der Welt zu erlauben,
genau so zu sein, wie sie in
diesem Augenblick ist.«

Jon Kabat-Zinn

Jon Kabat-Zinn hilft selbst schwer kranken Menschen, ihr Leiden zu
lindern oder gar für Heilung zu sorgen – nicht indem er ihnen beibringt, die Krankheit loszuwerden, sondern sich selbst wirklich anzunehmen. Das gleiche Rezept funktioniert für alle Herzens- und
Beziehungsprobleme.

Fast jede Woche sitzt eine Frau vor uns, die voller Gefühl für sich und für andere ist. Die in ihrem Inneren Dinge wahrnimmt, die sie ihrem Partner nur schwer mit Worten beschreiben kann. Eine Frau, die sich nach einem tieferen Kontakt zu ihrem Mann und nach mehr Ruhe sehnt. Und die weiß, dass es einen grundlegenden Wandel braucht, wenn die Partnerschaft mit ihrem Mann wieder zu Kräften kommen und nicht weiter ausbluten soll. Sehr oft wissen diese Frauen viel und haben selbst schon eine ganze Reihe von Selbsterfahrungskursen und sogar psychologische Ausbildungen hinter sich. Trotzdem sind sie nicht in der Lage, ihr Leben und ihre Partnerschaft wirklich zu verändern.

Diese Frauen haben oft Männer an der Seite, die nur wenig Zugang zu den feinen, schwer in Worte zu fassenden Wahrnehmungen ihrer Frauen haben, die aber die Kraft besitzen, ihr Leben zu bestimmen, die erfolgreich sind und ihre Ziele erreichen. Männer, die oft keine Notwendigkeit sehen, sich mit Psychokram zu beschäftigen, und die nicht nachvollziehen können, was ihren Frauen so sehr fehlt im Zusammensein mit ihnen.

Wir können das Sehnen dieser Frauen oftmals nur allzu gut nachvollziehen und verstehen auch ihren Wunsch, dass sich doch auch ihre Männer mehr ihrem eigenen Inneren zuwenden mögen. Trotzdem empfehlen wir den Frauen, das

Wünschen und Wollen rund um ihren Partner aufzugeben und sich stattdessen nur auf ihr eigenes Inneres zu konzentrieren. Denn dort geht es um eine ganz andere Entwicklung: Vielen Frauen mangelt es an Klarheit, wenn es darum geht, sich anderen gegenüber zu positionieren und die eigenen Ziele zu vertreten. Oft fehlt ihnen eine echte Loyalität in Bezug auf ihre eigene Person. Sie benötigen mehr Standhaftigkeit und Mut, wirklich durchzuziehen, woran sie glauben, und Grenzen zu setzen, wenn ihnen ein Kontakt nicht guttut.

Ich habe meine Wahrnehmung doch schon geschult, nützt es mir da überhaupt noch etwas, Meditation zu üben?

Auch diesen Frauen empfehlen wir Meditation und innere Arbeit. Warum? Weil die Übungspraxis, die wir Ihnen hier vorstellen, Sie nicht etwa abheben und in entrückte innere Welten entschwinden lässt, sondern weil sie Sie auf den Boden bringt. Ein Zustand, der für viele Frauen im Alltag oft schwer zu halten ist, gerade wenn sie feiner in ihrer Wahrnehmung werden und sich ihrer eigenen Spiritualität gegenüber öffnen.

Meditation hilft Ihnen, verwurzelter in sich zu sein, weil sie Ihnen beibringt, hier und jetzt, in diesem Moment, klar, präsent und standhaft zu sein – und zwar auch dann, wenn es innerlich unruhig oder beängstigend wird. Dadurch finden Sie sicheren Boden unter Ihren Füßen und lernen gesunde Grenzen kennen.

Sie üben zu »bleiben«, Ihr Herz und Ihren Geist für alles, was hochkommt, zu öffnen und ohne Abwehr zu erfahren, was in Ihnen los ist.

Und das kann eine ziemliche Bandbreite sein: Manchmal erleben Sie in der Meditation ein tiefes Loslassen oder ein friedliches Gefühl von Verbundenheit, was unendlich tröstlich sein kann. Manchmal sind Sie überwältigt, weil Sie in der inneren Arbeit lichte Momente voller Klarheit und wegweisender Einsichten erfahren haben. Und manchmal braucht es all Ihre Klarheit und Standhaftigkeit, um sich nicht von Haltlosigkeit, bedrückender Düsterkeit, Schmerz, Panik oder Rastlosigkeit hinwegreißen zu lassen. Manchmal braucht es alle Überwindung, um gerade dann still zu werden und mitfühlend für sich da zu sein, wenn Einsamkeit oder Angst vor dem Alleinsein auftauchen. Manchmal möchte man einfach nur ans Handy, vor den Fernseher oder an den Kühlschrank, um den unendliche Gedankenstrudeln, die in Turbogeschwindigkeit durch den eigenen Kopf jagen, ein Ventil zu geben, statt alle Wachheit aufzubringen, um sie nur zu beobachten.

Was immer es auch ist, in der Meditation lernen Sie, zu bleiben und es zu- und sein zu lassen. Sie ahnen gar nicht, welche Kräfte und welche Klarheit Sie auf diesem Wege entwickeln können, wenn Sie »bleiben« lernen und sich nicht in Ihre Gedanken und Gefühle verwickeln. Wenn Sie zum ersten Mal Ihrem Drang widerstehen und nicht aufstehen und wegrennen, sondern einfach offen und ohne Widerstand bei der Erfahrung bleiben, erleben Sie sich selbst in einer ganz neuen Kraft und unmittelbar spürbaren Stärke. Sie erleben live, wie Sie sich nicht mehr von jedem Gedanken und Gefühl umhauen oder wegreißen lassen. Und Sie erleben, wie Ihnen das Gleiche auch zunehmend da draußen im Leben im Umgang mit anderen gelingt. Denn alles, was Sie in der Meditation lernen, steht Ihnen sukzessive auch jenseits der Meditation in allen möglichen Situationen im Alltag zur Verfügung.

Wir können es nicht oft genug sagen: Innen geht immer vor Außen. Erst wenn wir in unserem Inneren eine Fähigkeit entwickelt haben, sind wir auch im Außen in der Lage, diese Fähigkeit zu leben. Was wir innerlich nicht beherrschen, wird nie tragfähig im äußeren Leben werden. Deshalb kann eine regelmäßige Meditationspraxis gerade für Frauen, die sich leicht in anderen verlieren und nur schlecht auf ihrem eigenen Weg bleiben können, sehr hilfreich sein und ihnen zum langersehnten Durchbruch in ihrer Partnerschaft, aber auch in ihrer spirituellen oder beruflichen Entwicklung verhelfen.

Kriege ich denn das Leben um mich herum überhaupt noch mit, wenn ich übe, mich auf mein Innenleben zu konzentrieren?

Mindestens ebenso kostbar ist eine weitere Fähigkeit, die Sie hier entwickeln: Sie lernen, die Dinge wieder klarer zu sehen. Sie spüren alles viel unmittelbarer und unverstellter. Manch einer meint, wir würden weniger vom Leben mitkriegen, wenn wir öfter still sitzen und uns nur auf unsere inneren Vorgänge konzentrieren. Aber das Gegenteil ist der Fall: Je mehr wir lernen, unsere inneren Vorgänge zu beobachten und auch in unserem Körper anwesend zu sein, desto mehr ertappen wir uns im Alltag dabei, wie wir ständig abschweifen, nicht wirklich präsent sind, nicht richtig zuhören, kaum in Kontakt mit unserem Körper oder anderen Menschen sind und uns vor dem Leben verschließen. Das Gute ist: Was uns bewusst wird, können wir ändern.

Je öfter wir in der Meditation üben, bei unserer jeweiligen Erfahrung einfach offen zu »bleiben«, desto unvoreingenommener und klarer können wir das Leben und andere Menschen so sein lassen, wie sie sind. Aber die Meditation kann einen auch so bewusst und wach machen und den eigenen Bedürfnissen so nahebringen, dass man im äußeren Leben endlich antritt, um sich einem Konflikt zu stellen und ihn auch auszufechten.

Sie sehen klarer, dass es da draußen im realen Leben Grenzen braucht und auch, dass Ihre Platte einen Sprung hat. Dass Sie immer und immer wieder die gleichen Gedanken denken und dementsprechend immer wieder die gleichen Reaktionen zeigen und Erfahrungen machen. Aber dank Ihrer Meditationspraxis nehmen Sie Ihre Gedanken immer einfach so für bare Münze und müssen dementsprechend auch nicht automatisch auf sie reagieren. Alles wird durchsichtiger: Sie sehen Ihre Urteile, Ihre Abwehr- und Verteidigungsmechanismen, Ihre Verschlossenheit und Ihre Bedürftigkeit. Sie entdecken, wie Ihre Gewohnheitsmuster Sie und Ihr Leben einschränken.

Wenn diese wachsende Klarheit einsetzt, weiß man anfangs zwar manchmal nicht, ob es eine Strafe oder ein Segen ist, weil sich alles zunehmend anfühlt, als ob man sich selbst unter dem Mikroskop sieht, ohne Stoßdämpfer auf andere Menschen trifft und den Erfahrungen des Alltags ohne Filter ausgesetzt ist. Da erscheint vieles plötzlich anstrengender und weniger erträglich, und man neigt auch erst einmal leichter zu Selbstvorwürfen oder Schuldgefühlen ohne die gewohnten Verdrängungsmechanismen. Aber auch das alles löst sich im Licht Ihrer wachen Präsenz immer weiter auf. Es weicht einer neuen Gelassenheit und Offenheit, einem tieferen Verständnis Ihrer selbst und einem größeren Mitgefühl sich und anderen gegenüber.

Ist es nicht das Beste, wenn unsere Kinder von
unseren Auseinandersetzungen nichts merken?

Wir möchten Ihnen hier zeigen, wie Sie zu wahrer Liebe finden und wie Sie lernen, in sich selbst diese Liebe zu entdecken
und zu erfahren. Aber wir möchten Ihnen nicht verheimlichen, dass Sie auf diesem Weg zwangsläufig von emotionalen
Nöten bedrängt werden. Doch Schmerz und Engpässe gehören zum Leben eines jeden Menschen, und wenn wir wirklich
unseren Frieden finden und uns frei fühlen wollen, bleibt uns
nichts anderes übrig, als den Umgang mit Schmerz zu lernen.
Und wie Sie sich schon denken können, ist der beste Weg, dies
zu tun, den aufkommenden Nöten im eigenen Inneren offen
und mutig zu begegnen.

Wir reden so oft mit Eltern, die vor Ihren Kindern allen
Stress und Streit, den sie miteinander haben, fernhalten wollen. Die ihnen eine heile Welt vorspielen, auch wenn der Ehesegen komplett schiefhängt. Die sich nichts mehr zu sagen
haben, aber noch drei Jahre bis zum Abitur zusammenbleiben
wollen, damit das Kind einen besseren Start ins Leben hat.
Wir sagen dann immer so oder so ähnlich: Wollen Sie Ihr
Kind auf ein Märchen oder auf das Leben vorbereiten? Im Leben gibt es Verluste, manches geht schief, und Dinge gehen zu
Ende. Das Leben endet mit dem Tod. Wir verlieren Menschen,
werden ausgegrenzt, erleben Phasen von Einsamkeit und Zeiten von unfreiwilligem Wandel.

Jedem von uns geschieht das. Daran ist nichts falsch und
wir sind nicht falsch. Eine Krise ist nicht falsch und ein Verlust
ist nicht falsch. Das Wichtigste, das wir daher lernen und unsere Kinder lehren müssen, ist, mit alldem gesund und gut in
sich verwurzelt umzugehen. Dazu brauchen wir Mut: Mut,

uns selbst treu zu sein. Und Mut, uns selbst auch in großen Nöten und Krisen offenherzig zu erfahren und uns nicht in Verdrängung, Kompensation oder Verurteilung anderer zu verdrücken oder in angenehme Fantasien oder Süchte abzuschweifen.

Wenn wir lernen, zu meditieren und mutig bei einem inneren Tsunami zu bleiben, weil unser Partner gerade gehen will oder jemand anderen liebt, und der Wahnsinn uns zu packen scheint, dann vollzieht sich eine Art Erwachen. Das kann sich anfühlen wie ein gewaltiges Wunder, auf jeden Fall wie ein unsichtbarer magischer Umschwung. Wenn wir an Punkte kommen, wo die Gefühle sehr stark werden, so stark, dass wir mit der nackten Energie konfrontiert werden, die in ihnen steckt, dann kann es uns vorkommen, als würden wir wahnsinnig werden oder uns in Nichts auflösen. Wenn wir dann »bleiben« – egal, was in uns auftaucht –, dann durchlaufen wir eine innere Transformation, die oft lange weder für uns noch für andere sichtbar ist.

Ich, Eva, erlebe solche Phasen immer wieder in meinem Leben. Ich nenne sie meine innere Universität. Aus den Augen anderer betrachtet ist in meinem Leben vielleicht gar nicht so viel los, aber in meinem Inneren finden immer wieder große, manchmal erdrutschartige Bewegungen statt, die mich schmerzen und herunterziehen oder die mich drängen, mich zu hinterfragen, zu bewegen oder etwas Vertrautes loszulassen. Heutzutage sträube ich mich meist nur noch kurz, denn dann weiß ich: Das nächste Semester persönlicher Entwicklung, die nächste Prüfung des Lebens steht an.

Mein Leben hat mich früh daran gewöhnt, dass ich es nicht kontrollieren, darüber bestimmen kann. Dass es sich entfaltet und ich lediglich dazu aufgefordert bin, dieser Entfaltung beizuwohnen. Auch gegen meinen Willen hat es mich gelehrt, dass es immer – Zyklus um Zyklus – in Bewegung ist, immer im Wandel begriffen. Dass dieser Wandel mein eigentlicher Lebenssinn ist. Dass sich in jedem dieser Zyklen die Dinge vollenden und sterben. Dass ich damit gleichzeitig zur Neuordnung, Neubewertung und Neuentwicklung meiner selbst und damit zum Wiedererlangen meiner Lebendigkeit geführt werde.

Mit jedem Zyklus, der mich in der Vergangenheit schon geängstigt und geschüttelt hat, lernte ich, noch tiefer darauf zu vertrauen, dass immer etwas Neues kommt. Ich lernte, wach zu bleiben, ein Gespür für die Richtung und den Sinn meines Lebens aufrechtzuerhalten. Ich lernte, vertraute Gewohnheiten und Muster aufzugeben, die mich von dort zurückhielten, wo ich gern wäre. Ich lernte, darauf zu vertrauen, dass die unbekannte Strecke, die noch vor mir lag, der beste Teil der Reise sein könnte. Dass an der nächsten Weggabelung wieder eine Chance wartete, neu zu erfassen, was für mein Lebensglück eigentlich wichtig ist. Nie war wirklich Ende. Immer entpuppte sich das Fremde in mir, der Makel, die scheinbare Behinderung, als Wegweiser. Immer eröffnete sich dahinter eine Möglichkeit, ein tieferes und authentischeres Gefühl von Erfüllung zu erfahren als jemals zuvor. Wieder und wieder war ich gezwungen auszuhalten, dass sich ein gewohnter Raum leerte – nur um Platz zu schaffen für etwas Neues. Aber dieses scheinbar Neue trug in seiner Tiefe doch immer das Gleiche. Am Ende ging es in meinem Leben immer – auch wenn es mir eben lange Zeit nicht bewusst war – um die Erforschung von Beziehungen und die Annahme meiner selbst.

Eigentlich bekommt jeder von uns im Laufe seines Lebens und seiner Beziehungen immer wieder einen Ruf von seiner inneren Universität, die ihm sagt: Hey, es gibt was zu lernen, loszulassen oder zu überwinden. Hey, da wartet noch mehr auf dich. Du musst nur bereit sein, dich zu öffnen und alten Schmerz oder alte Angst zu überwinden. Aber leider neigen die meisten von uns dann eher dazu, ihre innere Unruhe nach außen zu projizieren, statt still zu werden und die eigenen Hausaufgaben zu machen. Aber das bedeutet eigentlich, dass man sich die Ohren vor dem Ruf des eigenen Herzens zuhält.

Warum sollte ich mich innen wenden, wenn es sich im Außen doch so viel besser anfühlt?

Wir haben mit Tausenden von Menschen gearbeitet. So oft wir auch Härte, Kampf, Urteile und Vorwürfe zwischen ihnen erlebt haben, so haben wir doch auch in jedem, mag er noch so bitter oder betäubt gewesen sein, eine Sehnsucht nach Verbindung und Leben fühlen können. In jedem von uns gibt es einen Teil, der erwachen möchte. Ein Teil, der weiß, dass er mehr ist, als die Enge seiner alten Glaubensmuster und Erfahrungen erlauben will. Ein Teil in jedem von uns möchte die mentalen Begrenzungen überwinden, seine Liebe bedingungslos teilen und seine eigene grenzenlose Wahrheit wirklich erfahren. Wenn wir allerdings aus Angst vor Verletzung immer in einem Schutzpanzer bleiben und nicht bereit sind zu akzeptieren, dass jede Erfahrung vergänglich ist und niemand und nichts wirklich kontrollierbar, dann treibt uns diese tiefe Sehnsucht nach dem Leben in Dreiecksbeziehungen, auf die Suche nach neuen, perfekten Partnern, in angenehme, steuerbare Fantasiewelten von perfekten Partnerschaften, in grenzenlos erfolgreichen Karrieren, grenzenlos ungehemmten Sexspielarten und, und, und …

Die Verlockungen sind endlos und die Fluchtwege zahllos, die uns sagen: Ich will Lust, ich will Leben, ich will geliebt werden! Meditation? Was soll der Quatsch? Warum sollte ich von all dem Äußeren ablassen, mich nach innen wenden und darauf vertrauen, dass dort die Liebe, die Geborgenheit und der Frieden, aber auch die Lebendigkeit, Ekstase und Klarheit zu finden sind – alles, wonach ich mich so dringend sehne? Warum sollte ich still werden und aushalten, dass etwas so unvorstellbar wehtut wie der überraschende Auszug meines Partners?

Weil Sie dadurch wach werden und sich nicht länger betäuben. Wir können Ihnen an dieser Stelle nur sagen, dass wir ohne unsere geliebte Meditation vielleicht heute nicht mehr miteinander verheiratet wären, sondern immer auf der Suche nach irgendetwas. Sicher wäre ich, Eva, bitter und hart geworden. Sicher wäre mein, Wolframs, Erfahrungshorizont und mein Denk- und Glaubenssystem unendlich viel enger und statischer geblieben ohne die ständigen Dehnübungen in der Meditation.

Die Meditation ist für uns so kostbar und revolutionär zugleich, weil sie keine Droge ist, die unser Leben angenehmer macht, sondern weil sie uns mitten ins Leben mit all seinen Erfahrungen hineinschiebt. Weil sie uns dazu bringt, dem gegenwärtigen Augenblick – dem einzigen, in dem ich wirklich etwas ändern kann – nicht länger auszuweichen oder in den Widerstand gegen ihn zu gehen, sondern uns diesem unbekannten Augenblick zu stellen.

Selbstliebe lernen und
sich von Aufopferung und
Abhängigkeit befreien

»Wenn du die Berührung
mit der inneren Stille verlierst,
verlierst du den Kontakt mit dir selbst.
Wenn du den Kontakt mit dir selbst
verlierst, verlierst du dich
in der Welt.«

Eckhart Tolle

Unsere irdische Übersetzung für Eckhart Tolles weise Worte: Finger weg von Selbstaufgabe, Klammern und davon, den Partner ändern zu wollen.

estern war wieder so ein Abend unter Frauen. Wenig an
unserer Arbeit liebe ich, Eva, mehr als diese Abende, an
denen ich einen kleinen Kreis von Frauen ein halbes Jahr am
Telefon begleite. Jede von uns darf in ihren vertrauten vier
Wänden sein und es sich dort gemütlich machen, während wir
am Telefon alle einen Abend lang miteinander verbunden
sind. Beim ersten Mal, so wie gestern, kennen die Frauen sich
noch nicht – und doch verbindet sie immer ein Thema. Das ist
einfach das Gesetz der Resonanz. Noch nie habe ich es anders
erlebt. So auch gestern Abend. Jede Frau erzählte, eine nach
der anderen, ihre Geschichte. Und jede Geschichte erzählte
von Aufopferung, Selbstaufgabe und der Angst vor dem Alleinsein oder Verlassenwerden.

Zu diesen Frauen gehören Männer, die ohne Vorankündi-
gung ausgezogen und bei ihrer bis dato heimlichen Freundin
eingezogen sind. Oder Männer, die im Alltag sehr hart und
auch verletzend sein können oder immer wieder Sex fordern,
obwohl die Frauen ihnen gegenüber schon lange völlig verschlossen sind und emotional viel Distanz herrscht. Männer,
die schon Dutzende Male versprochen haben, etwas zu ändern, ohne es je wirklich eingehalten zu haben. Männer, die
sich unerreichbar in ihre eigene Welt und Wohnung zurückziehen, wann immer es Stress oder eine Forderung an sie geben könnte. Oder die bei Streit gleich mit Trennung drohen.

Trotzdem waren diese Frauen allesamt vor allem damit beschäftigt, es irgendwie hinzukriegen. Ihre stärkste Motivation war, um jeden Preis ihre Beziehung aufrechtzuerhalten. Sie hatten fast alle große Angst vor dem Alleinsein und wenig Kontakt mit ihren eigenen unmittelbaren Bedürfnissen. Die meisten brauchten ihre Beziehung, um sich geliebt zu fühlen, und wollten deswegen mit allen Mitteln, dass die Dinge im Außen sich irgendwie drehen lassen müssten. Dass die Männer sich endlich öffneten, zuverlässiger, emotional berührbarer, gesprächsbereiter, respektvoller oder endlich nach Hause zurückkommen würden.

In den meisten Gesprächen kam ich mir vor wie ein Cowboy, der ein ausgebrochenes Rind immer wieder mit dem Lasso einfangen muss. »Was wünschen SIE sich denn von Ihrer Beziehung? Was brauchen SIE jetzt am meisten? Tut IHNEN der Kontakt wirklich gut? Wollen Sie WIRKLICH, dass es wieder so wird wie früher? Was wollen SIE denn so nicht mehr in Ihrer Ehe? Was würde eine Frau in Ihrer Situation tun, die gut für SICH sorgen kann? Wo braucht es jetzt klare Grenzen?« lauteten meine Fragen, auf die ich meist nur Schweigen oder einen Halbsatz erntete und dann sofort Sehnsuchtsbekundungen, dass der Mann doch nur zurückkommen müsse … dass es doch einen Weg geben müsse … Oder Fragen nach einer Anleitung: »Was muss ich tun, damit er sich ändert? Wie kann ich besser damit zurechtkommen, dass er dieses oder jenes tut oder nicht tut?« Aber nicht: »Was macht MICH glücklich? Was fühle ICH wirklich? Was tut MEINER Seele gut?«

Unsere Gespräche waren entweder geprägt von Frust und Angst: »Wir schreien uns nur noch an, aber es bewegt sich trotzdem nichts. Eigentlich tut es nur noch weh, wenn wir zusammen sind.« Oder: »Entweder ist er ständig am Computer, innerlich abwesend oder er macht mich runter und regt sich schon auf, wenn ich zu viel Salz ins Nudelwasser tue. Aber ich traue mich nicht, endlich mal eine Grenze zu ziehen.«

Oder die Frauen steckten fest in Abhängigkeit und Angst: »Ich weiß, er hat es schon so oft versprochen, nicht mehr zu ihr zu gehen, und dann ist er doch wieder bei ihr im Bett gelandet. Aber wir haben ja zwischendurch trotzdem immer wieder gute Gespräche.« Oder: »Er hat gesagt, er fühlt nichts mehr. Jetzt wohnt er vorübergehend bei seiner Mutter, ruft mich alle paar Tage an und will wissen, was ich und die Kinder machen und wie es mir geht. Sobald ich aber frage, ob wir uns vielleicht mal sehen oder er die Kinder mal holen will, weicht er aus und geht tagelang nicht mehr an sein Handy.« Oder: »Ich bin ausgezogen, weil es so nicht mehr ging. Er hat immer wieder gelogen, immer neue Schulden gemacht und mich mit meiner besten Freundin betrogen. Aber ich denke jetzt trotzdem ständig daran, dass wir doch auch gute Zeiten hatten. Frage mich ständig, ob er mal anruft und was er wohl macht. Und ob ich nicht alles falsch gemacht habe.«

All diesen Frauen konnte ich an unserem ersten gemeinsamen Abend nur eins sagen: Das, was Sie gerade leben, hat nichts mit Liebe zu tun, sondern mit Angst. Lassen Sie ihn sein, wie und wo er ist. Lassen Sie die Reste Ihrer Beziehung so sein, wie sie sind, und lassen Sie sie los. Da gibt es im Moment nichts zu tun, nichts zu retten und nichts zu kitten. Da draußen sehen Sie nur, was Sie im Moment noch über sich und Ihre Beziehung glauben. Wenn Sie Änderung wollen und sich mehr Liebe wünschen, dann gilt es jetzt, die Liebe in Ihr Leben zu bringen und sich erst einmal ausschließlich um sich selbst zu kümmern.

Wie löse ich mich aus Abhängigkeit und bringe Liebe in mein Leben?

Indem ich denjenigen, der mir die Liebe nicht geben kann, loslasse und mir damit Zeit und Platz schaffe für mich selbst. Wenn ich vom anderen im Außen ablasse, tritt automatisch mein Inneres in den Vordergrund. Ich kann jetzt spüren und erleben, was ich glaube, wenn ich nur ich bin: Ich bin einsam! Ich bin nicht geliebt! Ich kann das allein nicht schaffen! Ich habe Angst! Das alles war zugedeckt unter meinem Klammern an dem anderen. Und es hat nicht viel mit Liebe und dem Glauben an eine Verbundenheit mit dem anderen zu tun. Jetzt kann endlich ich kommen und die Liebe dorthin bringen, wo sie in mir so sehr fehlt. Ich kann mit mir sein … Mich für mich öffnen … Mich trösten und ermutigen und auch in schweren Zeiten begleiten.

Das war in unseren Gesprächen an diesem Abend ein ziemliches Ringen: Keine der Frauen wollte die kläglichen Überreste ihrer bisherigen Beziehung freiwillig loslassen und sich in den kommenden vier Wochen bis zum nächsten Telefonat wirklich nur mit sich und der inneren Arbeit beschäftigen. Bis eine der Frauen sagte: »›Du Verpisser!‹ So habe ich meinen Mann letzte Woche beschimpft, als ich rausgefunden habe, dass er doch wieder bei dieser Frau war. Aber wenn ich unseren Gesprächen hier heute Abend noch länger zuhöre, bin ich selber ein Verpisser. Sie haben mich überzeugt, ich mach das jetzt mit der Meditation. Ich setz mich jetzt auf den Hintern mit mir.« Die anderen kicherten.

Es gab als Hausaufgabe eine geführte Meditation zur Selbstliebe, die ihr und anderen helfen würde, fürsorglich und unterstützend in Kontakt mit sich selbst und in Dialog mit dem eigenen Herzen zu treten. Vier Wochen später war die Frau kaum wiederzuerkennen. Nach einer Woche täglicher Selbstliebepraxis hatte es einen heftigen Streit mit ihrem Mann gegeben. »Ich dachte: Na toll, wenn das das Ergebnis von meinen Liebesübungen ist … Aber am Ende dieses Streites merkte ich, dass ich nun wirklich loslassen konnte. Etwas in mir war so klar und ruhig wie noch nie. Hier war erst einmal Ende, und das war völlig in Ordnung.« Jahrelang hatte sie sich nicht getraut, irgendetwas allein zu machen. Am Ende dieses Abends hatte sie die Tasche gepackt, ihre Kinder zu ihrer Mutter gebracht und sich ein Wochenende Wandern in den Bergen geschenkt, wovon sie schon lange geträumt hatte. »Da habe ich mich einfach auf die Wiese gesetzt und weiter meine Liebesübungen gemacht. Ich bin nur so schnell gegangen, wie es mir guttat. Ich habe ausgeschlafen, so lange ich wollte, und dann wieder Liebesübungen gemacht. Und dann bin ich nach Hause gefahren und habe meinem Mann gesagt, er solle seine Sachen packen und sich erst mal klar werden, was er will. Ich will nicht mehr teilen und mich auch nicht belügen lassen. Ich merke, dass ich seitdem endlich wieder durchschlafen kann.«

Wenn davon die Rede ist, in der Meditation Selbstliebe zu lernen, klingt das im ersten Moment vielleicht nach »Piep, piep, piep, wir haben uns alle lieb«. Aber Selbstliebe ist nicht nur mitfühlend, sie kann auch so kraftvoll sein wie eine Löwenmutter, die ihre Jungen beschützt. Wie Sie beim Üben noch feststellen werden, ist sie eine ganz schlichte, im Ursprung jahrtausendealte Praxis – die sogenannte Metta-Meditation, die wahre Wunder bewirken kann und gar nicht schwer ist. Die Metta-Meditation, die unsere Frau hier ihre Liebesübung nannte, hilft Ihnen, in Zwiesprache mit Ihrem Herzen zu treten.

Buddha selbst soll sie der Legende nach entwickelt haben. Er wollte fünfhundert Mönchen helfen, in ihrer Meditationsklausur mit Unsicherheit, beängstigenden und verwirrenden Erfahrungen und Angst umzugehen. So gab er ihnen einen Text, den sie auswendig lernen und dann ständig wiederholen sollten, um sich selbst und allen anderen Lebewesen auf unterschiedliche Weise immer wieder Wohlergehen zu wünschen. Indem die Mönche beharrlich übten, sich selbst und allen Lebewesen Wohlwollen und Güte entgegenzubringen, wurden sie von ihren Ängsten befreit.

Ich kann aus meiner Erfahrung nur sagen: Es gibt kein wirksameres Mittel gegen Krankheit, Angst und Streit als praktizierte Selbstliebe. Im Laufe der Jahre habe ich, Eva, die Erfahrung gemacht, dass eine regelmäßige Praxis der Selbstliebe genauso auf die Seele wirkt wie regelmäßiger, ausgewogener Sport auf Gesundheit und Wohlbefinden unseres Körpers. Deshalb arbeite ich mit der Selbstliebe- oder Metta-Meditation in allen Frauengruppen.

Selbstliebe, das ist doch Frauenkram!

Die Arbeit an der Selbstliebe ist ebenso wie das Achtsamkeitstraining auch für Männer von großer Bedeutung. Deshalb ermutige auch ich, Wolfram, die meisten Männer, wenn sie nach einem Paarcoaching aus der Tür gehen, diese Meditationspraxis zu üben. Männer gehen zwar in der Regel deutlich weniger in die Opferhaltung und machen sich auch gedanklich und emotional meist nicht so abhängig. Die meisten klammern auch nicht, sondern lenken sich eher ab, wenn die Liebe im Laufe der Jahre immer lebloser wird. Wenn es in der Partnerschaft schmerzhaft werden könnte, gehen sie lieber auf die Flucht, und wenn es Konflikte gibt, dann neigen sie eher zur Abwehr als zur Selbstaufgabe. Aber auch bei Flucht und Abwehr dreht sich am Ende alles um Angst. Das einzige wirklich wirksame Gegenmittel gegen Angst ist Selbstliebe, von der es mehr braucht.

Gerade war ein Mann mit seiner dritten Ehefrau bei uns. Die ersten beiden hatte er jeweils für eine andere Frau verlassen. Seiner jetzigen Frau hatte er vor einigen Monaten offenbart, dass er mit einer anderen in die gemeinsam geplanten Ferien fahre und nicht mit ihr. Man könnte meinen, dieser Mann sei ein Macho, der mit den Frauen spiele und jede einfach fallenlasse, wenn es ihm langweilig würde. Im Gespräch stellte sich aber bald heraus, dass die Dinge ganz anders lagen. Dieser Mann war es gewohnt, seine gesamte Kraft in seine Arbeit zu stecken. Schon während seines Studiums hatte er parallel dazu eine Firma aufgebaut. Auch nach der Heirat und den ersten Kindern konnte er es zuhause nicht wirklich aushalten und war immer mit irgendwas beschäftigt oder unterwegs.

Irgendwann fingen alle seine Frauen an, unzufrieden zu werden, mehr Nähe zu fordern und ihn zu kritisieren. Das führte dazu, dass er sich noch mehr zurückzog und relativ schnell die Zuwendung und Aufmerksamkeit einer neuen Frau suchte. So war er jedem Konflikt und jedem Gefühl von Schwäche oder Unsicherheit stets ausgewichen. Er brauchte von den Frauen vor allem Anerkennung; wie er sich auf echte Intimität und Verletzlichkeit einlassen konnte, wusste er nicht. Dieser Mann war kein Macho, sondern in sich genauso verunsichert und hilflos wie die Frauen, von denen gerade die Rede war. In unserem Coaching verstand er, dass, wenn er in einer Beziehung endlich ankommen, Vertrauen fassen und gleichzeitig echte Freiheit erleben wollte, auch er nicht um einen inneren Heilungsprozess herumkäme.

Was mache ich, wenn ich in keiner Beziehung bleiben kann?

Es braucht Ehrlichkeit, um sich einzugestehen, dass man die Dinge nicht wirklich in der Hand hat, sondern eher zwanghaft gehen muss. Es braucht Mut, um endlich in der Beziehung zu bleiben, auch wenn es gerade kritisch oder völlig festgefahren ist. Es braucht Beharrlichkeit, um dem dann auftauchenden inneren Drängen standzuhalten, vor unangenehmen Gefühlen nicht zu flüchten und das innere Loch nicht länger mit Anerkennung und Zuwendung von anderen zu füllen.

Gerade für viele Männer besteht die größte Herausforderung an der inneren Arbeit darin, sich vielleicht zum ersten Mal den eigenen Gefühlen bewusst zuzuwenden. Dabei werden sich zwangsläufig Unruhe und Widerstand zeigen, denen Mann normalerweise mit Verdrängungs- und Fluchtmechanismen begegnet. Jetzt geht es darum, sich von den alten inneren Abwehr- und Ablenkungsgewohnheiten langsam zu lösen und das Bleiben zu lernen, egal welche Gefühle sich zeigen. Und schließlich braucht es dann auch bei den Männern eine Selbstliebepraxis, um sich mehr und mehr so anzunehmen wie Mann ist und auch mitten in Unsicherheit und Angst authentische Stärke in sich zu entwickeln.

Nur von außen betrachtet wirkt es so, dass in diesem Abhängigkeits-Unabhängigkeitsspiel einer von beiden in der schlechteren Position ist. In Wahrheit befindet sich der scheinbar unabhängige Steppenwolf in einer mindestens ebenso un-

befriedigenden Lage wie die abhängige Klette. Gerade der Partner, der sich zurückzieht und nicht mehr erreichbar zu sein scheint, tut dies unbewusst, um nicht weiter mit seiner großen Verletzlichkeit und seiner unverarbeiteten Angst vor Ablehnung und Bedürftigkeit konfrontiert zu werden. Nicht selten entpuppen sich einsame Steppenwölfe als zärtlichkeitsbedürftige, empfindliche Seelchen. Und nicht selten träumen jammernde Kletten heimlich davon, vom Zigarettenholen nicht mehr zurückzukommen. Meist funktioniert diese Rollenverteilung wie ein Teufelskreis: Einer lässt sich nicht ein, will nicht zusammenziehen, nicht heiraten, will keinen gemeinsamen Urlaub planen, bloß kein gemeinsames Weihnachtsfest oder andere verbindliche Rituale teilen. So wenig wie er die Verantwortung im Alltag übernehmen will, so wenig kann er dem anderen weder durch Worte noch durch Gesten seine Liebe zeigen. Dies unterbindet er unbewusst aus Angst vor Verlust und Ablehnung, aber gleichzeitig auch aus Angst vor Bedürftigkeit. Um ja nichts zu brauchen, zieht er sich auf die unabhängige Position zurück und sagt: »Mal sehen, vielleicht …«

Das verunsichert und enttäuscht seinen Partner, der daraufhin mit Klammern und Jammern, mit genau der Bedürftigkeit und Verletzung reagiert, die der scheinbar Unabhängige partout nicht erleben wollte. Verrückter- (oder besser präziser-) weise erinnert ihn dies aber unbewusst nur noch stärker an seine eigenen Ängste und lässt ihn nur noch weiter zurückschrecken. Darauf reagiert natürlich prompt der offensichtlich so Abhängige mit noch mehr Jammern und Klammern. Dabei lässt aber auch er sich nur vermeintlich ein. Auf eine gewisse Weise instrumentalisiert er den anderen zum Löcherstopfen, will er ihn als Quelle der Befriedigung nutzen. Auch wenn er

sich scheinbar um Nähe kümmert und um Ausdruck der Ge-
fühle bemüht ist – auf einer tieferen Ebene gibt auch der Ab-
hängige nicht ganz aus freiem Herzen. Räumlich vielleicht
eher anwesend, ist auch er innerlich nicht wirklich bereit und
in der Lage zu geben, handelt auch er nur aus Angst.
Deshalb ist es eigentlich so, dass in dieser Phase einer immer
die jeweiligen Verletzungen von beiden zeigt. Beim einen sind
sie nur verdeckt, während der andere sie auslebt.

Mir selbst begegnen – wie geht das, und was muss ich dafür tun?

Egal ob Mann oder Frau, egal ob Sie klammern oder flüchten –
geheilt werden will das Gleiche: Ihr verletztes Herz. Überwun-
den werden will das Gleiche: Ihre Angst vor echter Nähe genauso wie vor dem Alleinsein. Und zu tun gibt es ebenfalls das
Gleiche: Freundschaft schließen mit sich selbst und den anderen loslassen. Wenn Sie die Begegnungen mit sich selbst zunehmend in den Mittelpunkt stellen, werden Sie genau da, wo Sie
bisher geklammert haben oder geflüchtet sind, beruhigende
und berührende Erfahrungen mit sich machen. Genau in der
Einfachheit oder im Alleinsein, im Nichtstun oder in der Stille
finden Sie auf einmal alles, was Sie die ganze Zeit über gesucht
haben. Sie sitzen da und erleben live: »Oh, mein Gott, ich
brauch das alles ja gar nicht zu meinem Glück!«

Gerade habe ich, Eva, auf »meinem« Baumstumpf gesessen.
Er steht auf einer kleinen Lichtung im Wald nicht weit
von unserem Haus. Am Ende einer Joggingrunde setze ich
mich gern dorthin, schließe die Augen und lausche. Fast immer komme ich dort auf besondere Weise zu mir. Heute war es
ganz besonders: Nach einigen Minuten, während derer ich

ganz offen und still war und nur dem Vogelgezwitscher gelauscht habe, hatte ich das Gefühl, ich werde immer weniger und das Zwitschern wird immer mehr. Damit ging kein Verlustgefühl einher, sondern eine Öffnung und Intensivierung meiner Erfahrung. Da war in mir ein unglaubliches Orchester von Klängen, und alles schien durchtränkt von der feuchten Waldluft. Es war wie ein Gefühl von Einssein.

Alles, was meinen Kopf vorher beschäftigt hatte, fiel von mir ab. Stattdessen war alles einfach nur in Ordnung; in mir herrschte eine tiefe Ruhe. Nach einer Weile bin ich dann aufgetankt und voller Dankbarkeit zurück nach Hause gejoggt. Ich kam rein und wollte meinen Mann freudvoll teilhaben lassen an meiner Verbundenheit und meiner Begegnung mit dem Vogelgezwitscher. Da stellte sich heraus, dass er ein ganz ähnliches Erlebnis gehabt hatte.

Ich, Wolfram, hatte etwas scheinbar genauso Unbedeutendes getan wie meine Frau. Sie hatte sich irgendwo im Wald auf einen Baumstumpf gesetzt und dabei Frieden und Glückseligkeit erfahren, und ich hatte mich gerade völlig eins mit mir gefühlt, während ich die Gläser von unserem Abendessen mit Freunden am Vorabend gespült hatte. Eigentlich hatte ich mich zum Meditieren hinsetzen wollen, als meine Frau zum Joggen ging, aber dann dachte ich: Komm, räume zuerst die Küche auf. Eine Arbeit, die nun wirklich nicht zu meinen großen Leidenschaften gehört und auch nicht gerade Erleuchtungserfahrungen verspricht. Aber vielleicht war es ja genau das gewesen: Ich hatte mich dennoch entschieden, voll und ganz »Ja« zum Spülen zu sagen und nicht muffelnd und widerwillig etwas zu tun, worauf ich keine Lust hatte.

Zuerst dachte ich noch: »Ach komm, leg dir Musik auf und mach es dir nett beim Spülen«. Aber dann habe ich einfach nur eins getan: Gläser gespült – ohne Musik und ohne jede Ablenkung. Irgendwie habe ich mich wirklich eingelassen, habe jede Stelle jedes Glases achtsam berührt, habe immer genauer das Handtuch in meiner Hand gespürt. Ich wurde zusehends friedlicher und konnte mehr und mehr fühlen, wie ich Freude an jedem einzelnen glänzenden Glas hatte. Ich empfand eine große Ruhe und war regelrecht berührt von diesem Erlebnis. Ausgerechnet beim Abtrocknen habe ich so eine tiefe Begegnung mit mir selbst gehabt.

So trafen wir beide aufeinander – jeder nach einer erfüllenden Begegnung mit sich selbst – und versuchten nun, das zu teilen, was jeder von uns erlebt hatte. Wir merkten sehr schnell, dass wir durch den Versuch, darüber zu reden, den Kontakt zu unseren Erfahrungen verloren. So deutlich wie selten konnten wir erleben, wie wichtig geteilte Stille ist und wie schnell man sich in einem anderen durch Reden verlieren kann. Gott sei Dank haben wir beide genug Erfahrung, um uns zu sagen: Komm lass uns aufhören mit dem Reden und Erklären und lieber das miteinander fühlen, was gerade in jedem von uns ist, weil es so schön ist.

Was mache ich mit meinen Erfahrungen aus der Meditation im Zusammensein mit meinem Partner oder anderen, die damit keine Erfahrung haben?

Bleiben Sie, so gut Sie können, weiter in Ihrer inneren Verbundenheit und stellen Sie sich darauf ein, dass es in Ihrer Partnerschaft vorübergehend verstärkt zu Spannungen kommen kann, weil Ihr Partner und Sie wie aneinander vorbeireden und er vielleicht unbewusst das Gefühl hat, nicht mehr richtig mit Ihnen in Kontakt zu kommen.

Wenn Sie gerade frisch aus einer tiefen Begegnung mit sich selbst kommen, kann es gut sein, dass Sie sich erst einmal etwas fern fühlen in den sogenannten normalen Gesprächen. Oft werden Sie nicht wissen, was Sie sagen sollen. Und manchmal fühlt es sich an, als ob Sie von einem Gewitter überrascht werden, wenn Ihr Partner ganz normal plaudern möchte, alles schwarz malt oder angespannt reagiert, weil Sie gerade bei sich sind. Oft gibt es bei solchen Begegnungen einige Minuten lang ein gefühltes Hin und Her zwischen innen und außen, und dann reißt der Faden nach innen ab. Sie spüren sich selbst nicht mehr und sind wie aufgelöst in dem anderen oder in Ihrem alten suchthaften Verhalten von Klammern oder Fliehen.

Verändern sich meine Beziehungen zu anderen zum Nachteil, wenn ich mich mehr und mehr mit mir selbst verbinde?

Des Öfteren werden Sie aus Begegnungen und Gesprächen mit anderen gehen und sich traurig oder allein fühlen, weil Sie sich selbst verloren haben. Und weil Sie nichts wirklich Erfüllendes bei den anderen gefunden haben. Hadern Sie nicht, machen Sie sich keine Vorwürfe – und auch den anderen nicht. Der Kontakt zu Ihnen selbst braucht einfach eine Zeit der Festigung und Übung. Und irgendwann merken Sie, dass Sie Ihre wahre innere Verbindung – die, die vor allen anderen steht – immer besser halten können.

Dann kann es gut sein, dass Sie bei vielen Sachen nicht mehr mitreden können und wollen. Oder Sie sagen plötzlich Dinge, die andere verstören, aber Ihrer Wahrheit entsprechen. Aber dann kommt etwas Neues: Neue Fäden der Verbindung beginnen sich zu verknüpfen – entsprechend Ihrer wachsenden Verbindung zu sich selbst. Erlauben Sie sich ganz bewusst eine Phase der Trauer um die alten Verbindungen, die Sie nicht mehr halten können, und bitten Sie wieder und wieder darum, dass sich jetzt neue Türen öffnen mögen für neue Begegnungen, die mehr aus der Tiefe und mehr aus der Verbindung mit Ihnen selbst herrühren. Bitten Sie um Verbindungen in Liebe und vertrauen Sie, auch wenn sich dabei altbekannte Verbindungen erst einmal auflösen.

Wir beide möchten Ihnen gern nach unserer Erfahrung von eben nochmals sagen, dass tiefe Begegnungen immer weniger äußerer Stimulation brauchen. Sie müssen weder um die Welt reisen, noch wichtige Events besuchen und auch nicht ständig spannende Leute treffen. Ein Baumstumpf oder ein paar Gläser zum Spülen lassen sich überall finden, um Sie dabei zu unterstützen, den besten Freund auf der ganzen Welt zu treffen: sich selbst.

3. Kapitel

Wie Sie dem eigenen Herzen folgen

Ja zu Gefühlen sagen,
Wut haben,
auf den Körper hören

»Wir können niemals das Leben anderer beurteilen, denn jeder weiß um den eigenen Schmerz und Verzicht. Du kannst für dich sagen, dass du auf dem rechten Weg bist; doch es ist etwas anderes, wenn du sagst, es sei der einzige Weg.
Die barmherzige Seele zu spielen war nur etwas für die, die Angst hatten, im Leben Stellung zu beziehen. Es ist immer einfacher, an die eigene Güte zu glauben, als den anderen die Stirn zu bieten und für die eigenen Rechte zu kämpfen. Es ist immer einfacher, eine Beleidigung stillschweigend hinzunehmen, als den Mut aufzubringen, gegen jemand Stärkeren zu kämpfen.«

Paulo Coelho

Paulo Coelho hat mir, Eva, mit seinen Worten oft den Weg gewiesen. Seine Eltern haben ihn als Kind mehrfach in eine psychiatrische Klinik einweisen und mit Elektroschocks behandeln lassen, um ihn von seinen »verrückten« Gedanken zu »heilen«. Er hat bis heute Gott sei Dank nicht davon abgelassen, diese verrückten Gedanken in seine Millionenbestseller zu schreiben. Es ist für eine erfüllende Beziehung und Ihre innere Gesundheit lebenswichtig, dass Sie Ihr Herz ausdrücken, auch wenn andere Sie für verrückt halten oder sich deswegen zurückziehen.

Es gab immer ein Entweder-oder. Entweder blieb ich und würde langsam verkümmern wie eine Pflanze ohne Wasser – oder ich würde gehen und die Familie zerstören, meinen einstigen Traum davon aufgeben, etwas mit meinem Mann zu versuchen, was mir noch mit niemandem je gelungen war. Ich hatte das Gefühl, langsam zu zerreißen – bis ich schließlich der eigenen inneren Anspannung nicht mehr standhalten konnte: Ich war gezwungen loszulassen – ich konnte nicht mehr analysieren, nicht mehr beschuldigen, nicht mehr verstehen und nicht mehr rationalisieren. Ich saß vor meinem Mann, und aus mir floss alles heraus – alle Gefühle, alle Ängste, alle Heimlichkeiten, alle Sehnsüchte und mein trauriges Verlangen nach Trennung. Ich redete und redete, bis dieser Strom von selbst verebbte – dann auf einmal konnte ich ihn wieder mit klaren, tränenentleerten Augen ansehen, und etwas völlig Absurdes geschah: Ich fühlte mich mit mir verbunden, und ich fühlte mich meinem Mann zum ersten Mal seit Ewigkeiten wieder verbunden. Es herrschte eine tiefe Stille zwischen uns, und ein seltsames, leises Gefühl von Wahrhaftigkeit und Zusammengehörigkeit stellte sich ein. Ein Gefühl, das wir seit Jahren nicht mehr gehabt hatten – ein leises Gefühl von »Es könnte gehen, vielleicht könnte es doch gehen …« Was mussten wir für einen Albtraum erleben, damit sich dieses Gefühl wieder zeigen konnte! Aber keiner von uns beiden hatte sich vorher freiwillig bewegt. Erst musste sich eine so ungeheuerliche Druckwelle aufbauen. Erst mussten wir über Trennung reden. Erst dann sind wir meist wirklich bereit, unsere Seele wieder zu hören.

Die Treue zu Ihrem Herzen
ist wichtiger als jede
andere Beziehung

»Manchmal fällt es euch schwer,
den Unterschied zwischen Herz und Ego zu
erkennen. Was aus dem Herzen kommt,
ist das, was bei einer Entscheidung dem
Wohle aller Beteiligten dient. Wie wisst ihr,
was nützlich und förderlich ist, wenn ihr
keinen Überblick habt? Werdet einfach still,
fragt euch innerlich und horcht auf das
Gefühl. Das Gefühl von Frieden und
Wohlbefinden ist eure Antwort.«

P'taah

P'taah, der diese Worte durch ein Medium namens Jani King in die Welt gebracht hat, ist ein geistiges Wesen. Vielleicht halten Sie sowas ja für Quatsch. Dann fragen Sie sich einfach, wie Sie den Inhalt dieser Botschaft finden und ob Sie ihr gern folgen wollen. Ich, Eva, folge seit fast zwanzig Jahren Botschaften aus der geistigen Welt und habe dort grundlegende Weisungen für mein Leben gefunden, ohne meine Begeisterung für schöne Schuhe, Handtaschen und andere allzu irdische Freuden zu verlieren. Folgen Sie Ihrem Herzen und sorgen Sie damit für Ihre ganz eigene, stimmige Lebensmixtur.

Wenn Sie jetzt regelmäßig Ihre innere Arbeit tun, wird sich tatsächlich unmerklich vieles im Außen verändern, ohne dass Sie aktiv etwas dafür tun müssten. Ihr Leben hebt sich in allen möglichen Bereichen auf eine neue Ebene. Altes löst sich Stück für Stück auf, und Neues kommt hinzu, und zwar ohne dass Sie immer gleich genau sagen könnten: Davon habe ich mich getrennt, und das habe ich erneuert. Aus unserer Erfahrung könnten wir Ihnen sagen, dass die innere Arbeit sich eher so anfühlt wie der nahende Frühling. Hier sprießt plötzlich etwas, da wird es grün, dort bahnt sich ein Pflänzchen den Weg durch den harten Winterboden – und auf einmal, ehe man sichs versieht, ist alles grün und saftig draußen.

Manchmal werden Sie sich wundern, wie entspannt Sie plötzlich reagieren und sich von bestimmten Dingen nicht mehr aus der Ruhe bringen oder ängstigen lassen. Oder Sie sind verblüfft, weil etwas Sie einfach nicht mehr stresst, das bisher immer Zündstoff hatte. Oder dass eine lange angespannte Beziehung sich auf einmal entspannt oder Sie endlich in der Lage sind, sie loszulassen. Manchmal geht plötzlich ein Knoten auf, und Dinge kommen in Gang, die lange blockiert waren. Das alles ist die natürliche äußere Widerspiegelung Ihrer inneren Arbeit, und dies kann einen manchmal wirklich überwältigen und mit großem Dank erfüllen.

Das alles sind Geschenke, die zu Ihnen kommen, ohne dass Sie sich anstrengen müssen. Aber für eine Sache müssen Sie da draußen im richtigen Leben einstehen: Sie müssen sich selbst treu sein. Je mehr innere Arbeit Sie tun, desto feiner wird Ihre Wahrnehmung. Und je feiner Ihre Wahrnehmung wird, desto unangenehmer fühlt es sich an, wenn Sie nicht gut auf sich aufpassen, sich wieder zu viel aufladen, es wieder zu sehr den anderen recht machen, wieder zu wenig mit sich in Kontakt sind und nicht Ihrem Herzen, sondern der Gewohnheit oder den Vorstellungen anderer folgen.

Wenn ich innere Arbeit mache, muss ich dann nicht auch im äußeren Leben etwas ändern?

Unsere Erfahrung ist, dass Sie nicht umhinkommen, das äußere Leben nach Ihren inneren Entwicklungen und Einsichten neu auszurichten, sonst entsteht eine Art Stau. Es ist, als ob Sie Feuer unter dem Kochtopf machen und gleichzeitig den Deckel zuhalten. Irgendwann werden Sie wohl oder übel Ihren Alltag und Ihre Beziehungen einer Prüfung unterziehen müssen und eine Beziehung vor alle anderen Beziehungen setzen – und zwar die zu Ihrem Herzen. Wenn Sie das tun, werden Sie merken, dass einige Dinge nicht mehr passen.

Da gibt es eine Freundin, mit der konnten Sie jahrelang über alles reden. Aber jetzt haben Sie das Gefühl, unterschiedliche Sprachen zu sprechen und nicht mehr zusammen lachen zu können. Da hatten Sie jahrelang Spaß an etwas, und auf einmal haben Sie keine Lust mehr dazu. Da gab es immer einen Antrieb, einen Ehrgeiz, etwas zu tun, und auf einmal ist der Reiz weg. Vor allem aber merken Sie, dass Sie viele Male und viele Jahre Dinge ausgehalten haben, die Sie jetzt einfach keinen Tag länger ertragen können – sonst ersticken Sie an Ihrer eigenen Wahrheit oder werden krank.

Das Paar ist für einen Tag bei uns zum Paarcoaching. Der Mann ist wütend und im Einzelgespräch mit mir, Wolfram, sehr scharf in seinen Urteilen über seine Frau, die sich in einen anderen verliebt hat. Irgendwann unterbreche ich ihn und frage: »Wenn Sie wirklich ehrlich zu sich wären, was wäre dann anders in Ihrem Leben?« Er guckt verdutzt und schweigt wie ausgebremst. »Ich würde mir wieder ein Motorrad kaufen«, sagt er zaghaft. Dann, nach einer Pause: »Ich würde den Job hinschmeißen oder mich endlich ins Ausland versetzen lassen, wo meine Frau nie hinwollte.« Er setzt sich auf. »Ich würde ...« es gibt eine längere Pause, bis ihm eine Kröte förmlich aus dem Hals springt: »Ich würde meiner Frau gestehen, dass ich schon vormittags Pornos gucke, dass ich unser Leben langweilig und unser perfekt aufgeräumtes Zuhause schrecklich finde. Ach, eigentlich ist unsere Ehe schon lange scheiße. Und eigentlich hat meine Frau ja recht, wenn Sie sich einen anderen sucht.«

Den ganzen Tag kommt in den Gesprächen viel auf den Tisch, was keiner von beiden sich selbst eingestanden oder gar dem anderen offenbart hätte. Auch dieses Paar war eins der vielen perfekt funktionierenden Teams, von dem Freunde glaubten, es mit einer Bilderbuchehe zu tun zu haben. Bis sie sich nach einer Brust-OP entschied, dem Kirchenchor beizutreten und sich dort in einen anderen Mann verliebte. »Beim Singen hatte ich auf einmal wieder Gefühle. Mit meinem Chorfreund habe ich über Gott reden können, statt vor dem Fernseher zu sitzen. Ich musste mich nie erklären, aber er verstand alles trotzdem sofort. Alles was in meinem Herzen los war.«

Am Ende unseres Coachingtags gingen beide sehr still nach Hause. Wir hatten ihnen geraten, sich erst einmal loszulassen und jeder für sich zu klären, was er eigentlich vom Leben und einer Beziehung erwartet.

Ein halbes Jahr später erreichte uns eine kurze E-Mail von ihm: »*Ich sitze gerade in unserem leeren Haus, eben ist der Möbelwagen mit all unseren Sachen abgefahren Richtung Lissabon, wo ich ab Montag meinen neuen Job antrete und unsere ganze Familie mindestens zwei Jahre leben wird. Meine Frau fährt mit den Kindern das Auto runter und ich mein neues Motorrad. Wir wissen nicht, wie es werden wird, aber wir haben ein neues Leben. Danke.*«

Wenn der Ehesegen schiefhängt, braucht es für viele Paare tatsächlich zuerst einmal die mutige Entscheidung, sich loszulassen und herauszufinden, was dem eigenen Herzen wieder zum Leben verhilft. Das kann beunruhigend sein. Denn wenn Sie nicht mehr wie gewohnt weitermachen – mit was auch immer –, macht Ihnen das wahrscheinlich zuerst Angst. Angst vor dem Unbekannten. Angst, etwas zu wagen. Angst, jemanden zu verlieren. Angst, Sicherheit zu verlieren. Angst zu verletzen. Angst, zum Außenseiter zu werden und allein zu sein. Angst vor der Leere, die sich auftut, wo früher die Gewohnheit war. Angst, langsam eine Meise zu haben und hoffentlich endlich wieder normal zu werden, so wie früher, als alles irgendwie leichter ging.

Kürzlich schrieb ich, Eva, nach einem Coachingabend mit einer kleinen Gruppe von Frauen, die ich über ein halbes Jahr am Telefon begleite, eine E-Mail an die Frauen:

Liebe Frauen, ich habe viel über unseren letzten Abend nachgedacht. Ich würde Ihnen allen so gern sagen: »Hallo, Sie

sind die Schöpferinnen Ihres Lebens!« Aber Sie müssen schöp-
fen!! ;-) Beim letzten Mal kam ich mir vor wie eine Kellnerin
in einem leckeren Restaurant, die zu ihren Gästen an den
Tisch geht und fragt: »Guten Tag, was hätten Sie gern?« Und
Sie antworten: »Oh, ich hatte solche Magenbeschwerden von
der letzten Schweinshaxe. Ich vertrage Schweinshaxe nicht
mehr.« Ich sage: »Möchten Sie heute dann vielleicht etwas an-
deres? Etwas, das für Sie besser verdaulich ist? Wir haben
köstlichen frischen Fisch oder leckeren Apfelkuchen zum
Nachtisch.« Sie antworten: »Ach ja, das hört sich gut an. Aber
ich glaube, ich nehme doch wieder die Schweinshaxe.« Na,
und dann gucke ich als Kellner verwundert, gebe Ihre immer
gleiche Bestellung in die Küche und ahne, dass Sie sich wieder
den Magen verderben. Das macht mich traurig, weil ich doch
weiß, dass es so viele Köstlichkeiten für Sie auf der Karte gäbe,
die Ihnen besser bekämen.

Warum tun Sie das? Warum »essen« Sie immer wieder etwas,
das Ihnen nicht bekommt? Ganz einfach deshalb, weil Sie
nichts anderes gelernt haben. Sie sind im Zweifel seit Kinder-
tagen daran gewöhnt, dass es sich nicht gut anfühlt und Ihnen
tief im Inneren nicht wirklich bekommt, wenn Sie mit Men-
schen in Kontakt kommen und Ihre Liebe teilen möchten. Des-
halb ist es jetzt dringend nötig, dass Sie eine Entscheidung
treffen – die NIEMAND ANDERS für Sie treffen kann: Will
ich mal etwas Neues von der Karte probieren – auch wenn ich
es noch nicht kenne? Will ich einen Schritt ins Unbekannte
wagen???

Oft sind es Frauen, die lange in Beziehungen bleiben, obwohl
sie wissen, dass sie ihnen nicht guttun; in denen sie bereits
x-mal die gleichen Hoffnungen gehegt und die gleichen Ent-

täuschungen erlebt haben. Frauen, die bleiben, aushalten und verstummen, nur um nicht allein zu sein. Wirklich bewusst hinzuschauen, wo ich mich selbst verleugne, um in Kontakt zu bleiben, ist alles andere als leicht, aber es ist wichtig. Wer will es schon fühlen, auch wenn jeder damit zu tun hat: die uns alle einende Sehnsucht nach Verbindung und unser aller Abhängigkeit davon, was andere über uns denken und wie viel Liebe sie für uns übrig haben.

Fast jeder von uns hat seine eigene innere Führung im Laufe der Jahre und Jahrzehnte schon geopfert, nur um nicht anders als die anderen und womöglich allein zu sein. Erinnern Sie sich vielleicht noch daran, wie Sie als kleines Mädchen Prinzessin gespielt haben? Oder haben Sie kleine Mädchen mal dabei beobachtet? Sie warten nicht, bis jemand anders sie zur Prinzessin kürt. Sie sind völlig eins mit ihrem Dasein als Prinzessin. Sie strahlen und sind so stolz, wenn sie sich im Spiegel sehen. Niemand könnte schöner sein.

Das ändert sich im Laufe des Lebens dramatisch, bis die meisten von uns fast alles, was sie tun, an Normen der Gesellschaft und den Ansprüchen anderer festmachen. Und das führt unweigerlich dazu, dass wir immer auf der Suche nach einem Feedback von anderen sind, das uns bestätigt. Dass wir uns durch die Anerkennung anderer besser fühlen wollen, die sich im Gegenzug aber auch durch unsere Anerkennung besser fühlen wollen. Eine Zeit lang geht das vielleicht gut, wenn ein anderer mir sagt, dass ich seine Prinzessin sei. Aber irgendwann werde ich auf diese Weise abhängig, unerfüllt und unsicher, weil ich so immer mehr den Kontakt zu meinem ureigenen natürlichen Prinzessinnengefühl, meiner inneren Verbundenheit und meinem Leitsystem verliere. Bis ich den Mut finde, loszulassen und wieder nach meinem eigenen Weg zu suchen.

Kommt man überhaupt noch mit dem normalen Leben klar, wenn man sich so intensiv mit sich selbst beschäftigt?

Wir müssen Ihnen aus eigener Erfahrung gestehen: Wenn man erst einmal begonnen hat, den Weg zu sich selbst aktiv zu gehen, wird sich die sogenannte Normalität nie wieder normal anfühlen. Das ist ein Weg ohne Rückfahrtticket, der den Helden eben unweigerlich durch den dunklen Wald führt. Man verliert alte Bindungen, alte Gewohnheiten und alte Sicherheiten – aber man kommt immer mehr in Einklang mit sich selbst, und natürlich trifft man auch neue Menschen oder findet auf ganz neue Art und Weise mit den alten Menschen zusammen, sofern sie dazu bereit sind. Trotzdem – das fühlt sich nicht immer leicht an.

Das Einzige, was ich wollte, war dem Drängen meines Herzens zu folgen. Warum war das nur so schwer? Diese Frage habe ich, Eva, mal irgendwo bei Hermann Hesse gelesen. Ich kann Ihnen nicht sagen, warum das für andere schwer ist. Aber ich kann Ihnen sagen, warum es für mich nie leicht war. Warum es aber das Einzige ist, das Sie wirklich in Einklang und tiefe Verbundenheit mit sich selbst bringt. Schon als Kind verstand ich die Menschen um mich herum oft nicht. Ich weiß, dass es mir im Herzen wehtat, wenn andere Kinder ausgrenzend und grausam zueinander waren. Und alles hat in mir rebelliert, wenn meine Mutter in der Zeit meines Heranwachsens mit aller Macht versucht hat, mich dazu zu bringen, bei Lehrern und anderen in ihren Augen wichtigen Menschen »normal« zu sein, nicht aufzufallen und den Weg des geringsten Widerstandes zu gehen.

Manchmal ist es ganz banal: Wir haben keine Lust, mit unserer Nachbarin zu telefonieren, und behaupten einfach, wir müssten jetzt die Kinder zum Turnen fahren. Manchmal wiegt es schwerer: Wir bauen Häuser, fahren Autos, laden Leute ein, die wichtig für unser Ansehen oder unsere Karriere sind, die uns aber nicht wirklich erfüllen. Manchmal wird es existenziell: Wir gehen einer Arbeit nach, mit der wir viel Geld verdienen, deretwegen wir aber kaum noch schlafen können. Manchmal raubt es uns die Seele: Wir schlafen nur noch aus Pflicht mit unserem Partner und fühlen uns danach nur leer und benutzt. Das Schlimme ist nicht, dass wir das alles tun – das ist menschlich. Das Tragische ist, dass wir versuchen, die Angst, die dahinter liegt, vor uns und vor anderen zu verbergen. Dass wir das alles nur deshalb tun, um in der Verbindung bleiben zu können, um weiter geliebt, um nicht verlassen zu werden.

Meine Lehrer, meine Mutter, ja sogar die meisten Kinder bei uns lebten nach ganz anderen Spielregeln als mein Herz, das mir so oft etwas sagte, was völlig abwich von dem, was ich als allgemeingültig erlebte, und erst recht von dem, was mir als Moral, Sinn und Zweck meines Lebens beigebracht wurde. So stand ich häufig vor der Wahl, entweder nicht auszudrücken, was ich von meinem Herzen hörte, oder Unverständnis und Ärger zu ernten, wenn ich es doch tat. Später an der Uni saß ich in den Vorlesungen und wusste nicht, wie ich die Augen offenhalten sollte. Aber nicht, weil ich am Abend vorher zu viel gefeiert hatte, sondern weil mich nichts von dem, was da vorne gesagt wurde, wirklich berührte. Erst machte ich mir Vorwürfe, aber dann gestand ich mir ein, dass ich einfach überhaupt kein Interesse an akademischem Wissen hatte. Ich wollte das Leben ergründen und seine Geheimnisse entdecken, statt zu hören, zu lesen und auswendig zu lernen, was Menschen über die Gedanken anderer Menschen aus anderen Zeiten zusammengeschrieben hatten und was ich, als einen weiteren Aufguss von einem Aufguss, erneut hätte zusammenschreiben sollen. Ich war unendlich neugierig und voller Forscherdrang, aber ich wollte leben und daraus lernen.

Später als Journalistin hatte ich Chefs, traf Minister, Untergrundkämpfer, Industrielle, Priester, ja sogar Präsidenten. Ich konnte machen, was ich wollte, aber ich konnte in meinem Herzen für niemanden besonderen Respekt oder besondere Hochachtung empfinden, nur weil er einen bestimmten Rang hatte oder mir vorgesetzt war. Hingegen war ich bereit, mich vollkommen vor jemandem zu verneigen, ihm zu folgen und ihm mein Herz zu schenken, wenn er seine außergewöhnliche Integrität und Echtheit mit mir und anderen teilte, egal wie unbedeutend seine Position war.

Auch in den ersten Jahren meiner Ehe beschäftigten mich lauter Fragen, die scheinbar niemanden sonst interessierten. Irgendwie konnte ich nicht fragen: Wie geht es dir oder Ihnen, ohne eine echte Antwort zu erhoffen. Bei manchem Tischgespräch fühlte ich mich wie vom anderen Planeten, während alle sich köstlich zu amüsieren schienen. Wenn ich bei einem Abendessen mit Freunden oder gar mit Kollegen meines Mannes wagte, über das zu sprechen, was mich wirklich in der Seele beschäftigte, oder erst recht über das, was ich gerade mit jemandem im Gespräch tief innerlich wahrnahm, dann kam dieser Blick von meinem Mann, der ausdrückte: »Bitte nicht! Sei einfach normal und vermassele den Abend nicht.«

Selbst als ich bereit war, mein altes Berufsleben, ja sogar meine Ehe zur Disposition zu stellen, um mich zu meinem inneren Weg mehr und mehr zu bekennen, gab mein Herz oft keine Ruhe, wo ich sie doch so sicher vermutet hätte. Immer mehr Freunde von mir fanden ihre Zugehörigkeit in Gruppen rund um den einen oder den anderen spirituellen Lehrer. Sie sagten: Ja, dieser Mensch kennt den Weg, weiß die Wahrheit und führt mich zum Glück. Sie machten Ausbildungen bei diesem Menschen, sprachen eine neue gemeinsame Sprache und richteten sich ein in ihrer jeweiligen spirituellen Welt mit einem Gefühl, eine neue Familie gefunden zu haben. Aber meinem Herzen schien auch das zu eng. Irgendwie fühlte sich auch das ausgrenzend an, nur aus einer anderen Richtung und auf eine neue Weise.

Und noch später, als ich mich schon getraut hatte, meiner Stimme im Herzen endgültig laut und öffentlich Ausdruck zu verleihen und Bücher zu schreiben über das, woran ich glaube, wurde ich viele Male gefragt, ob ich nicht andere Menschen ausbilden möchte. Aber jedes Mal, wenn ich auch nur darüber nachdachte, gab es etwas in mir, das zusammenzuckte: »Wie willst du andere auf DEINEM Weg ausbilden?« Das klang vielleicht auf den ersten Blick verlockend, aber dann, bei wirklichem Hinfühlen, total verrückt. Ich habe meinen Weg, und Sie haben Ihren Weg. Ich kann Ihnen von meinem Weg erzählen, und Sie können nach innen gehen und schauen, ob etwas in Ihnen damit in Resonanz geht oder durch meinen Impuls zum Leben erwacht. Aber am Ende müssen Sie Ihren Weg finden und ich meinen. Ich kann Sie nicht mit auf meinen Weg nehmen und Sie schon gar nicht lehren, meinen Weg zu gehen. Das, was uns vereint, ist die Quelle, mit der wir alle tief im Inneren verbunden sind. Aber diese gemeinsame Quelle erhellt Ihren ganz individuellen Weg genauso wie meinen.

Ich erzähle Ihnen hier die Geschichte meines Herzens in der Hoffnung, dass Sie sich Ihre eigene Geschichte in Erinnerung rufen und sich fragen: Was ist der Weg MEINES Herzens in diesem Leben? Die große Verirrung auf dem Weg von *Liebe dich selbst* war, dass viele Menschen nach dem Lesen des orangefarbenen Buches das Gefühl hatten, sie müssten jetzt alles und jedes von anderen Menschen gutheißen und überall verständnisvoll sein. Und wenn sie etwas nerve, dann ginge es darum, immer die Ursache bei sich selbst zu suchen, in den anderen den eigenen Widerstand oder die eigenen Verletzungen entdecken und deshalb in Beziehungen bleiben, die ihnen nicht guttun. Nein! *Liebe Dich selbst* fordert Sie zwar auf, die Projektion des eigenen Schmerzes auf andere aufzugeben und damit die Opferhaltung abzulegen. Aber dann sind SIE dran. Dann dürfen Sie für sich sorgen und die Dinge loslassen, die Ihnen nicht guttun. Dann heißt es, Freundschaft mit sich selbst zu schließen und dem Drängen Ihres Herzens zu folgen, auch wenn es Sie Nein zu einem Menschen oder zu einem bereits eingeschlagenen Weg sagen lässt.

Werde ich nicht zu einem Außenseiter, wenn ich wirklich lebe und sage, was mir wichtig ist?

Oft stand ich in meinem Leben vor der Wahl, die da lautete: Wenn du dir ein Gefühl von Zugehörigkeit wünschst, dann bring dein Herz zum Schweigen. Willst du auf dein Herz hören, dann nimm in Kauf, dass du ein Außenseiter bist. Und das ist meine persönliche Antwort auf die Frage, warum es so schwer ist, dem eigenen Herzen zu folgen: Weil es so schwer ist, ein Außenseiter zu sein. Aber gleichzeitig weiß ich, dass ich meine eigene Wahrheit, meinen Einklang mit dem Leben, meine Verbindung zu Gott nur erleben kann, wenn ich meinem Herzen folge. Also bleibt mir nur die Wahl, ihm zu folgen – auch wenn es mich manchmal zum Außenseiter macht.

Ich glaube, auf Dauer ist das auch die einzige Wahl, die Sie haben, wenn Sie wirklich Erfüllung und Einklang finden wollen. Wenn Sie innere Arbeit tun, kommen Sie sich selbst näher. Aber dann zeigt sich eben auch deutlicher Ihre innere Wahrheit und damit Ihr wahrhaftiger äußerer Weg. Sie finden Ihre Wahrheit nicht, indem Sie die gesellschaftlichen Normen da draußen widerspiegeln, Ihre Erfüllung im Erfolg suchen oder sich gar im Leben Ihres Partners verlieren. Sie finden Ihre Wahrheit auch nicht, indem Sie noch als erwachsener Mensch versuchen, den Ansprüchen und Vorstellungen Ihrer Eltern gerecht zu werden – etwas, das wir alle tun mussten, um in unseren Herkunftsfamilien unseren Platz zu finden und akzeptiert zu werden.

Gerade kommen wir von einem Paarseminar wieder. Da passierte irgendwann, was meistens auf einem Paarseminar passiert: Alle Teilnehmerfragen drehten sich um die Herkunftsfamilie und um die Angst, den Eltern eine klare Grenze zu setzen oder sich auf gesunde Art als erwachsener Mensch von einem oder beiden Elternteilen abzunabeln. Was hat das Elternthema mit dem Paarsein zu tun? Jede Menge!

Eine Frau hatte das Gefühl, dass ihr Mann immer wieder »umfallen« würde, wenn seine Herkunftsfamilie ins Spiel kam: »Gerade hatten wir eine Verabredung, dieses Mal klar »Nein« zur Familienfeier seiner Eltern zu sagen, dann ruft seine Schwester oder sein Vater an, und schon sagt er wieder zu. Ich habe einfach nicht das Gefühl, mit meinem Mann eine eigene Familie und eine echte Partnerschaft auf Augenhöhe aufbauen zu können.« Ein Mann erzählte, dass die Eltern seiner Frau einen Schlüssel vom Haus hätten und vom ersten Tag der

Ehe einfach so ein und aus gegangen seien, ohne auch nur zu fragen. »Eigentlich behandeln sie meine Frau immer noch wie ein Kind. Wir hatten nie Raum für uns.«

Eine andere Frau hatte das Gefühl, dass ihr Mann ihr gegenüber ganz schnell dichtmachen würde und wie von jedem Kontakt abgeschnitten sei, wenn Sie ihm emotional zu nahekomme oder sich mehr Engagement von ihm im Familienalltag wünschte. Es stellte sich heraus, dass seine Mutter ihn von klein auf wie einen Ersatzehemann behandelt hatte, nachdem sein Vater die Familie früh wegen einer anderen verlassen hatte. Ihm war bis dahin überhaupt nicht klar gewesen, wie sehr er unter dieser Rolle als Mamas geliebter Sohn gelitten hatte und wie wenig er seitdem in der Lage war, sich einer Frau gegenüber wirklich zu öffnen, ohne gleich Angst zu haben, dass auch sie all ihre Last und ihre emotionale Bedürftigkeit auf ihn laden würde, wie er das unzählige Male mit seiner Mutter erlebt hatte.

Je mehr ich spüre, was mir wirklich guttut, desto mehr habe ich das Gefühl, vor der Entscheidung zu stehen: »Ich oder die anderen«. Das kann doch nicht die Lösung sein?

In unseren Gesprächen bekam dieser Mann ein ganz neues Bewusstsein von sich selbst: »Eigentlich habe ich nie in der Nähe meiner Mutter das Gefühl, wirklich das tun zu können, was ich fühle, ohne ein schlechtes Gewissen zu haben. Immer habe ich meiner Mutter gegenüber Schuldgefühle, wenn ich nicht anrufe, wenn ich mich nicht kümmere. Und am schlimmsten, wenn ich merke, dass ich sie überhaupt nicht vermisse.«

Bei dem Stichwort »Schuldgefühle« ging ein Raunen durch die Gruppe, so ein »Ja, das kenne ich auch.« Es wurde deutlich, dass die meisten im Raum bereits sehr früh erlebt hatten, sich bei etwas schlecht zu fühlen, was sich in ihrem Inneren eigentlich gut angefühlt, wonach es ihr Herz gedrängt hatte. Sie haben durch ihre Umwelt, ihre Eltern, Lehrer oder Freunde immer wieder vermittelt bekommen, dass sie falsch sind, wenn sie so sind, wie sie sind, und nicht so, wie es den Vorstellungen und dem Wertesystem der anderen entspricht. Und das hat Schuldgefühle hinterlassen und für viele Blockaden in Beziehungen gesorgt.

> *Unser Leben kann so spannend werden, unser Alltag zu einem Abenteuer und unsere Beziehung neu und erfüllend, wenn wir den Mut wiederfinden, uns zu überwinden und ganz zu geben. Wenn wir uns ganz geben, dann heißt das, dass wir uns zeigen. Wir sind so, wie wir gerade sind. Wir leben unser Innerstes, wir sind wir selbst, wir sind authentisch.*

Ich fühle mich mit einem anderen Menschen wohl, wenn ich so sein kann, wie ich bin. Die meisten Beziehungen verlieren ihre Kraft und Lebendigkeit, weil zwei Menschen nicht mehr wissen, wie sie loslassen und ihre unmittelbaren Gefühle miteinander teilen sollen. Weil sie stattdessen zunehmend nur noch funktionieren und Normen und Pflichten erfüllen. Viele werden dabei im Laufe der Jahre krank. Wenn Sie wieder lebendig und freudvoll, zärtlich und verletzlich, ein bisschen unbekümmerter und spontaner miteinander sein und nicht stecken bleiben wollen in einem Leben der Aufopferung, dann ist es wichtig, dass Sie aus Ihrem Kokon schlüpfen und sich einen Abnabelungsprozess von den Werten und Ansprüchen anderer und Ihrer Vergangenheit erlauben. Dann müssen Sie sich oft und regelmäßig darin üben, die feinen Impulse Ihres Herzens ernst zu nehmen und etwas nicht mitzumachen, wenn es Ihnen nicht guttut. Oder etwas anderes zu machen, einen anderen Weg einzuschlagen als jemand, der Ihnen nahesteht, ganz einfach, weil es Ihrem Herzen nicht entspricht. Im Beziehungsalltag braucht es immer wieder Zeit und Ruhe, um wirklich mit sich zu sein und das innere Zwiegespräch zu suchen und zu üben. Und es braucht die Bereitschaft, bei den Menschen, die man liebt, auch unangenehme Themen anzusprechen und sich um der Liebe willen zu öffnen und zu konfrontieren. Manchmal heißt, dem eigenen Herzen zu folgen, eben auch, eine Beziehung erst einmal sein zu lassen.

Am Ende bedeutet, dem eigenen Herzen zu folgen, sich »schuldig« zu machen in dem Sinne, dass Sie Verantwortung für Ihre Bedürfnisse übernehmen, erwachsen werden und Nein zu anderen sagen, um endlich Ja zu sich selbst sagen zu können. Sie werden andere enttäuschen müssen, wenn Sie sich treu bleiben oder treu werden wollen. Aber das macht Sie nicht schuldig, sondern erwachsen und verlässlich. Und das gibt anderen die Möglichkeit, ebenfalls Kurskorrekturen in ihrem Leben vorzunehmen. Tatsächlich gibt es in Wirklichkeit keine Schuld, sondern einfach nur den Weg Ihres Herzens und den Weg meines Herzens.

Wut haben, statt wegmeditieren

»Wir tendieren häufig dazu,
bestimmte Emotionen als negativ
oder falsch zu verurteilen. Möglicherweise
schaffen wir es auch, uns gegen diese
Gefühle zu stemmen, das erhöht aber oft
nur unser Leid. Denn jedes Gefühl hat
uns etwas Wichtiges zu sagen. Wenn wir
jedes unserer Gefühle zulassen und es
in liebevollem Bewusstsein annehmen,
verbessern wir unsere Beziehung
zu uns selbst und zu anderen,
wir schaffen authentische und
ganzheitliche Beziehungen.«

Deepak Chopra

Deepak Chopras Appell würde ich, Wolfram, gern vielen Frauen in
meinen eher pragmatischen Worten ans Herz legen: Liebe Frauen,
bitte stehen Sie zu Ihrem Frust und zu Ihrer Wut auf das Schweigen
und den emotionalen Rückzug Ihrer Männer. Und lassen Sie sie ruhig auch mal raus, damit die Gefühle auf beiden Seiten wieder fließen können.

Es gibt wie bei allem natürlich auch bei der inneren Arbeit Fallen und Sackgassen. Eine Gefahr bei der inneren Arbeit besteht darin, alle Schwierigkeiten und die dazugehörigen »schlechten« Gefühle »wegmeditieren« zu wollen. Lieber ziehe ich mich zurück und meditiere, als dass ich mal klar und unmissverständlich meine Grenzen aufzeige und meinem Partner, meinen Eltern, meinem Chef … sage, dass es jetzt genug ist. Die meisten von uns sind es von klein auf gewohnt, ihre Gefühlswelt in gute und in schlechte Gefühle einzuteilen. Gut sind die, die von der Umwelt akzeptiert sind. Schlecht sind die, die man hat, aber nicht haben sollte. Die müssen dann irgendwie weg: weggedrängt, weggelächelt, weggegessen oder wegmeditiert werden.

Wir werden später noch zu einem Thema kommen, das auf diesem Weg eines der Kernthemen schlechthin ist: den eigenen Schmerz wirklich zu fühlen, anzunehmen und durch Mitgefühl und Präsenz zu befreien, statt sich von ihm weiter unbewusst sabotieren oder in Sucht, Kompensation oder Isolation treiben zu lassen. Aber den eigenen Schmerz anzunehmen, heißt nicht, ihn wegzumeditieren oder in eine heilige, spirituelle Kiste zu sperren. Wir brauchen eine gesunde, aggressive Kraft, um Neues zu gebären, uns aus einem alten Sumpf herauszuziehen und für uns und die, die wir lieben, gut sorgen zu können.

Tappen Sie jedoch nicht in die hinterlistige Falle, die sich auf diesem Weg versteckt hält, und schneiden Sie sich nicht heroisch von Ihren Schmerzen und alten Verletzungen ab, indem Sie Großmut und Verständnis für jegliches Verhalten anderer von sich fordern. Gut verdrängt bewirken Verletzungen eine Art innere Vergiftung – nicht gelebte Trauer führt häufig zu Depressionen. Die Mundwinkel hochzuziehen und gönnerhafte Nachsicht mit den anderen zu üben, sie zu entschuldigen oder gar unsere Verletzung zu verleugnen, hat nichts mit Vergebung zu tun. Es geht beim Vergeben vielmehr um einen radikalen Wechsel des Standpunktes: »Ich will nicht länger die Opferrolle übernehmen, und ich will mich auch nicht länger schlecht fühlen. Deshalb lasse ich das alles jetzt los und kümmere mich mit meiner ganzen Kraft um meinen Weg!«

Letzte Woche saß ein Paar in den Fünfzigern in unserer Praxis und schaute sehr freundlich drein. Er trug sachlich und sehr gefasst vor, dass er ein Jahr lang eine Affäre mit einer anderen Frau aus seinem geschäftlichen Umfeld hatte, sich aber nun entschieden habe, zu seiner Frau zurückzukehren. Seine Frau neben ihm lächelte und zeigte sich sehr verständnisvoll und einsichtig in Bezug auf das, was er als Begründung für seinen Ausbruch aus der Ehe vortrug, und sie schien auch mit dem Neustart, den er nun ins Auge fasste, einverstanden zu sein. Und tatsächlich schien das, was er sagte, auch für uns im Kontext von *Liebe dich selbst* Sinn zu ergeben. Beide waren sehr reflektiert und hatten in vielen Gesprächen herausgefunden, was in den letzten Jahren schiefgelaufen war. Und trotzdem gab es einen Haken. Irgendwie fühlte sich das Gespräch an wie ein Frühlingsspaziergang – durch ein Tretminenfeld.

Im Verlauf des Gesprächs spitzte sich nach und nach alles auf das Thema »Sexualität« zu. Sie hatte schon viele Jahre keine Lust mehr gehabt, und er war sich wie ein Bittsteller vorgekommen, bis er sich schließlich auf die leidenschaftliche Affäre eingelassen hatte. Nun standen sie vor der Frage, wie denn die Sexualität bei einem Neuanfang wieder in den Fluss kommen könne. An diesem Punkt verlor die Frau jegliche Entspanntheit und brachte einen ganzen Katalog an vergangenen Verletzungen und inneren Vorwürfen auf den Tisch: »Ich wollte einfach nicht mehr, weil du immer Sex wolltest, aber überhaupt nicht mit mir verbunden warst. Du kamst erschöpft von der Arbeit und hast gar nicht an unserem Privat- und Familienleben teilgenommen. Für dich zählte immer nur dein Job ... Du hast mir schon lange nicht mehr zugehört ... Du hast dich früher nie um die Erziehung unserer Kinder gekümmert, höchstens Kritik an meinem Erziehungsstil geübt ... Später hattest du deinen Sport und lauter Ehrenämter. Ich habe dir die ganze Zeit den Rücken freigehalten, aber du hast dich nie für meine Sachen interessiert.«

Aber ich kann doch nicht einfach sagen, was ich denke. Das gibt doch Stress?

Die Frau hier hatte ganz offensichtlich über die Jahre hinweg viel in sich angestaut, und nun, da der Damm gebrochen war, wollte der Frust aus der Vergangenheit gar kein Ende nehmen. Der Mann war sichtlich überrascht und überrollt von all den Beschwerden, was dazu führte, dass er schlagartig seine Freundlichkeit vom Anfang verlor und hart und unterkühlt reagierte. Es stellte sich heraus, dass seine Frau all die Jahre vieles nicht ausgesprochen, sondern immer wieder runtergeschluckt und mit sich rumgeschleppt hatte. Ich, Wolfram, fragte ihn, ob er merken würde, wie viel aufgestauten Frust es da in seiner Frau gäbe. Er meinte: »Nein, das sehe ich nicht so. Die Themen haben wir alle ja in den letzten Monaten schon besprochen und geklärt.« Seine Frau schwieg, aber es war, als ob sich eine unsichtbare Wand zwischen den beiden aufbauen würde. »Finden Sie das auch?«, fragte ich die Frau. Sie lächelte und schüttelte den Kopf. »Warum lächeln Sie?«, wollte ich wissen. »Ist Ihnen wirklich nach Lächeln zumute?« Sie schaute von ihrem Mann weg in eine andere Richtung.

Es wurde immer deutlicher, dass sie sich nicht in der Lage fühlte, ihrem Mann aktiv etwas entgegenzusetzen. Aber da sie innerlich jede Menge gegen ihn vorzubringen hatte, hatte sie sich im Lauf der Jahre einfach passiv gegen ihn verschlossen. So hatten die beiden sich schleichend in einen unausgesprochenen Machtkampf hineinmanövriert, in dem die Fronten unterschwellig immer verhärteter wurden, während beide oberflächlich betrachtet sehr umsichtig und respektvoll miteinander umgingen, viele Einladungen bei Freunden wahrnahmen und viel miteinander aufgebaut hatten.

Im Laufe des Gespräches fand die Frau mit unserer Unterstützung den Mut auszudrücken, was in ihr los war: »Es hatte ja keinen Sinn, reden zu wollen. Er hat sowieso gemacht, was er wollte. Und wenn ich reden wollte, wurde er ja immer gleich unterkühlt und wusste es besser«, meinte sie resigniert. »Irgendwann hab ich halt nichts mehr gesagt. Aber Sex, das ging dann auch nicht. Ehrlich gesagt war der Sex meine einzige Waffe. Aber das wird mir jetzt erst so richtig klar.«

Zum Machtkampf gehört es genauso, sich dem Druck und den Erwartungen des anderen zu entziehen, wie mit ihm um die Durchsetzung der eigenen Bedürfnisse zu rangeln. Ob mit einem zwanghaften Bedürfnis nach Ordnung und Klammern, hilflosem Entzug durch Chaos und Abwesenheit, körperlicher Verweigerung oder sexueller Gier – jeder versucht jetzt, die eigenen alten Ängste und Wunden so gut wie möglich im Inneren zu schützen, während er draußen entweder seine Ideale von Beziehung, vom Leben und vom Partner durchzusetzen versucht oder hofft, den anderen in die eigene Richtung zu manipulieren. Meistens gewinnt diesen Kampf keiner von beiden. Stattdessen verhärten sich nun die Positionen.

Während einer immer heftiger nörgelt, entzieht sich der andere immer weiter. Aus der einstmals so besonderen und perfekten Ergänzung wird jetzt der Mensch, den es zu bezwingen oder dem es zu entfliehen gilt, weil er einem die meisten Schmerzen zufügt. ∞

Selten hat es eine Frau so klar formuliert: »Schweigen, Rückzug, Sexboykott als Waffe.« Das ist sehr oft der Fall, wenn einer von beiden seine Wut, seinen Frust und seine Grenzen nicht ausdrücken kann. Oft liegen die Dinge ähnlich wie bei diesem Paar: Es gibt im täglichen Leben Themen, bei denen beide nicht zueinanderkommen, aber auch keinen Weg finden, etwas zu akzeptieren, etwas loszulassen und eine gemeinsame Lösung zu suchen. Oft entsteht ein ausgesprochener oder unausgesprochener Graben. Einer versucht, sich aktiv durchzusetzen, seinen Weg irgendwie weiterzuverfolgen und sein Ziel zu erreichen, während der andere sich zunehmend in seine eigene innere Welt oder in ein Parallelleben zurückzieht. Das heißt aber nicht, dass dieser Partner wirklich unterlegen wäre oder die Fronten geklärt wären. Die Kräfte verlagern sich einfach nur ins Unsichtbare – unter die Wasseroberfläche in den Eisbergrumpf. Und da wirken sie munter weiter, wie wir ja schon vorher erklärt haben. Bei Frauen führt das sehr oft dazu, dass sich ihr Körper beim Sex verschließt. Dort, wo die Frau schweigt, spricht der Körper unmissverständlich: »Nein. Hier ist Stopp. So ist das für mich nicht richtig. Hier bin ich nicht offen für dich. Hier ist die Grenze.«

Aber auch der andere Partner, der scheinbar eher bestimmen kann und auch immer noch in der Lage ist, aktiv seine Ziele und seinen Weg zu verfolgen, wird unterschwellig zunehmend machtloser. Als dem Mann in unserem Gespräch klar wurde, was da los war, wurde er ziemlich wütend und drohte ihr: »Gut, wenn das so ist, dann kann ich ja zu ihr gehen. Warum sollte ich zurückkommen? Damit du mich mit dem Sex klein hältst, während ich bei der anderen alles kriegen kann? Vergiss es!« Seine Frau drehte wieder den Kopf weg und schwieg.

Kann ich durch regelmäßige innere Arbeit meinen ganzen angesammelten Frust, meinen Groll und meine Wut wegkriegen?

Können Sie. Aber nicht, weil Sie besser in der Lage sind, ihn zu zügeln, sondern indem Sie mutiger werden, um im Moment präsent zu sein und sich Gehör zu verschaffen. Ich, Eva, fragte die Frau in unserem Gespräch, ob sie schon mal eine Tasse an die Wand geworfen habe. Sie schaute mich fragend an, und ich erklärte ihr den Hintergrund für meine Frage. Diese Frau gehörte zu der großen Gruppe von Frauen, die sich keine offen ausgelebte Wut erlauben und stattdessen in eine Mauer des Schweigens erstarren, wenn etwas für sie nicht richtig ist. So wie viele Frauen immer wieder mit ihrem Verstand nach Erklärungen suchen und um des lieben Friedens willen bereit sind, ihren unmittelbaren Frust herunterzuschlucken. Dieses Erstarren und Herunterschlucken von Gefühlen führt unweigerlich zu einem inneren Stau, zu Groll und Depression, zu einer wachsenden Entfernung trotz verständnisvoller Worte und zu einem Ersterben von Lust und Lebendigkeit.

Deshalb erzähle ich manchmal die Geschichte mit der Tasse. Auch ich, Eva, konnte meiner Wut lange keinen Ausdruck verleihen. Lange habe ich versucht, meinen Mann zu beschwichtigen, wenn er laut wurde und nicht auf das, was ich fühlte, einging. Habe versucht zu verstehen, zu erklären und verbal zu überzeugen. Das alles hat den ungesunden Ablauf zwischen uns nicht unterbrechen können, nämlich, dass er lauter, unverbundener und aggressiver wurde und ich äußerlich beschwichtigender und innerlich frustrierter. Irgendwann gab es mal einen Moment, als sich diese Dynamik bereits einige Wochen zwischen uns aufgebaut hatte, da nahm ich plötzlich – völlig gegen meine übliche Natur – beim Abtrocknen des Geschirrs mitten in einem Gespräch mit ihm eine Tasse und schmiss sie mit voller Wucht gegen die nächste Wand »Rumms!«. Dabei sagte ich mit einer löwenartig kraftvollen Stimme: »Jetzt ist Schluss! Mir reicht's!«

Meine Worte waren so, dass nicht daran zu rütteln war. Da war Ende, und zwar deutlich erlebbar – für mich in meinem Körper und in meiner Stimme und für meinen Mann im ganzen Raum. Mein Mann war tatsächlich still. Es war für mich körperlich spürbar, wie in meinem Mann eine Spannung in sich zusammenbrach und er aus seinem Dauerangriff-Abwehrmodus bei sich selbst landete. Endlich herrschte echte Ruhe. Und ich selbst fühlte mich wieder deutlich mehr mit mir verbunden nach all den Wochen des Ausgleichens, Runterschluckens und der Psychoerklärversuche.

Ist es okay, auch mal Dampf abzulassen?

Mein inneres Gefühl und mein äußerer Ausdruck waren in diesem Moment endlich wieder komplett synchron. Ich war im Einklang mit mir – nicht im ängstlichen Beschwichtigungsmodus und auch nicht in einer Diskussionsendlosspirale ohne Ergebnis. Das tat gut, war unendlich befreiend und sorgte für Entspannung in meinem System.

> *Mit unseren Gefühlen kommt das Abenteuer auf jeden Fall zurück in unser Leben – wenn wir den Mut haben, sie wirklich anzunehmen, und uns bemühen, auch die scheinbar schlechten Gefühle in ihrer Botschaft zu verstehen: Tränen sind heilsam … Wut kann befreien … Auf jeden Fall sind es unsere Tränen, ist es unsere Wut – und deshalb sind sie zuerst einmal in Ordnung, auch wenn andere Menschen an ihnen teilhaben. Menschen an unseren Gefühlen teilhaben zu lassen ist etwas anderes, als sie auf sie zu richten. Wenn wir uns unsere Gefühle einfach wieder erlauben, dann nehmen wir sie weg von den anderen. Vielmehr übernehmen wir die Verantwortung für sie. Dann zeigen wir uns bewegt, aber wir suchen keine Schuldigen und auch keine Büßer.*

Nach diesem Ereignis war es zwischen meinem Mann und mir wie nach einem Gewitter, wenn die Luft wieder klar ist. Keine endlosen, unfruchtbaren Diskussionen, keine leisen Machtkämpfe, einfach wieder Raum für Partnerschaft. Tendenziell rutschen wir immer mal wieder in diese alte ungesunde Spirale, und dann wirkt es befreiend für uns beide, wenn ich, Eva, irgendwann in meine Kraft finde und wieder klar eine Grenze erlebbar und spürbar verkörpere. So ein »Rumms!« reinigt und ist wichtig für die Beziehungsgesundheit und für neue Entwicklungen. Schmerzliche Wahrheiten müssen irgendwann einfach mal raus und auf den Tisch, wenn sie die Beziehung nicht unterschwellig lähmen oder vergiften sollen.

Wenn dieses Paar hier wieder wirklich zueinanderfinden und sich auch die Tür zum Sex wieder öffnen soll, brauchen sie eine emotionale Öffnung – und die geht nicht ohne eine echte Bereinigung der alten Missverständnisse. Das hieße für die Frau eine neue Einsicht: nämlich dass es wichtig und nicht verwerflich ist, die eigene Wut einfach mal rauszulassen. Und dann ein aktives Anti-Runterschluck-Training im Alltag.

Wenn auch Sie ein Runterschlucker und stiller Groller sein sollten, dann braucht es jetzt erst mal ein »Rumms!«-Trockentraining. Lassen Sie Ihrer Fantasie ruhig freien Lauf und fragen Sie sich: Wie würde ich gern Dampf ablassen, wenn ich mich nicht zügeln würde? Was hätte ich beim letzten Mal, als er/sie wieder so hart, so störrisch, so rechthaberisch, so abwesend war, am liebsten getan, wenn ich mich nicht kontrollieren würde? Das ist wieder mal nichts, was Sie mit dem Verstand lösen können. Lassen Sie einfach Bilder hochkommen und stellen Sie sich vor, wie Ihr »Rumms!« aussehen müsste.

Ein energisches »Rumms!« könnte auch die Lösung für Ihre Probleme sein, wenn Sie schon lange mit dem Kopf nach einer Lösung für Ihre Partnerschaft suchen. Wenn Sie einer von denen sind, die schon so viel gemacht haben, so viele Bücher gelesen und Seminare besucht haben und sich so sehr bemüht haben, mit Ihrem Partner doch glücklicher zu werden und es einfach nicht gelingt. Wenn Sie tatsächlich immer noch bei ihm bleiben, aber ihn trotzdem immer wieder auf Abstand halten. Dann braucht es oft keine weitere Erkenntnis, sondern eine deutliche und ehrliche Entladung.

Wie kann ich Nein sagen und Grenzen setzen lernen?

Gerade die psychoaffinen, einsichtigen und immer verstehenden Menschen brauchen eine geübte und gelebte »Rumms!«-Praxis. Sonst laufen sie Gefahr, dass ihr ganzes Verstehenwollen nur dazu dient, ihre Gefühle nicht leben zu müssen, Konfrontationen aus dem Weg zu gehen und sich selbst aus Angst vor Ablehnung umweltkonform in Schach zu halten. Damit tun sie weder sich selbst noch ihrer Beziehung, noch ihrem Partner, noch ihren Kindern etwas Gutes. Sie sorgen überall für Stau und für freundlich-angepasste Distanz und ihren Kindern leben sie nicht vor, was diese so dringend im weiteren Leben benötigen: nämlich zu wissen, wie man unmittelbar gut für sich sorgt, sich eine ernst zu nehmende Autorität aneignet und sich sicher in den eigenen Grenzen erlebt.

Gerade Frauen sollten sich bewusst machen, dass ein gelebtes »Rumms!« sie nicht gleich zu einer meckernden Furie macht. Es widerspricht auch nicht einem spirituellen Leben oder einer gelebten Stille- und Achtsamkeitspraxis, mal Dampf abzulassen. Ein gelebtes »Rumms!« hat viele Gesichter: Es kann die fliegende Tasse sein, die Ihr Körper kraftvoll gegen die Wand schleudert und damit endlich spürbar die Tür öffnet für die aufgestauten Energien. Es kann aber auch ein unmissverständliches und deutlich ausgesprochenes »Nein!« sein – als Kinder sagten wir bei einem Spiel: »Stopp! Ohne Widerrede!« Es kann ein klarer, fester Blick in die Augen oder eine bewusst gewählte aufrechte Körperhaltung sein. Aber auch eine Tür, die Sie energisch hinter sich zumachen, oder ein Koffer, den Sie mal für eine Auszeit packen. Trainieren Sie ab jetzt bewusst Ihr persönliches »Rumms!«, und Sie werden sehen, dass sich, wenn Sie alte Türen schließen, ganz neue öffnen und sich echter Friede einstellen kann.

Eine Frau erzählte, dass sie sich nach einer Affäre ihres Mannes sehr verunsichert gefühlt und zu vielem Ja und Amen gesagt habe, was sie eigentlich gar nicht wollte. Irgendwann eröffnete ihr der Arzt, dass sie Krebs habe, was dazu führte, dass sie vieles in ihrem Leben hinterfragte und veränderte. »Ich begann ein Nein-Training«, erzählte sie. Ich habe immer wieder im Auto, wenn ich allein war, geübt, das Wort »Nein« wirklich kraftvoll auszusprechen. Ich habe angefangen, bei Auseinandersetzungen manches so zu machen, wie mein Mann es immer gemacht hat: Ich habe nur kurz und knapp erklärt, was ich nicht will, und gegebenenfalls die Diskussion abgebrochen. Außerdem habe ich begonnen, mich zuhause aufrecht hinzustellen, wenn ich etwas Wichtiges sagen wollte. Ich habe an manchen Stellen, an denen ich früher endlos mit meinem Mann und meinen Kindern diskutiert habe, einfach mein im Auto geübtes »Nein« von mir gegeben, und wenn sie dann eine Diskussion vom Zaun brechen wollten, bin ich aus dem Raum gegangen. Am Anfang war das hart, und ich kam mir auch albern vor, wenn ich Dinge tat, die mich vorher an meinem Mann genervt hatten, doch sie gaben mir jetzt neue Klarheit. Es brauchte auch ziemlichen Mut, bei mir zu bleiben, weil mich alle für verrückt hielten oder richtig wütend auf mich wurden, aber dann hat sich in meiner Ehe vieles bewegt. Heute haben Menschen einen anderen Respekt vor mir. Aber vor allem habe ich selbst wieder Respekt vor mir.«

»Rumms!« ist kein Rauslassen von Aggressionsschüben, kein sich Gehenlassen, und es geht auch nicht darum, andere fertigzumachen. Es hat eine sehr bewusste Qualität, auch wenn Ihnen mal die Hutschnur platzt. Es ist ein Ja! zu Ihnen

selbst und keine Attacke gegen einen anderen. Ein bewusstes
»Rumms!« gibt Ihrem Herzen Gewissheit: »Hey, ich kann
mich ja auf sie/ihn verlassen. Wenn es ernst wird, macht er/sie
den Mund auf.« Sie benehmen sich endlich wie der mutige
Freund, den Sie sich lange gewünscht haben.

Ihre Spielräume im Alltag und Ihr Selbstvertrauen wachsen,
und Sie werden entspannter, wenn Sie öfter gesunde Grenzen
setzen, statt sich abzulenken oder in angepasste Freundlichkeit
oder Meditation zu flüchten. Sie finden paradoxerweise mehr
Ruhe und authentische Sanftmut, wenn Sie auch Ihre Kraft leben, und mehr Offenheit, wenn Sie Ihre Grenzen auf gesunde
Art zeigen: Stopp! Hier beginnt mein Territorium, hier ist meine
Schmerzgrenze, hier ist mein Weg des Herzens ein anderer als
deiner. Das ist ein »Rumms!« für echten Frieden und die Liebe.

Ich möchte mir ja treu sein, aber ich möchte auch
unsere Harmonie nicht gefährden. Geht das?

Vorübergehend geht das nicht. Sehr oft ist es so, dass das Bedürfnis nach Harmonie in einer Partnerschaft eher eine Angst
vor Konflikten ist. Viele Menschen gehen jedem Streit aus dem
Weg, weil sie nie gelernt haben, sich konstruktiv auseinanderzusetzen. Dieses Ausweichen sorgt aber nicht dafür, dass zwei
aus vollem Herzen zusammenwachsen und Einklang finden,
sondern dafür, dass jeder zu heftige Ausschlag jenseits einer
unverfänglichen Mittellage im Keim erstickt wird. Eine Beziehung ist nicht deswegen gut, weil sich zwei fast nie streiten,
sondern weil zwei lernen, sich wirklich aufeinander einzulassen und miteinander zu wachsen und zu heilen. Und das bedeutet, unterwegs auch mal zu rangeln, neue Grenzen zu setzen und das Territorium zu klären.

Echte Harmonie ist eher ein Gefühl von Zusammengehörigkeit, das daraus entstanden ist, dass Sie mit Ihrem Partner
ein sicheres Fundament haben. Auf diesem Fundament können Sie sich auseinandersetzen, weil Sie sich sicher genug fühlen, um sich zu öffnen und sich auch mal verletzlich zu zeigen.
Sie wissen: Ich darf hier sauer oder enttäuscht sein, und mein
Partner ist in der Lage, damit umzugehen, auch wenn es unge-
mütlich wird.

Wir hören in unserer Arbeit sehr oft: »Ach, ich bin einfach
harmoniesüchtig, ich kann Streit nicht ertragen. Ich brauche
meinen Frieden. Dem Theater mit meinem Partner und den
Kindern gehe ich lieber aus dem Weg.« Harmoniesucht sorgt
nicht etwa für Harmonie, sondern sie ist einer der ganz großen
Nähe- und Beziehungskiller. In einer gesunden Partnerschaft
braucht es regelmäßig Entwicklungen. Wenn ein Mensch jedem Konflikt aus dem Weg geht, dann kann man ihn gar nicht
wirklich kennenlernen und mit ihm nie richtig in die Tiefe gehen. Wenn ich mit ihm streite, dann entstehen neue Räume
zwischen uns, und wir können aneinander wachsen. Denn zu
einer gesunden Partnerschaft gehört ein Austarieren der Kräfte
und die Bereitschaft, über die eigenen Grenzen hinaus vom anderen zu lernen.

In der Realität einer sich entwickelnden, im besten Falle
vertiefenden Beziehung ist das selten ein friedliches Einander-
zuhören und der freundliche Austausch von Tipps. Bei den
allermeisten Paaren gibt es einen langen – manchmal offenen,
oft fast lautlosen, aber harten – Machtkampf um die Frage: Ist
mein Weg der richtige oder deiner? Die Hoffnung, dass ein
Weg der richtige sei, können Sie gleich aufgeben. Sie haben
diesen Alien vom anderen Planeten als Partner, weil er all die
Dinge in sich trägt, die Sie zum Ganzwerden brauchen. Ihr

Partner hat immer eine Kraft, die Ihnen fehlt und umgekehrt. Deswegen sollten Sie lieber früher als später ehrlich hinschauen und seine Schlampigkeit als Herausforderung betrachten, endlich etwas lässiger im Umgang mit den Dingen zu werden. Und umgekehrt. Wir erleben immer wieder Männer, deren Frauen gern zuhause alles dekorieren, das gemeinsame Essen an einem schön gedeckten Tisch lieben und Ordnung halten wollen. Die Männer boykottieren dieses Bedürfnis nicht nur selbst, indem sie trotzend überall etwas herumliegen lassen und sich mit Zeitung, Handy und Laptop bewaffnet an den Tisch setzen. Sie motivieren auch noch ihre Kinder dazu, sich weder um Ordnung noch um verabredete Regeln zu kümmern. Das ist ein guter Weg, um die Beziehung langsam schleichend zu vergiften oder zu einem Dauerschlachtfeld – Muttis Ordnungsdrang bekämpft die Freiheit aller Marlboro-Männer – zu machen, auf dem immer weniger Respekt und Liebe herrschen.

Wenn Ihr Partner ein Bedürfnis hat, das von Ihnen nicht etwa fordert, sich zu vergewaltigen, sondern lediglich auf sein Bedürfnis nach Wohlgefühl einzugehen, dann sollten Sie sich strecken und recken und für die Liebe bereit sein, über die eigene Bequemlichkeit hinaus einen Schritt auf ihn zuzutun. Die Liebe steckt in diesen gelebten Kleinigkeiten. Also fragen Sie sich ehrlich, ob es eine Art Ihres Partners gibt, mit den Dingen umzugehen, die Ihnen unbequem ist, die Sie bescheuert im Sinne von »nicht so wichtig« finden und ein wenig bockig unterwandern. Entscheiden Sie sich für die gelebte Liebe und üben Sie sich bewusst darin, diese Eigenart Ihres Partners achtsam zu behandeln, ihr Aufmerksamkeit zu schenken und zu schauen, was das Gute ist, das darin für Ihr Leben stecken könnte. Meist fehlt Ihnen genau diese Kraft so wie ein Puzzlestein in Ihrem System. Und wenn Sie das Anderssein Ihres Partners bewusst würdigen, werden Sie sich auf jeden Fall erweitern.

Dem Weg des eigenen Herzens zu folgen heißt, sich selbst treu zu sein, aber nicht, zum bequemen oder rechthaberischen Egomonster zu werden. Dem Weg des Herzens zu folgen fordert viele Paare dazu auf, sich aus dem Gefängnis der Harmoniesucht zu befreien und stattdessen wieder wach und konfliktfähig zu werden. Er fordert, aus den Klärungsprozessen heraus wirklich aufeinander einzugehen und achtsamer im Alltag miteinander zu sein. Wenn Sie nicht einfach in freundlicher Mittellage nebeneinanderher leben wollen, aber auch nicht wollen, dass sich die Fronten immer weiter verhärten und jeder immer mehr auf seiner Position verharrt, dann heißt das große Zaubermittel: Achtsamkeit in den kleinen Dingen des Alltags.

Machen Sie einen Test: Leben Sie eine Woche im ganz alltäglichen Miteinander innerlich mit dem Satz: »Wenn du das möchtest, dann mache ich das gern.« Und Sie werden sehen, wie sich echte Harmonie zwischen Spülmaschineausräumen, Fußballgucken und dem Reden über Gefühle ausbreitet.

Warum der Körper ein Lügendetektor ist und Ihnen den Weg zu Ihrer Wahrheit zeigt

> »Heile die Wunden
> deiner Seele mit der Weisheit
> deines Körpers. «

Lise Bourbeau

Lise Bourbeau hat einen Stapel Bücher über die Botschaften unseres Körpers geschrieben. Sie sagt aber interessanterweise, dass im Kern ihrer Arbeit tatsächlich das Reifen der Seele steht. Dass unser Körper uns mit seinen Schmerzen und Einschränkungen ständig Botschaften sendet, die uns helfen sollen, unsere emotionalen Verletzungen zu erkennen und zu heilen und so wiederum unserer Seele zu helfen, zu reifen. Dieses Reifen bedeutet, sich und andere anzunehmen und zu lieben. Was tut gerade weh? Was will eigentlich in Ihnen heilen? Was reifen?

Nach einigen intensiven Coachingtagen sitze ich, Eva, hier und bin wieder einmal berührt von der Weisheit des Körpers. Gleich mehrere Frauen waren da, deren Körper Symptome gezeigt oder besser Hilferufe gesendet haben, weil ihre Beziehung aus der Balance geraten und ihre Liebe von Schweigen oder Lügen überschattet gewesen ist. Das geht nicht am Körper vorbei.

Alle Frauen hatten eine ganze Zeit lang versucht zu verdrängen, dass etwas in ihrer Beziehung nicht stimmte, dass irgendwo die Liebe fehlte, während sie mit körperlichen Problemen zu kämpfen hatten. Einige der Frauen haben früher, andere später geahnt, gespürt und irgendwann gewusst, dass dieser Körper nicht einfach nur krank ist und ein Medikament braucht, das die Krankheit wegmacht. Manche der Frauen haben versucht, ihren Körper allein zu heilen, mussten aber feststellen, dass das allein nur bedingt geht, weil dieser Körper eine Disharmonie in der Beziehung zu sich selbst und zum Partner ausdrückte.

Eine Frau, deren Mann seit Langem regelmäßig Bordelle besuchte, ohne dass sie davon etwas gewusst hatte, hatte in den letzten Jahren zunehmend mit starken allergischen Hautreaktionen und einer ständig wiederkehrenden Blasenentzündung nach dem Sex mit ihm zu kämpfen. Irgendwann hatte ihr ein Angestellter ihres Mannes, dem gekündigt worden war, aus Enttäuschung über seine Kündigung Andeutungen über die Bordellbesuche gemacht. So kam dann eine heftige Entwicklung in der Beziehung ins Rollen, und die Frau nahm erst einmal Abstand von ihrem Mann.

»Alle meine Symptome klangen in dieser Zeit drastisch ab«, erzählte sie. So schmerzlich alles auch gewesen war, so hatte sie doch jetzt einen tiefen Respekt für die feinen Antennen ihres Körpers – den auch ich nur teilen konnte, als sie mir von der ganzen Geschichte erzählte. Irgendwann kamen die beiden wieder zusammen, und der Mann versprach, mit den Bordellbesuchen aufzuhören. Er war auch bereit, in der gemeinsamen Sexualität mehr auf seine Frau einzugehen als bisher. Nachdem die Frau fast ein Jahr keine allergischen Hautreaktionen mehr gehabt hatte, setzten die Schübe irgendwann wieder ein. »Ich wollte es nicht wahrhaben, doch wir hatten uns abermals leise voneinander entfernt, und ich habe wieder bei Dingen mitgemacht, bei denen ich nicht mitmachen wollte. Mein Körper aber wusste wohl sofort, was los war«, erzählte die Frau im Coaching. Tatsächlich konnte sie irgendwann zurückverfolgen, dass ihr Mann in dieser Zeit, als die Schübe erneut einsetzten, wieder ins Bordell gegangen war und dass sie sich zunehmend unwohler in der Partnerschaft gefühlt und sich innerlich verschlossen hatte.

Eine andere Frau an diesem Wochenende war da, um dankbar von ihrer Heilung zu erzählen und nun mit ihrem Mann gemeinsam Unterstützung zu suchen für eine neue, achtsame Sexualität. In der Zeit, als sie das erste Mal mit ihrem Mann bei uns gewesen war, war sie immer wieder, scheinbar aus dem Nichts, von Panik ergriffen worden. Sie war mittlerweile bei drei verschiedenen Ärzten gewesen, die ihr alle wegen ihrer diffusen Angstzustände dringend rieten, Psychopharmaka zu nehmen. Die Frau aber weigerte sich hartnäckig, dem Rat der Ärzte zu folgen. Stattdessen beschäftigte sie sich eingehend mit alternativen Heilmethoden und versuchte, ihren Körper mit der Kraft der Liebe zu heilen.

Damals erzählte sie: »Aber ich spürte, das geht nicht. Weil etwas zwischen meinem Mann und mir nicht stimmte. Ich konnte es nicht genau benennen, aber es machte mir Angst. Ich wusste, ich bin nicht krank. Irgendwie gab es eine reale Angst in meinem Leben. Ich hatte das Gefühl, mein Mann ist irgendwie nicht da. Irgendwas ist nicht wahr, was er mir erzählt.« Eine ganze Zeit später kam heraus, dass ihr Mann schon seit zwei Jahren eine Freundin hatte, was die Frau sich überhaupt nicht hatte vorstellen können, weil die beiden sich versprochen hatten, mit so etwas offen und ehrlich umzugehen, falls es mal passieren würde. Als das Ganze herauskam, begriff sie schlagartig, dass ihr Körper ihr das richtige Signal gegeben hatte. Ihr Körper sagte: Hier ist was nicht richtig! Während die Ärzte sagten: Betäube das! Nimm Psychopharmaka!

Als im Coaching alles auf dem Tisch lag, sind diese Frau und ihr Mann einen mutigen Weg der Heilung gegangen. Der Mann war erleichtert, dass nun endlich die Wahrheit heraus war. Und er war bereit, mit ihr viel Klärungsarbeit zu leisten und die Beziehung wieder auf ein neues Fundament zu stellen. Das war anfangs gar nicht angenehm, weil er, um auch ehrlich zu sich selbst zu sein, erst einmal ein paar Monate auszog. Er war aber trotzdem bereit, sich mit seiner Frau auszusprechen.

Bereits in dieser Zeit wurden die Angstzustände der Frau deutlich weniger: »Ich konnte genau spüren, dass unsere Ehrlichkeit das erfolgreichste Mittel gegen die Angst war, das ich bisher ausprobiert hatte«, erzählte die Frau bewegt. Irgendwann entschied sich der Mann, zu ihr zurückzukehren. »Aber es ist nicht einfach nur, dass er zu uns nach Hause zurückgekommen ist. Wir finden seitdem eine völlig neue Ebene, auf der wir miteinander umgehen. Ich kann jetzt ganz anders über meine Angst reden, und mein Mann ist bereit, tatsächlich nicht mehr vor mir zu flüchten, sondern auch mit meiner Angst umzugehen. Mittlerweile habe ich überhaupt keine überraschenden Angstattacken mehr. Aber ich merke nun auch viel bewusster, wenn ich ängstlich werde, und kann selbst offen und liebevoll damit umgehen«. Die Frau hatte sich nach den ersten Coachings sehr konsequent der inneren Arbeit verschrieben.

Was soll ich machen, wenn mein Körper mir Signale sendet, dass meine Partnerschaft aus den Fugen geraten ist?

Unser Körper ist unglaublich weise. »Betrüge dich nicht selbst«, heißt seine Botschaft. Er kann uns deutliche Hinweise geben, wenn etwas in unserem Leben aus der Balance geraten ist. Das heißt aber nicht, dass wir uns jetzt zum Opfer der Umstände machen und uns sagen sollten: »Siehst du – wegen dir bin ich krank!« Darum geht es nicht. Das ist auch eine der zentralen Botschaften von *Liebe dich selbst und es ist egal, wen du heiratest*. Der andere ist, wie er ist, mit all seinen unbewussten Verletzungen, die bisher zu unseren unbewussten Verletzungen gepasst haben. Aber nun, da wir mit so einem weisen Führer wie unserem Körper in Verbindung stehen, können wir unsere Verletzungen langsam heilen und lernen, noch besser für uns zu sorgen. Daher heißt unser Job auch hier wieder: Freundschaft schließen mit uns selbst und mit unserem Körper.

Wenn unser Körper uns Signale sendet, dass in unserem Leben und in unserer Partnerschaft etwas aus dem Lot geraten ist, dann sollten wir ihn dafür weder verurteilen noch betäuben, sondern ihm danken. Ganz im Ernst – machen Sie es sich zur Gewohnheit, Ihrem Körper, wenn er schmerzt oder leidet, zu danken. Schließen Sie die Augen für ein paar Momente, spüren Sie Ihren Körper und schicken Sie ihm ein Gefühl des Dankes. Und signalisieren Sie ihm Ihre Bereitschaft, ihn ab jetzt noch besser verstehen und gut für ihn sorgen zu wollen. Ihr Körper versteht das! Schließen Sie ruhig jetzt kurz die Augen und sagen Sie innerlich: »Danke, dass du mir zeigst, dass mir etwas fehlt oder mir etwas zu viel ist. Danke, dass du dich bemerkbar machst! Ich höre dich und möchte wieder besser für mich sorgen. Danke, dass du mir ab jetzt noch klarer zeigst, was ich für dich tun kann! Ich verspreche dir, ich bin ab jetzt näher bei dir!« Ihr Körper ist dankbar für den wachsenden Kontakt, den Sie gar nicht oft und regelmäßig genug suchen können.

Ihr Körper wünscht sich eine gute Verbindung zu Ihnen und freut sich über eine feiner werdende, bejahende Kommunikation zwischen Ihnen und seinen Signalen. Er ist ein sehr wahrhaftiges Wesen. Er verrät, was in Ihnen wirklich los ist. Alle Regungen und Bewegungen im Körper sind am Ende Widerspiegelungen Ihres Verstandes. Zu Ihrem Verstand gehört nicht nur das aktuelle Denken. In Ihrem Verstand sind auch alle mental-emotionalen Reaktionsmuster, Ihre Vorlieben und Abneigungen, Ihre Urteile und Interpretationen – all die automatisierten Abläufe aus vergangenen Erfahrungen – wie Computerprogramme abgespeichert.

Das, was in Ihrem Verstand los ist, können Sie in Ihrem Körper erleben. Da wo der Verstand auf den Körper trifft, entstehen Gefühle. Sie sind die körperliche Reaktion auf ihre Gedanken und Vorstellungen. Da uns aber weder all unsere Regungen und Prägungen kognitiv bewusst sind noch die durch sie ausgelösten Gefühle, können wir beides irgendwann nur noch als Spiegelung im Körper bewusst wahrnehmen.

Wie kann ich die Schmerzen im Körper denn wieder loswerden?

Wenn Sie diesen Zusammenhang verstehen, wissen Sie, dass es nichts nützt, den Spiegel zuzuhängen. Das ist geradezu verrückt und sorgt höchstens dafür, dass hinter dem Vorhang der Verdrängung, Ablehnung oder Betäubung alle Programme unverändert weiterlaufen und weiter Schmerz erzeugen. Wenn Ihr Körper also schmerzt und leidet, dann braucht er unbedingt Ihre Zuwendung und kein Verdrängen und Betäuben.

Versuchen Sie nicht, die Symptome wegmachen und loswerden zu wollen. Schmerzen und Symptome wegmachen zu wollen, zeugt von Ablehnung und nicht von Akzeptanz. Das ist so, wie Übergewicht loswerden zu wollen, weil wir uns in diesem Körper mit diesem Gewicht ablehnen. Selbst wenn Sie es loswerden, weil Sie es nicht akzeptieren können, kommt das eigentliche Thema – nämlich die Selbstablehnung – meist mit voller Wucht auf dem gleichen Weg – wieder Zunehmen – oder auf einem anderem Weg, unter dem Sie genauso leiden, zurück.

In einer Phase, in der Sie Ihr Leben und Ihre Partnerschaft neu sortieren, braucht Ihr Körper viel bewussten Kontakt mit Ihnen, damit die Dinge auch wirklich aus dem Kopf und aus dem Herzen auf die Welt kommen. Jede Zelle hat ein eigenes

Bewusstsein und trägt alle möglichen, oft schmerzhaften alten Zellerinnerungen in sich. Im Verlauf Ihrer neuen Entwicklung brauchen Körper und Zellbewusstsein daher Kommunikation und neue Impulse von Ihnen, eine Art Update und Abstimmung mit Ihren neuen Wünschen. Auch hier können Sie mit Ihrem Körper kommunizieren: Gehen Sie innerlich dahin, wo es in Ihrem Körper schmerzt oder wo die Krankheit sitzt, und sagen Sie Ihren Zellen, dass Sie sich hier Heilung wünschen. Und dann öffnen Sie sich in liebevoller Zuwendung und Akzeptanz in Ihren Körper hinein.

Machen Sie es sich daher ab jetzt zur Angewohnheit, sich Ihrem Körper liebevoll zuzuwenden und genauer auf seine Symptome zu achten. Auch im Hinblick darauf, dass er anzeigen will, wie es Ihnen wirklich in Ihrer Partnerschaft geht. Oft drückt Ihr Körper aus, was Sie sich nicht trauen auszudrücken. Seien Sie wach und beobachten Sie, ob bestimmte Symptome sich unter bestimmten Umständen verstärken und unter anderen schwächer werden.

Machen Sie Ihrem Körper öfter mal ein Geschenk. Wenn Sie eine Minute Zeit haben, dann statten Sie ihm einfach so im Alltag einen Besuch ab und fühlen Sie ihn von innen. Besonders gut ist so ein bewusstes Hallo morgens nach dem Aufwachen und abends vor dem Einschlafen, aber auch wenn Sie erschöpft oder gestresst sind, eine Minierholung brauchen oder vor dem Sex.

Den Körper zu besuchen ist einfach. Schließen Sie die Augen und fragen Sie sich: Ist mein Körper gerade lebendig? Wie kann ich meine Hände, meine Arme, meine Beine und meine Füße spüren? Wie fühlt es sich im Rumpf an? Spüren Sie einen Moment nach, bis Sie langsam das Kribbeln, das

feine Pulsieren wahrnehmen. Bewerten Sie nichts, denken Sie nicht weiter darüber nach. Beobachten und fühlen Sie einfach. Wenn Sie gut verbunden sind mit Ihrem Körper, können Sie ihm ein Geschenk machen: Seien Sie so präsent, wie Sie können, und entwickeln Sie ein intensives Gefühl für die Lebensenergie und Heilkraft, die in Ihrem Körper immer ruhend vorhanden ist und nun bewusst von Ihnen aktiviert wird. Wandern Sie mit Ihrer Aufmerksamkeit vom Kopf bis zu den Füßen und wieder zurück und stellen Sie sich vor, wie Ihr Körper jetzt von Lebensenergie und Heilkraft durchströmt wird.

Wenn Sie Ihrem Körper öfter auf diese Weise Aufmerksamkeit schenken, ist das, als ob Sie ihn düngen und wässern. Wenn Sie außerdem noch lernen, stärker auf Ihre Intuition zu hören, Ihre Aufmerksamkeit auch im normalen Alltag nach innen bringen und sich immer mal wieder ohne Druck fragen: Was erzählt mir mein Körper gerade über meinen inneren Zustand, über meine Beziehung, über mein Sein in dieser Situation, über die Nähe zu diesem Menschen … dann bauen Sie langsam eine gesunde Kommunikation mit Ihrem Körper auf.

Was ist, wenn mein Körper beim Sex Stopp-Signale sendet?

Gerade rund um das Thema Sexualität geben Körper oft unzählige Signale, mit denen sie uns sagen wollen: Das tut mir wirklich gut! Aber das hier halte ich nur aus, weil du nicht klar deine Bedürfnisse und deine Grenzen äußerst. Ich habe dazu viel in meinem Buch *Soulsex* geschrieben, in dem ich so leidenschaftlich für eine achtsame und bewusste Sexualität im Einklang mit unserem Körper und unserem Herzen plädiere.

Sie können so viel in Ihrer Partnerschaft und Sexualität heilen, wenn Sie lernen, beim Sex auf Ihren Körper zu hören und ihm mit seinen feinen Regungen zu folgen, statt ihn zu bearbeiten und aktiv zu erregen oder seine feine Sprache mit Fantasien und Bildern zu überdecken.

> *Wenn es um Sexualität geht, tut meiner Erfahrung nach fast jeder gut daran, von vorne zu beginnen. Geradezu befreiend wäre es, würden wir uns gegenseitig eingestehen, dass wir vielleicht nichts wissen, oder dass all das, was wir wissen, uns nicht dahin führt, wonach wir uns sehnen. Wenn wir uns dies trauen, könnten wir unserem Partner wieder ehrlich und unschuldig begegnen; könnten uns ihm körperlich wieder öffnen und heilen.*

Uns ist es hier ganz wichtig, Sie zu ermuntern, sich auf dem Weg der Selbstliebe gut in Ihrem Körper zu verankern und nicht in höhere Sphären zu entwischen. In der inneren Arbeit lernen Sie, sich für die unsichtbaren Welten in Ihrem Inneren zu öffnen und dort mehr Halt in sich zu finden, neue Einsichten zu bekommen und neue Ziele zu entwickeln. Aber das alles braucht irgendwann realen Ausdruck in Ihrem Leben, und dazu ist es wichtig, dass Sie darauf achten, Ihren Körper bei einer anstehenden Entwicklung mitzunehmen.

Wenn es im Körper schmerzt, schmerzt es auch in Ihrem Herzen und in Ihrer Seele. Wenn Sie ihm das größte Heilmittel schlechthin schenken – Akzeptieren und Annehmen –, schenken Sie das auch den Bereichen Ihrer selbst, die sich im Körper widerspiegeln. Wenn Sie Schmerz wieder und wieder liebevoll annehmen, also nicht in ihm versinken, sondern ihm mit der Achtsamkeit einer liebevollen Mutter, die Ihr Kind in den Armen hält, begegnen, dann hat das die größte Heilungsmacht überhaupt. Geduldiges Akzeptieren und Annehmen hilft, dass die Wunden, die hinter dem Schmerz liegen, nach und nach ihre Intensität verlieren.

So wichtig es auch war, dass die Körper der beiden Frauen, von denen in diesem Kapitel die Rede war, Signale gegeben haben, dass etwas nicht stimmt – die endgültige Lösung ist nicht, dass sich jetzt die ganze Welt um Sie herum ändern muss, damit die Wunden in Ihnen heilen. Vielmehr geht es darum, dass Sie sich selbst so nahekommen, dass Sie auch ohne den Alarm in Ihrem Körper intuitiv spüren: Stopp! Hier läuft etwas falsch! Stopp! Ich passe nicht gut auf mich auf! Stopp! Hier muss ich Grenzen setzen! Ich bin mir jetzt ein treuer Freund und achte gut auf mich. Dann kommen auch im Außen die Dinge in Bewegung und beginnen zu heilen oder sich aufzulösen.

4. Kapitel

Wie Sie frei werden für eine erfüllende Partnerschaft

Loslassen und Trennung
in der Beziehung

»Wenn man loslässt, kann man dies mit dem Ausleeren einer Tasse vergleichen. Man wird wieder aufnahmefähig, fühlt wieder Kraft in sich. Etwas loszulassen bedeutet nicht, eine Abneigung zu entwickeln. Im Widerstand kann man keine Sache loslassen. Verabscheute und gefürchtete Dinge verfolgen einen insgeheim, selbst wenn man dies bestreitet. Um eine Befürchtung oder ein Trauma loszuwerden, müssen wir die Sache zuerst annehmen, wie sie ist, uns des Geschehens klar und deutlich bewusst werden. Das Loslassen beginnt mit dem Seinlassen. In dem Maß, in dem wir lernen, das Geschehene so sein zu lassen, wie es ist, verliert es die Macht über uns. Es hört auf, uns zu bedrängen.«

Jack Kornfield

Jack Kornfields Bild trifft irgendwann einmal auf jede Partnerschaft zu. Sie müssen die Tasse leeren und aufhören, um und gegen etwas oder jemanden zu kämpfen, wenn Sie etwas Neues wollen.

Vielleicht tragen Sie sich auch gerade mit Gedanken an eine Trennung, vielleicht leben Sie schon getrennt, vielleicht sind Sie gerade dabei, sich wieder neu zu binden. Ich schreibe dieses Kapitel mit einer einzigen, mir wahrhaft am Herzen liegenden Botschaft: Wie in allen anderen Facetten von Bezie-

*hung geht es auch in der Trennung am Ende nur um eins –
lieben zu lernen. Die Trennung ist die größte Herausforderung
an unsere Liebe. Nur in dem Maße, in dem wir das Verhalten
unseres ehemaligen Partners verstanden und seine Begrenzt-
heit erkannt haben, in dem Maße, in dem wir nicht mehr von
ihm brauchen, als er in der Lage ist zu geben, in dem Maße, in
dem wir ihm vergeben konnten – am Ende in dem Maße, in
dem wir unseren Frieden mit ihm finden und unser Herz wieder für ihn öffnen können, können wir uns wirklich von ihm
lösen, sind wir wahrhaft frei für eine neue Begegnung.*

Warum Loslassen
die einzige Chance ist,
Nähe zu finden

> »Wenn du etwas loslässt,
> bist du etwas glücklicher.
> Wenn du viel loslässt,
> bist du viel glücklicher.
> Wenn du ganz loslässt,
> bist du frei. «

Ajahn Chah

Ajahn Chah war ein tibetischer Mönch, der den Ruf genoss, ein guter Lehrer für Menschen aus dem Westen zu sein. Vor einigen Jahren war unsere Tochter vier Wochen in einem Kloster in Vietnam, in dem sich Nonnen um behinderte Waisenkinder kümmerten. Sie meinte: »*Wahnsinn, die Nonnen haben fast nichts und sind richtig cool drauf und lustig.*« Die meisten Beziehungen werden im Laufe der Jahre immer beschwerter vor lauter sicherem Ballast.

Wenn Sie Ihrem Herzen folgen und die Signale Ihres Körpers ernst nehmen, führt Sie das unweigerlich an eine Kreuzung, an der Sie Entscheidungen treffen und tatsächlich etwas verändern müssen. Jetzt geht es darum, dass Sie sich von etwas Gewohntem, Sicherem und Vertrautem verabschieden. An so einer Kreuzung landen Sie nur meist leider nicht, wenn alles in Ihrem Leben rundläuft, sondern eher dann, wenn der Boden unter Ihren Füßen wackelt. Aber in unsicheren Zeiten neigt kaum jemand von Natur aus dazu loszulassen, sondern dazu festzuhalten. Falls Ihre Beziehung gerade ins Wanken geraten sein sollte, ist die erste automatische Reaktion häufig Erstarren oder Klammern. Dabei ist Loslassen das Einzige, das Ihnen die Nähe zurückbringen kann.

Tatsächlich ist es so, dass Sie sich, solange Sie voller Angst vor dem Alleinsein oder Verlassenwerden sind, nie wirklich auf eine Partnerschaft einlassen und aus Abhängigkeiten befreien können. Und solange Sie als Paar aus Angst und Gewohnheit beieinanderbleiben, ist da kein Platz für echte Lebendigkeit und Liebe. Auf dem Weg in eine erfüllende Beziehung kommt niemand umhin, Ängste zu überwinden und Sicherheiten zur Disposition zu stellen. Eine Partnerschaft wird hart und kontrolliert, wenn beide Partner nicht lernen, ihre vertrauten Standpunkte und Wertesysteme ernsthaft infrage zu stellen.

Wenn Sie wirklich Ja zu Ihrem Partner sagen wollen, ist es notwendig, in einigen Bereichen Ja zu einer bewussten Loslösung von Ihrer Herkunftsfamilie und deren Wertesystem zu sagen und deren emotionale Welt, die Ihnen zutiefst vertraut und meist in Fleisch und Blut übergegangen sind, in ihren oft unbewussten Begrenzungen zu hinterfragen. Wenn Sie Leichtigkeit und Frieden mit Ihrem Partner finden wollen, dann gilt es, alte, verwickelnde Bindungen an Menschen, Verletzungen oder Vorstellungen aufzugeben. Ein Festhalten an Erinnerungen, Schmerz und Groll wegen früherer Bindungen lähmt jede Lebendigkeit im Hier und Jetzt und wirkt wie eine unsichtbare Mauer da, wo Sie sich eigentlich Nähe wünschen.

Ihr Leben kann sich in vielerlei Hinsicht zum Besseren wenden, wenn Sie sich aus eigenen Stücken immer wieder zum Loslassen herausfordern. Sie werden sich wundern, wie sich Ihr Herz wieder öffnen und Ihr Geist zur Ruhe kommen kann, wenn Sie alte Ängste und fixe Vorstellungen über Ehe, Familie, Moral, Ordnung, Freiheit, Religion, Zweisamkeit und, und, und … hinter sich lassen. Wenn Sie ehrlich sind, fallen Ihnen sicher unzählige Begebenheiten ein, wo Sie sich gesagt haben: Nein! Auf gar keinen Fall! Das mache ich nicht! Das sehe ich anders! Das ist absolut unverzeihlich! Ohne dies kann ich nicht leben! Auf das kann ich nicht verzichten! Das mache ich einfach aus Prinzip nicht! Und das würde ich niemals tun!

Bitte erinnern Sie sich noch einmal an unseren Helden im dunklen Wald – das Loslassen ist die Sache mit dem Monster, vor dem unser Held sitzt und ringt, ob er es nun umarmen soll oder nicht. Wir Leser wissen, dass nur aus umarmten Monstern Prinzessinnen werden können. Aber unser Held muss die Sache wagen, ohne den Ausgang zu kennen.

Ohne dass Sie lernen, Ihre alten Ängste loszulassen, kann die Liebe nicht wirklich zu Ihnen kommen. Loslassen befreit Sie von vergangenen Enttäuschungen, die keine echte Nähe in der Gegenwart zulassen, genauso wie von Groll und Bitterkeit, die Sie innerlich krank machen und nur Ihnen selbst schaden. Und Loslassen ist irgendwann der einzige Ausweg, wenn es in Ihrer Beziehung einfach nicht mehr weitergeht.

Was bedeutet Loslassen, und wie geht das konkret im Alltag?

Die Frage hören wir sehr oft am Ende eines Coachings, wenn wir einem Paar raten, einander erst einmal loszulassen, damit sich die Beziehung neu und erfüllender als bisher entfalten kann.

Die meisten Paare kommen zu uns, weil sie ihre Ehe retten wollen. Das wollen wir natürlich auch. Wir schauen immer zuerst auf das Potenzial und die Kraft einer Beziehung. Krisen können für die Entfaltung von beiden und die Weiterentwicklung einer erfüllenden Partnerschaft äußerst hilfreich sein. Deshalb ermutigen wir Paare ja dazu, vor Krisen nicht davonzulaufen, sondern an ihnen zu wachsen und mit ihnen gemeinsam weiterzugehen.

Oft gehört es aber unterwegs dazu – vor allen Dingen, wenn sich die Probleme immer wiederholen oder alles immer festgefahrener wird – voneinander bis auf Weiteres abzulassen. Oft genau an dem Punkt, an dem Sie vor nichts mehr Angst haben als eben davor. Sie haben womöglich Angst, Ihren Partner zu verlieren, wenn Sie ihn nicht festhalten. Angst, in ein großes Loch zu fallen, wenn Sie loslassen. Angst vor dem Alleinsein, Angst vor der Einsamkeit.

Aber das Neue kann nur kommen, wenn das Alte auch wirklich geht. Paare sitzen ja deshalb bei uns, weil die Beziehung so nur noch zermürbend war und zunehmend für Frust gesorgt hat. Da ist es verrückt, eine Beziehung behalten zu wollen, die einem nicht mehr gutgetan hat. Wenn Sie gerade an einem kritischen Punkt in Ihrer Partnerschaft sind, braucht es jetzt eine mutige Öffnung und die Frage: Was will ich denn eigentlich, wenn nicht mehr das Alte? Seien Sie jetzt nicht hart, aber seien Sie ehrlich mit sich, denn genau hier setzt meist die Angst vor Verlust und Alleinsein in ihrer geballten Kraft ein, so sehr, dass Sie jetzt lieber festhalten an dem, was Ihnen nicht mehr guttut, als Vertrautes loszulassen und einen Raum entstehen zu lassen, in dem etwas Besseres, aber noch ungewisses Neues entstehen kann.

Wenn also jemand vor uns sitzt und sagt, er wolle seine alte Beziehung wiederhaben, wenden wir meistens Bärenkräfte auf, um ihn davon zu überzeugen, dass dies das Letzte ist, was sein Herz will. Dass sein Herz vielmehr davon träumt, dass das gewohnte tote oder zerstörerische Beziehungsnebeneinanderher endlich ein Ende haben möge, damit es sich wieder öffnen kann. Ein weises Herz weiß es von Natur aus, und wir wissen es mittlerweile aus Erfahrung: Irgendwann muss jede langfristige Beziehung mal in ihrer alten Form vor die Wand fahren, wenn echte, erwachsene Liebe Einzug halten soll. Ganz ehrlich: Wir können einem Paar nur raten, sich mit diesem – wiederkehrenden! – Wachstumsschritt in seiner Partnerschaft vertraut zu machen.

Die meisten Paare sind irgendwann einmal mit zwei Vorstellungswelten angetreten, wie Beziehung sein müsste, die sich aus Prägungen und gesellschaftlichen Konditionierungen speisen. Kaum jemand hat, wenn er heiratet, ein klares Gefühl davon, was er tief im Herzen braucht, um glücklich zu sein. Und kaum jemand weiß, nach welchen Gesetzen Partnerschaft funktioniert und was die Geheimnisse der Liebe sind. So basteln wir alle mehr oder weniger ahnungslos an etwas herum, von dem wir uns erhoffen, dass es uns womöglich ein ganzes Leben lang Erfüllung und Liebe schenken kann. Das muss in die Hose gehen. Unweigerlich. Aber nicht, weil irgendetwas grundlegend falsch wäre an uns oder unserem Partner, sondern weil das ein Teil des Weges ist – weil dieses Scheitern der Vorstellungswelten der Humus ist, auf dem echte Nähe und erwachsene Liebe gedeihen können, der Humus, den wir brauchen, um uns selbst wirklich treu zu sein und lieben zu lernen.

Aus unserer Erfahrung muss es diese Phase in einer langfristigen Partnerschaft geben, damit ihr Scheitern uns ausreichend wach und verletzlich macht, damit in der nächsten Phase das Abenteuer Liebe wirklich beginnen kann. Alles ist also in Ordnung, wenn das alte Kartenhaus zusammenkracht.

Das Leben ist so viel klüger als wir. Wenn wir uns zurückhalten, wenn wir nicht hinschauen wollen, wenn wir nicht auf unser Herz hören, obwohl wir jeden Tag deutlicher spüren, dass wir in die Schieflage oder aus den Fugen geraten – dann sorgt das Leben für uns. Meist tut es das auf eine Art und Weise, die uns alles andere als gefällt. Während wir immer heftiger mit dem Ausweichen beschäftigt sind, werden wir doch direkt an den Rand des Abgrundes gezwungen und gegebenenfalls auch darüber hinausgeschoben. Das Leben zwingt uns zu springen – aber nur, damit wir Vertrauen dafür entwickeln können, dass wir sicher unten ankommen. Es führt uns immer genau zu den Umständen, in denen wir am meisten wachsen können.

Es gibt einen Punkt, an dem Sie die Beziehung komplett zur Disposition stellen müssen, weil Sie merken, hier geht es, ohne dass ich mich komplett selbst verleugne oder wir uns gegenseitig zerstören, nicht mehr weiter. Ein Punkt, an dem die Beziehung nur noch als äußere Form weiterleben kann, wenn sie nicht von Grund auf erneuert oder aufgelöst wird. Aber das tut kaum jemand freiwillig. Meist muss das Leben ein wenig nachhelfen, und ehe Sie sichs versehen, hat Ihr Partner sich in eine andere verliebt, oder Sie werden so krank und ausgelaugt, dass Sie einfach nicht mehr weitermachen können.

Was mussten wir für einen Albtraum erleben, damit sich dieses Gefühl wieder zeigen konnte! Aber keiner von uns beiden hatte sich vorher freiwillig bewegt. Erst musste sich eine so ungeheuerliche Druckwelle aufbauen. Erst mussten wir über Trennung reden. Erst dann sind wir meist wirklich bereit, unsere Seele wieder zu hören. Wenn Menschen zu mir kommen, die sich gerade auf dem Höhepunkt ihrer persönlichen Krise befinden, fallen nicht selten die Worte: »Ich kann nicht mehr. Ich sehe keinen Ausweg mehr. Manchmal möchte ich einfach nur sterben.« Sie empfinden die Sackgasse in ihrem Leben als ausweglose Katastrophe. Für ihre Seele dagegen ist der Zusammenbruch, in den solch eine existenzielle Krise häufig mündet, eine Erleichterung – eine radikale Befreiung unseres wahren Selbst aus dem engen Gefängnis unserer Ansprüche und Vorstellungen. Endlich ist wieder Raum für die Wahrheit und den Fluss unserer Gefühle.

Auch wenn uns in unserer Gesellschaft etwas anderes vermittelt wird – unser Körper und unser Geist sind nur Diener der Seele. Durch sie möchte sich unsere Seele ausdrücken, hier kann sie unser wahres Selbst zeigen. Auch wenn ihre sanfte

Stimme leicht überhörbar ist – unsere Seele ist unsere eigentliche Anführerin. Aber leider sind Körper und Geist meist so zubetoniert von unseren Vorstellungen und Zielen, dass kein Raum mehr für den zarten Fluss unserer Seele bleibt. Es ist, als ob wir von innen ersticken, erblinden und taub werden gegen uns selbst. Wir können unsere Seele nicht mehr wahrnehmen. Aufgesogen von unseren Alltagsansprüchen sind wir nur noch selten in der Lage oder bereit dazu, ihre Stimme zu vernehmen oder ihr gar zu folgen.

Sind Sie bereit dafür, wieder auf Ihre Seele zu hören? Wollen Sie Ihrem Herzen folgen? Die Signale Ihres Körpers ernst nehmen? Endlich wieder ruhig schlafen? Endlich den Schritt tun, der ansteht, und loslassen? Sind Sie bereit, sich zu versprechen: Ich befreie mich und mein Leben jetzt von allem, das mir keine Wertschätzung schenkt.

Was kann ich tun, wenn meine Beziehung so definitiv nicht mehr weitergehen kann?

Es gibt einen Punkt, an dem Sie alles getan haben, was zu tun ist. An dem Sie den Finger auf die Wunde in Ihrer Beziehung gelegt und ehrlich hingeschaut haben. An dem Sie still geworden sind und sich für den ganzen Schmerz, der darin lag, geöffnet haben. An dem Sie in Ihrem Herzen gelandet sind und gehört haben, was es Ihnen zu sagen hat. Und dann wissen Sie: Das hier ist nicht mehr der Weg meines Herzens. Hier geht es in meinem Leben nicht mehr weiter. Alles in Ihnen drängt, und Ihr Herz flüstert: Lass los!

Und auch Ihr Verstand weiß, dass das hier nicht mehr passt, keinen Sinn mehr hat. Es ist einfach die Zeit gekommen loszulassen – einen Menschen, eine Beziehung, einen Job, eine Sucht, einen Glauben oder festgefahrene Standpunkte. Und obwohl Sie das mittlerweile ziemlich klar vor Augen haben, zögern Sie und fühlen sich wie im Spagat. Sie wissen, wenn Sie weitermachen wie bisher, verletzen Sie sich zunehmend selbst. Aber Sie haben Angst, dass Sie etwas Kostbares verlieren, wenn Sie dem Ganzen ein Ende setzen.

Auch in unserer Ehe gab es diesen Punkt. Ich, Eva, wusste genau, dass es so nicht mehr weitergehen konnte. Mein Mann hatte eine andere, und ich hatte mich selbst in unserer Ehe so verloren, wie ich es mir nie hätte träumen lassen. Alles spitzte sich damals bis zu einem dramatischen Abend zu, an dem der Spagat sein Ende nehmen sollte. Denn unser Loslassen war komplett überfällig. Wir konnten schlicht nicht mehr die Kontrolle behalten und einfach äußerlich eine Ehe nach Plan, Moralvorstellung und Pflicht leben, die innerlich längst von Lügen, Misstrauen, Distanz und Groll zersetzt war. So fiel an diesem Abend die ganze äußere Fassade in sich zusammen, und alles kam auf den Tisch.

Monatelang hatte jeder von uns Angst vor diesem Schritt gehabt. Wir dachten, so eine offene Aussprache sei unweigerlich das Ende. Heute wissen wir: Es war der Anfang einer völlig neuen Art von Ehe. Das Loslassen hat ein Wunder bewirkt: Genau an dem Punkt, an dem wir unsere ganze Ehe zur Disposition stellen mussten, dem Punkt, den wir die ganze Zeit mit allen Mitteln vermeiden wollten, konnte auf fast magische Weise Verbindung entstehen. Eine Art von Verbindung, die wir mit Worten kaum beschreiben konnten. Eine weit offene Verbundenheit, die der Kopf nicht erklären konnte und die auch nichts mit einem schönen Gefühl zu tun hatte. Die erst recht nichts von Klammern oder von einem Beschwörungsversuch einer längst vergangenen Liebe nach dem Motto »Wir passen doch so gut zusammen ...« hatte.

Zwischen uns stellte sich eine Verbundenheit ein, die größer war als wir; die uns umschloss und in Liebe hüllte jenseits unserer begrenzten Ehegeschichte. Wir beide haben diesen Moment bis heute nicht vergessen – so stark war das, was sich uns damals in ihm gezeigt hatte. Diese umfassende Liebe hatte keiner von uns in unserer Geschäftigkeit, unserem Wollen und in unseren so unterschiedlichen, aber doch gleich engen und vorgefertigten Vorstellungen von Beziehung bis dahin nie berührt. Da gab es einen Moment des Einsseins, der uns beide verwirrte und überwältigte; dem wir nicht wirklich vertrauten und über den wir damals auch nicht mit dem anderen zu sprechen wagten.

Und so führte er auch nicht zu einer wirklichen Öffnung. Was danach kam, waren keine zweiten Flitterwochen und kein Erwachen in einer neuen romantischen Phase der Verliebtheit. Danach gab es bei uns erst einmal eine Trennung. Da wir damals zu wenig Geld hatten, blieben wir unter einem Dach wohnen, gingen aber getrennte Wege.

So mussten mein Mann und ich uns nach diesem ka-thartischen, traurigen, aber wahrhaftigen Geburtstagsfest ein-gestehen, dass es nichts Tragendes mehr in unserem Zusam-menleben gab. So entschlossen wir uns, dass jeder bis auf Wei-teres seines Weges gehen sollte, ohne dem anderen darüber Rechenschaft ablegen zu müssen. Es war eine wortlose, schmerzliche und einsame, aber extrem wahre und heilsame Zeit in unserem Leben. Wir standen vor einem Trümmerhau-fen, über den wir vorher schon unzählige Male gestolpert wa-ren, ohne seine Existenz wahrhaben zu wollen. Seit Ewigkei-

ten nahmen wir diesen Trümmerhaufen unbewusst wahr, schwiegen über ihn hinweg, lebten unseren Entwurf einer Ehe an ihm vorbei. Jetzt endlich lag die Wunde offen, fing jeder an einer Ecke an, die Teile des Trümmerhaufens abzutragen, die er als seine eigenen erkannte. Wie wir viel später erst verstehen lernten, war dieser Geburtstag der Neuanfang in unserer Beziehung.

Die Trennung in der Beziehung – ein zentrales Werkzeug zur Heilung

»Man sieht die Blumen welken
und die Blätter fallen,
aber man sieht auch Früchte reifen
und neue Knospen keimen.
Das Leben gehört den Lebendigen an,
und wer lebt,
muss auf Wechsel gefasst sein.«

Johann Wolfgang von Goethe

Dieser Beziehungstipp stammt von Johann Wolfgang von Goethe. Könnte aber auch eine Zusammenfassung unserer zwei Jahrzehnte umfassenden Arbeit mit Paaren sein. Die meisten Menschen sind so sehr konditioniert, dass Liebe irgendwann in einem Korsett aus Abtragungen für das Haus, beruflicher Daueranforderung und Gewohnheit eingezwängt wird. Aber unser Herz sehnt sich immer nach Lebendigkeit und unserem Mut, dafür etwas Neues zu wagen.

Es war sicher eine der härtesten, im Nachhinein aber heilsamsten Entscheidungen für unser Paarsein, als wir uns am tiefsten Punkt unserer Ehe zu etwas entschieden, was wir später als eines der wichtigsten Werkzeuge zur Heilung und Transformation von Beziehung erkennen sollten: die *Trennung in der Beziehung*. Heute, im Nachhinein, können wir aus der Erfahrung unserer Arbeit sagen, dass diese Trennung in der Beziehung irgendwann bei den meisten Paaren mal sein muss und dass sie bei aller Angst, die sie verursacht, gewaltige Heilkraft besitzt. Oft braucht es einen radikalen Cut, weil keiner von beiden in einer elementaren Beziehungskrise mehr weiß, wie eine Lösung gehen könnte und sich im Zusammensein alles nur immer weiter verschlimmert.

Wann ist eine Trennung in der Beziehung sinnvoll?

Die *Trennung in der Beziehung* ist etwas ganz anderes als eine Scheidung, und sie ist auch keine Trennung auf Zeit, was oft nur ein Verschieben des eigentlichen Problems ist. Eine Trennung auf Zeit schlägt meist einer von beiden vor, der merkt, dass es so nicht mehr weiterlaufen kann, und einfach hofft, dass die Zeit irgendeine Lösung bringt. Was sie selten tut. In einer Krise geht es immer um Beziehungshausaufgaben: raus aus der Komfortzone. Mund aufmachen, konfrontieren, Grenzen setzen, etwas Neues ausprobieren und Schritt für Schritt etwas Neues lernen – auch wenn es schwerfällt. Und wenn nicht jetzt, dann stehen die Hausaufgaben beim nächsten Anlauf oder in der nächsten Beziehung irgendwann wieder als unerledigt auf dem Plan.

Die Trennung in der Beziehung ist eine Vollbremsung, die beide dazu zwingt, sich gegenseitig radikal loszulassen, ebenso wie alle Vorstellungen von der Beziehung und Ansprüche an den anderen. Jetzt heißt es, einen Schritt zurückzutreten und sich für den freiwilligen Entzug von einer unguten Klammer-Flucht-Dynamik, einer Dreiecksbeziehung oder einem zerstörerischen Machtkampf zu entscheiden, in den beide oft schon seit Monaten oder Jahren verstrickt sind. Da braucht es Mut zu einer Kapitulation und zu dem Eingeständnis, dass keiner von Ihnen weiß, wie er mit dem anderen noch einigermaßen friedlich und konstruktiv umgehen und mit ihm verbunden sein kann.

Trennung in der Beziehung heißt: Ich lasse jetzt wirklich los, hoffe auf Heilung und Neuordnung und weiß nicht, wie es ausgeht. Sie heißt: Wir wagen Abstand voneinander, um uns dadurch womöglich ganz neu aufeinander einlassen zu können. Dieses absolut radikale Loslassen ist oft das Einzige, was eine völlig festgefahrene Partnerschaft transformieren kann. Zu solch einer aktiven und bewussten Trennung in der Beziehung raten wir nicht selten in unserer Arbeit. Und zwar immer dann, wenn der Machtkampf zum Dauerzustand geworden und die Positionen völlig verhärtet sind. Wenn einer von beiden sich partout nicht freiwillig von seinen alten Ängsten oder suchthaften Gewohnheiten befreien und in eine eigene Entwicklung gehen will. Oder wenn die Beziehung von einer Affäre überschattet ist, die erst einmal weiter bestehen bleibt.

Wie gesagt: Jede Beziehung läuft immer mal wieder in eine Sackgasse oder an einen toten Punkt und braucht dann von Zeit zu Zeit eine Phase, in der beide sich auf sich selbst besinnen und ihre Hausaufgaben machen. Gerade wenn alles verfahren ist, kommt die entscheidende Entwicklung oft erst dann, wenn jeder bei sich gelandet ist und so gezwungen ist, sich selbst und die eigenen Bedürfnisse, aber auch die eigenen Ängste wieder klarer zu sehen, neue Entscheidungen zu treffen und für sich selbst zu sorgen. Jetzt gibt es keine Diskussionen und keine Verwicklung oder Abhängigkeit mehr! Die Trennung in der Beziehung sorgt dafür, dass jeder auf sich zurückgeworfen wird und sich – auch wenn es anfangs schwerfällt – auf den eigenen Weg konzentrieren muss.

Wie lauten die Spielregeln für eine Trennung in der Beziehung?

Es braucht unbedingt klare Regeln. Wenn wir eine bewusste Trennung in der Beziehung begleiten, dann heißt die Regel Nummer eins: Keiner muss dem anderen mehr über irgendetwas Rechenschaft ablegen. Es werden auch nicht länger Bedingungen gestellt. Jeder ist jetzt frei! Frei heißt nicht weglaufen und das eigene Ding drehen. Frei heißt, frei für sich selbst sein und für die eigene Entwicklung, die überfällig ist.

Dazu empfehlen wir beiden, eine regelmäßige Praxis der inneren Arbeit im Tagesablauf zu etablieren und für eine klare Trennung von Tisch und Bett zu sorgen. Dafür muss man nicht unbedingt aus der gemeinsamen Wohnung ausziehen, aber zwei getrennte Schlafzimmer oder Rückzugsorte unter dem noch gemeinsamen Dach braucht es mindestens. Manchmal hat sich einer von beiden so sehr im anderen verloren, dass auch das nicht reicht, sondern ein vorübergehender Auszug sein muss, damit beide wirklich aus den Verwicklungen herauskommen.

»Ich kann das nicht mehr einen Tag länger aushalten. Wenn ich hier rausgehe, will ich die Scheidung. Und ich möchte dann vorerst auch keinen Kontakt«, sagte die Frau wie in Stein gemeißelt. Sie hatte ihren Mann, der beruflich gut zurechtkam, kaum dass er zuhause war, jahrelang wegen unzähliger Ängste und Wehwehchen gepflegt und sich immer mehr für ihn aufgeopfert. Aber egal was auch immer sie ihm in den Jahren an Unterstützung und Ermutigung gegeben hatte, ihr Mann hatte nie wirklich in seine Kraft gefunden. Er konnte nicht allein sein und bekam Angst, wenn sie wegging. Mittlerweile musste sie abends, wenn er nach Hause kam, immer bei ihm bleiben.

Irgendwann konnten ihn die Ärzte medikamentös so einstellen, dass er weitgehend von seinen Ängsten befreit war. »Ich dachte, jetzt können wir endlich reden und neu anfangen. Ich hatte so viel aufgestaut und mich immer nur zurückgenommen, so dass ich nun ein riesengroßes Bedürfnis hatte, ihm endlich mal zu sagen, wie es mir all die Jahre gegangen war, als sich alles immer nur um seinen Zustand gedreht hatte. Aber er wollte auch da nicht mit mir reden, konnte mir nie zuhören«, erzählte sie müde. »Irgendwann hab ich die Tür endgültig zugemacht und angefangen, mir mein eigenes Leben aufzubauen.« Als sie wieder öfter aus dem Haus ging, bekam der Mann nun alle möglichen körperlichen Schmerzen und Gebrechlichkeiten, so dass sie sich wieder um ihn kümmern musste.

Als die beiden bei uns im Coaching saßen, war die Frau wie betäubt, und der Mann sagte zu jedem Ihrer Vorschläge zur Entwicklung: »Aber wir haben es doch gut! Aber es war doch unser Plan, zusammen zu sein und uns treu zu sein. Aber du hast mir doch gesagt, dass du mich liebst …« Er war gegen jeden Wunsch seiner Frau nach Veränderung immun und in seiner Argumentation alles andere als krank, hilflos und schwach, sondern extrem eigenwillig und fordernd.

Es schien keinerlei Bewegung in der verfahrenen Partnerschaft möglich, und so legten wir dem Paar nahe, sich bis auf Weiteres für eine Trennung in der Beziehung zu entscheiden. Das war für beide eine kaum auszuhaltende Herausforderung. Für ihn, weil er nun gezwungen war, sich selbst auszuhalten und nicht länger einen anderen Menschen zu missbrauchen, um sich dem eigenen Schmerz nicht stellen zu müssen. Aber auch für sie war es extrem schwierig. Sie hatte sich nie getraut, ihm wirklich etwas entgegenzusetzen. Sie war immer den Weg des geringsten Widerstandes gegangen und hatte noch nie erlebt, dass die Äußerung ihrer Bedürfnisse bei ihm irgendetwas bewegen konnte.

So wollte sie jetzt nur noch eins: so schnell wie möglich vor dem ganzen Elend flüchten und die Scheidung einreichen. Wir ermutigten sie, ihren Mann jetzt tatsächlich radikal loszulassen und sich erst einmal eine eigene Wohnung zu suchen. Aber wir warnten sie auch davor, einfach nur wegzulaufen, ohne ihm eindeutige Grenzen gesetzt und auch erlebt zu haben, dass ihre Grenzen stark genug waren, um für Veränderungen zu sorgen. Wir empfahlen ihr, von ihrem neuen, sicheren Ort aus klare Ansagen zu machen und ihm klipp und klar zu sagen, dass es nur dann Kontakt gebe, wenn er sich an ihre Wünsche halte. Zumal die beiden schulpflichtige Kinder hatten und an diesem Punkt aneinander gebunden waren.

Wir legten der Frau dieses aktive Abgrenzen in Form einer

Trennung in der Beziehung ganz eindringlich ans Herz. Würde sie jetzt einfach nur gehen, käme das einer resignierten Flucht gleich. Sie würde gehen in dem Gefühl, nichts mit all ihren Bemühungen je ausgerichtet zu haben. In einer Trennung in der Beziehung war sie klar aufgefordert, Grenzen setzen zu lernen und sich von falschen Schuldgefühlen zu befreien. So würde sie für sich ein neues Gefühl von Stärke entwickeln können und nicht einfach nur aus einem Gefängnis flüchten. Wir erklärten ihr die heilsame Dynamik einer bewussten Trennung in der Beziehung und entwickelten mit beiden ein Programm der inneren Arbeit.

Das hieß konkret: Sie zog aus, so sehr er sich auch sträubte. Gleichzeitig begann sie, eigenständig ein neues Leben für sich und die Kinder zu entwickeln, das ihr Kraft gab. Und er war aufgefordert, eine Gesprächstherapie zu machen und sich begleitet durch die innere Arbeit den eigenen Ängsten zu stellen, um aus sich heraus zur Ruhe zu finden.

Wenn Sie sich eine Trennung in der Beziehung als hilfreich vorstellen können, sollten Sie eine ähnliche Regelung treffen, wie die beiden: Während sich jeder um die eigene innere Arbeit, um neue Einsichten, eine größere Bewusstheit, die Heilung alter Wunden und ein Aufräumen im eigenen Leben kümmert, gibt es keine gegenseitige Kontrolle, keine Verpflichtungen, keine bequeme, aber unverfängliche Komfortzone vor dem Fernseher und keinen klassischen Alltag: kein Kochen, Waschen etc … für den anderen. Und auch keine Routineabläufe und kein Aufrechterhalten irgendwelcher Fassaden für andere. Sondern nur ein: »Ich kümmere mich um mich« und »du kümmerst dich um dich« – aber alles im Sinne der Heilung der Beziehung und nicht als bequemes Hintertürchen zu einem schleichenden Ausstieg.

Worauf muss ich achten, wenn die Trennung in der Beziehung begonnen hat?

Wenn Sie erst einmal die Trennung in der Beziehung eingeläutet haben, besteht eine der großen Herausforderungen darin, sich jetzt nicht einfach nur abzulenken und alle entstandenen Lücken möglichst schnell mit etwas Neuem von außen oder jemand anderem zu füllen, sondern für möglichst viel Ruhe und Alleinsein zu sorgen. Alleinsein braucht es, um sich neue Fragen zu stellen, die Sie sich gern auch schriftlich beantworten sollten:

- Was will ich so keinen Tag länger?
- Was bin ich bereit, jetzt loszulassen oder anzunehmen?
- Was bewegt mich und berührt mich wirklich in meinem Leben?
- Was macht mich lebendig?
- Was habe ich mir schon lange verkniffen?
- Was habe ich mir schon lange nicht mehr erlaubt?
- Welche Sehnsüchte habe ich weggedrückt?
- Was habe ich mir nicht zugetraut?
- Was muss ich wagen, auf die Gefahr hin zu scheitern?

Vertrauen Sie darauf, dass Sie die Antworten kennen, egal wie zäh sich Ihr Widerstand dagegen vielleicht anfühlen mag, wenn Sie sich auf neues Terrain begeben und sich Freiräume in Ihrem Leben erkämpfen wollen. Seien Sie beharrlich, aber auch geduldig mit sich. Worum es jetzt eigentlich geht, ist, Ihre eigenen alten Ängste und Gewohnheiten zu überwinden. Ihr Partner ist dabei nur sekundär. Auch wenn wieder und wieder aller Frust und alle Wut und Angst hochkochen – machen Sie einen Schritt auf Ihrem Weg. Und noch einen. Und bleiben Sie bei sich!

Jeder von beiden braucht seine Zeit, um innere Arbeit zu tun, sich intensiv mit sich selbst zu beschäftigen und zu schauen, wo es dringend persönlicher Entwicklung, Verarbeitung und Heilung alter Verletzungen bedarf. Aber lauern Sie nicht darauf, was Ihr Partner macht. Die Chancen sind groß, dass er sich drückt und erst einmal nichts macht.

Ein Mann erzählt von seiner Erfahrung mit der Trennung in der Beziehung: »Erst mal war ich heilfroh, dass das Gezerre und die ewigen Wünsche von ihr nach einem Gespräch über uns ein Ende hatten und die belastende Verbindung zu meiner Frau endlich unterbrochen war. Einfach mit meinen Jungs unterwegs zu sein und an nichts zu denken, war wie Erlösung. Da kam es mir einfach überhaupt nicht in den Sinn, zuhause zu sitzen und mir Fragen über mich selbst zu stellen.«

Gerade wenn Ihr Partner sich nie gern mit sich beschäftigt hat und ein guter Verdränger war, kann die Trennung in der Beziehung anfangs ideal für ihn sein, um sich komplett abzulenken. Das kann bei Ihnen Ohnmachtsgefühle auslösen. Beides sollten Sie nicht zum Anlass nehmen, zu resignieren und die eigenen Aufgaben schleifen zu lassen. Vergessen Sie nicht, alles kann in Bewegung kommen, wenn allein NUR SIE Ihre innere Arbeit tun. Das ist ein unbequemer Kraftakt, aber ein befreiender. Sicher kommen dabei unangenehme Gefühle hoch. Aber dadurch haben Sie endlich die Chance, sich diesen Gefühlen zu stellen und aus ihnen herauszuwachsen.

Der Mann, der nur noch froh war, mit seinen Jungs unterwegs zu sein, erzählt in einem späteren Gespräch: »Erst war es lustig und entspannt so. Aber so blieb es nicht. Immer öfter überkam mich aus dem Nichts eine Einsamkeit und ein Gefühl, gar keine Verbindung mehr zu haben. Weder zu meiner Frau noch zu mir selbst. Das fühlen zu müssen war ziemlich furchtbar. Mit einem Mal war ich auf mich allein zurückgeworfen. Da war nichts als eine große innere Leere.«

Vor dieser Leere möchte jeder am liebsten davonlaufen. Wenn Sie nicht mehr weglaufen wollen oder können, sondern aus den gewohnten Abläufen aussteigen und diese Leere mit der Liebe zu sich selbst füllen wollen, sollten Sie damit rechnen, dass es innen und außen Turbulenzen geben wird. Da können alle möglichen Ängste aufsteigen oder einer von beiden ergeht sich doch wieder in heftigen Schuldzuweisungen, schlägt um sich, macht Vorwürfe und droht mit Scheidung. Oder einer sitzt nur noch paralysiert da und hofft, dass die Zeit bald rum, alles bald wieder gut ist und er wieder in den alten sicheren Beziehungstrott zurückkehren kann. Weder Messer wetzen noch ablenken, noch warten und hoffen hilft, wenn Sie sich eine Erneuerung Ihrer Beziehung oder eine endgültige Klärung und Trennung wünschen. Das Einzige, was hilft, ist zu »bleiben« bei allem, was sich zeigt, und Freundschaft zu schließen mit sich selbst.

Bleiben Sie bei sich, egal wohin das Pendel bei Ihrem Partner ausschlägt. Dafür gibt es in der Trennung in der Beziehung genug Raum. Wenn es am Anfang selbst bei der Kinderübergabe oder am Telefon zwischen Ihnen beiden leicht eskaliert, sollten Sie danach so schnell wie möglich alle Verwicklungen loslassen und in den eigenen Raum zurückkehren. Sagen Sie ruhig: Ich möchte jetzt hier nicht weiter diskutieren. Und dann ziehen Sie sich aus dem Kontakt zurück und nehmen sich am besten wenigstens eine Minute Zeit für eine Mini-Medi, die Sie wieder zu sich bringt.

Wenn Sie sich dabei ertappen, dass Sie nun zwar nicht mehr für Ihren Partner waschen oder kochen, aber in Gedanken den ganzen Tag um ihn kreisen, dann üben Sie sich hundertmal im »Füßefühlen«, oder gönnen Sie sich so oft Sie können eine Minute nur für sich und machen Sie eine Mini-Medi, um diese Abwärtsspirale immer wieder zu unterbrechen. Sie werden sehen, dass die ständige Unterbrechung der gewohnten emotionalen Bewegung einen neuen Raum in Ihnen eröffnet und Sie langsam mehr und mehr inneren Abstand und auch erst Phasen von Ruhe finden lässt.

Loslassen, loslassen, loslassen! Darum dreht sich alles in der ersten Phase der Trennung in der Beziehung. Weder an der Vergangenheit klammern, noch sich in Vorwürfe und Schuldzuweisungen ergehen, sondern sich mit dem eigenen Leben und den vielleicht lange vernachlässigten Freuden und Sehnsüchten zu beschäftigen. Wenn ich wirklich loslasse, bleibt die Tür zwischen uns auf. Aber ich verliere jetzt keine Kraft mehr in der Verwicklung mit meinem Partner, sondern ich kann Schwung für meine eigene Entwicklung holen und wieder an Klarheit, Profil und Anziehungskraft gewinnen. Das Beste, um mich wieder mit mir im Einklang zu fühlen und von meinem Partner wieder gesehen zu werden. Daher dreht sich in der zweiten Phase der Trennung in der Beziehung alles darum, Verantwortung für die eigenen Bedürfnisse zu übernehmen und mehr Bewusstheit für sich selbst zu entwickeln.

Oft sind zwischen Paaren über die Jahre alle möglichen unsichtbaren Mauern aus Enttäuschung und unausgesprochenen Bedürfnissen entstanden und viele Verflechtungen und Abhängigkeiten, die mit der Zeit immer zersetzender und ungesünder auf die Partnerschaft wirken. Oft haben einer oder beide auch Lebenswege eingeschlagen, die irgendwann mal Sicherheit oder Anerkennung versprochen hatten, die aber überhaupt nicht dem eigenen Wesen entsprechen und immer lähmender und frustrierender wirken.

Was muss ich selbst tun für die Trennung in der Beziehung?

In der Trennung in der Beziehung ist es Zeit für eine Art von Entzug; es geht darum, Groll, alte Geschichten, vermeintliche Sicherheit, Überlastung und Selbstausbeutung endlich hinter sich zu lassen und nicht länger Dinge aus Angst oder Abhängigkeit zu tun. Es geht darum, Neues zu wagen und nicht mehr länger wegzurennen. Oder aber darum, klarere Grenzen zu setzen. Vor allem ermutigen wir Paare in diesem Prozess dazu, zurückgeworfen auf sich selbst, jetzt auch wirklich nicht mehr länger das Problem oder die Lösung beim anderen zu suchen, sondern in der inneren Arbeit die eigenen Schmerzen zu entdecken und zu transformieren.

Wenn Sie die Trennung in der Beziehung wirklich als das nutzen, was sie sein kann – eine Art Trainingscamp für Selbstliebe –, dann kann sie Ihnen zu einem wahren Schub in Ihrer persönlichen Entwicklung verhelfen und Ihnen ganz neuen Boden unter den Füßen verschaffen. Sie müssen sich auch nicht fragen, welche Themen denn bei Ihnen anstehen oder welche alten Wunden Ihnen das Beziehungsleben schwermachen. In der Phase der Trennung in der Beziehung zeigen sich alle Verletzungen und Ängste von allein in dem Maße, in dem Sie einander loslassen. Von Ihnen braucht es dann immer wieder nur eins: dass Sie bleiben und sich für alles, was kommt, öffnen. Dann passiert emotionales und seelisches Wachstum, und das ist der Nährboden, auf dem langsam eine neue Beziehung gedeihen kann. Allein dass Sie mit sich »dadurch gehen«, schafft die Basis, dass Sie sich mit Ihrem Partner und anderen Menschen auf einer neuen Ebene wieder annähern und ein neues Miteinander wagen können.

Es kann sein, dass Ihr wichtigstes Loslassen in der Phase der Trennung in der Beziehung darin besteht, nicht mehr wegzulaufen. Gerade Männer sollten in der Phase des Auf-sich-selbst-Zurückgeworfenseins ehrlich mit sich sein, wenn es um ihre Bereitschaft geht, Konflikte wirklich auszutragen und sich emotional zu zeigen. Vielleicht haben Sie die Trennung in der Beziehung ja mit einer Drohung eingeläutet. Ihre Partnerin wollte mal wieder dieses oder jenes von Ihnen, Ihnen ging das zu nah oder wurde das zu eng, und da hat sie erst recht geklammert und gemeckert. In Ihnen hat sich nur noch Widerstand aufgebäumt und dann war's raus: »Dann trennen wir uns halt!«

Die Tür hinter sich zuzuschlagen, das Handy auszuschalten oder einfach in die nächste Kneipe oder ins Büro zu gehen, wenn sich zuhause Stress anbahnt, ist sicher kurzfristig befreiend, aber nicht die Lösung. Auch nicht, die Sachen zu packen und bis auf Weiteres bei einem Kumpel einzuziehen. Wer nicht lernt, sich mit den Frauen auseinanderzusetzen und mit der eigenen Verletzlichkeit offen umzugehen, wird nie eine wirklich tiefe Beziehung führen können.

Wenn Sie sich abschotten, erreichen Sie auf Dauer nichts. Es braucht jetzt genau die entgegengesetzte Bewegung. Haben Sie sich schon einmal gefragt, warum Ihre Frau sie so umzingelt, warum sie so emotional wird? Weil sie sich schon lange nicht mehr von Ihnen wahrgenommen und gesehen fühlt. Und weil sie Sie nicht richtig erreichen kann. Weil Sie ein Meister darin sind, Ihre Gefühle unter eine Käseglocke zu packen und Mauern um Ihr Herz zu ziehen. Aber genau diese

Mauern versucht Ihre Frau ständig niederzureißen, um den Menschen dahinter zu erleben – nämlich Sie!

Solange alles schön sachlich ist und nicht zu sehr an den Dingen gerührt wird, sind Sie emotional sicher. Allerdings bringt das weder echte Nähe noch Wachstum in Ihre Partnerschaft. Die Phase der Trennung in der Beziehung kann für Sie die große Chance sein, Ihre eigenen Gefühle besser kennenzulernen, ohne sie zu bewerten, und sich der Verletzlichkeit hinter Ihren Fluchtreflexen zu stellen. Vielleicht können Sie ja mal mit einem guten Freund oder einer guten Freundin einen Test machen und hier und da etwas über Ihre Gefühle erzählen und gucken, wie es Ihnen und den anderen dabei geht. In Phase zwei ist dann Ihre Partnerin einen vorsichtigen Versuch wert. Und vielleicht sind Sie ja überrascht und stellen fest, dass die emotionale und verbale Öffnung Ihnen den Raum und die Ruhe verschafft, nach denen Sie sich immer gesehnt haben, wenn Sie früher nur noch mit Trennung drohen oder abtauchen konnten.

Wann merke ich, dass ich auf dem richtigen Weg bin?

Sie merken, dass Sie auf dem richtigen Weg sind, wenn Sie Veränderungen in sich selbst feststellen. Wenn eine Angst nachlässt; wenn Sie etwas überwinden, was Sie lange blockiert hat; wenn Sie sich körperlich wieder besser fühlen; wenn Sie gern mit sich sind; wenn Sie wirklich spüren, dass Sie die alte Beziehung so nicht mehr wollen; wenn Sie Ihren Partner mit neuen Augen sehen. Die Frau, die ihren Mann so lange gepflegt hatte und jetzt nur noch von ihm wegwollte, war überrascht: »Es ging mir besser, als ich endlich meine eigenen vier

Wände hatte. Aber richtig gute Gefühle bekam ich ehrlich gesagt, wenn ich bei seinen Betteleien konsequent geblieben war und ihm einfach mal ganz ohne Schuldgefühle die Meinung gesagt hatte. Das hat mich motiviert, auch mit den Kindern viel klarer zu werden. Ich fühle mich wieder als Frau. Ich ziehe mich völlig anders an als in den letzten Jahren.« Die Frau hat sich am Ende für eine endgültige Trennung entschieden. »Aber ich würde jedem, der das tun will, eine bewusste Phase der Trennung in der Beziehung empfehlen, weil man dabei erst wirklich vom anderen loskommt, selbstbewusst und sich klar wird, was man sich eigentlich von einer neuen Beziehung wünscht. Ich wäre ohne wahrscheinlich einfach nur weggelaufen und hätte immer noch Schuldgefühle gehabt.«

Was sind Fallen während der Trennung in der Beziehung?

Unklare Grenzen und bequeme Verwicklungen sind typische Fallen während einer Trennung in der Beziehung. Finger weg von den kleinen, bequemen Komfortzonen, auf die man ungern verzichtet: »Na ja, es ist einfach praktischer, wenn wir noch zusammen essen … Auch wegen der Kinder!« Oder: »Na ja, es müssen ja nicht gleich alle wissen. Deshalb gehen wir noch zusammen zu Einladungen.« Oder: »Aber den Urlaub hatten wir ja schon zusammen gebucht.« So kommen Sie nicht wirklich weiter. Das ist kein Loslassen, das Sie wirklich zu mutigen Entwicklungen und zu einer klaren Positionierung herausfordert.

Ganz besonders viel Mut braucht es, wenn Verlustängste oder Abhängigkeiten sehr stark sind. »Wenn ich nicht doch mit ihm schlafe, dann ist er endgültig bei ihr.« Und Schuldgefühle sind oft heimtückisch: »Aber ich muss sie doch pflegen, so krank wie sie ist.« In solchen Fällen würden wir Ihnen empfehlen, sich auf jeden Fall während der Phase der Trennung in der Beziehung professionell begleiten zu lassen.

Wie lange muss so eine Trennung in der Beziehung dauern?

Erfahrungsgemäß braucht es ein paar Monate, bis die Trennung in der Beziehung Wirkung zeigt. Aber wenn Sie sich als erstes die Frage nach der Dauer stellen, sind Sie auch schon wieder raus aus dem Loslassen. Sie können die Entwicklungen in der Trennung in der Beziehung NICHT bestimmen. Alles hängt davon ab, wie sehr Sie einander wirklich loslassen und aktiv und engagiert Ihr Leben jeweils neu sortieren. Und wie intensiv Sie sich auf die innere Arbeit und Ihre persönliche Weiterentwicklung einlassen und wie sehr Sie wirklich bei sich bleiben und lernen, besser für sich zu sorgen.

Eine Annäherung an Ihren Partner ist dann auf eine natürliche und gesunde Weise wieder möglich und kann auch fruchtbar sein, wenn Sie emotional wieder etwas zu geben und zu teilen haben. Wenn Sie das Gefühl haben, Sie kommen wieder zu Kräften, Ihnen geht es besser, Sie fühlen sich lebendiger und sich selbst näher, dann haben Sie auch in einer Beziehung wieder etwas zu geben.

Wie kann man denn nach so einer Phase des Getrenntseins wieder zusammenkommen?

Wie raten ja immer dazu, dass jeder für sich ist und keiner dem anderen Rechenschaft ablegen muss. Aber wir raten auch dazu, in der Kommunikation – sofern sie sich ergibt – wach und zugewandt zueinander zu sein. Spüren Sie immer wieder nach, wie es Ihnen im Kontakt mit Ihrem Partner geht: Will ich sofort wieder klammern? Hab ich immer noch Angst vor seinen Reaktionen? Bin ich sofort wieder verschlossen und latent auf der Flucht? Habe ich noch Berge von Groll und Vorwürfen in mir? Oder gibt es schon erste Zeichen von Entspannung? Geht da mal wieder etwas leicht und unbelasteter? Gibt es womöglich neue Themen? Erste Öffnungen? Gibt es vielleicht mal wieder ein Gefühl von echter Nähe – einfach so – ohne Anspruch und ohne Aufpassen? Ist es möglich, dass wir etwas miteinander klären, ohne dass es eskaliert? Können wir langsam wieder etwas ausdrücken, ohne dass es der andere gleich bewertet?

Es muss nicht alles perfekt in Ihnen sein, bevor Sie wieder auf Ihren Partner zugehen. Vielleicht haben Sie einen schmerzlichen Prozess durchgemacht und sehen Erfahrungen in Ihrem Leben jetzt aus einer neuen, ehrlicheren Perspektive. Vielleicht sind Sie jetzt wackeliger und verletzlicher als vorher, aber sich selbst näher und damit berührbarer. Probieren Sie aus, wie es ist, sich so zu zeigen. Und wenn so ein ehrlicher und echter Annäherungsversuch in die Hose geht, dann gehen Sie einfach wieder einen Schritt zurück und sammeln Kraft und Mut für ein nächstes Mal.

Die Wiederannäherung ist eher ein organischer Prozess. Es ist dabei wichtig, dass Sie beide sehr wach sind und alles möglichst offen und behutsam entstehen lassen, ohne wissen zu müssen wann, was nun wieder klar ist. Unserer Erfahrung nach gibt es nicht plötzlich einen großen Knall, und dann brechen Liebe und Leidenschaft wieder über Sie herein, sondern eher stellen sich in kleinen, oft scheinbar unbedeutenden Situationen zarte, aber echte Gefühle ein. Deshalb ist es so wichtig, dass Sie sich und die Situation nicht ständig mit einer Erwartungshaltung unter Druck setzen und hoffen, dass jetzt alles wieder gut oder endlich filmreif stürmisch und leidenschaftlich ist. Im besten Fall wird nichts von alldem passieren, was Sie sich gedacht haben oder wollten – im besten Fall entwickelt sich langsam etwas Unbekanntes, Neues.

Was ist das Risiko bei einer Trennung in der Beziehung, und was kann im besten Fall dabei herauskommen?

Wir haben es eingangs schon gesagt: Irgendwann muss man die Beziehung zur Disposition stellen, um zu sehen, ob die Liebe wirklich tragfähig ist. Es kann sein, dass Ihr Partner die Trennung in der Beziehung überhaupt nicht nutzt, um sich selbst besser kennenzulernen und wichtige Schritte zu tun. Es kann sein, dass er sich ablenkt und schnell einen anderen Menschen sucht, um das Gefühl des Alleinseins nicht fühlen zu müssen. Es kann sein, dass er sich danach endgültig von Ihnen trennen möchte. Und es kann sein, dass das das Beste für Sie ist, weil die Liebe zwischen Ihnen nie tragfähig war, weil Ihr Partner nie den Mut gefunden hätte, sich wirklich zu zeigen, oder weil Sie sonst nie gelernt hätten, wirklich zu sich zu kommen und auf sich selbst zu vertrauen. Die Trennung in der Beziehung sorgt dafür, dass sich die Wahrheit zeigen kann. Und manchmal ist ein Ende die Wahrheit. Aber dann sind Sie frei für etwas Neues, das nach all Ihren Entwicklungsschritten wirklich zu Ihnen passt.

Mein Mann und ich haben mit Paaren, die zu uns kamen, bei einer wirklich aktiv betriebenen Trennung in der Beziehung schon wahre Wunder erlebt. Manchmal war es unter-

wegs ein ziemliches Schleuderprogramm ohne Schonwasch-
gang, aber danach waren die beiden nicht mehr dieselben wie
vorher. Und oft höre ich den Satz: »O Gott, ich kann mir gar
nicht mehr vorstellen, wie ich überhaupt so leben und wir so
zusammenleben konnten. Jetzt nach dem ganzen Aufräumen
und Loslassen ist alles so viel lebendiger und echter.«

Wenn wir selbst heute auf unsere Ehe vor unserer Trennung in der Beziehung zurückschauen, können wir nur sagen,
dass wir damals im Vergleich zu heute vielleicht zehn Prozent
von uns und voneinander kannten. Dass wir uns damals von
jemandem trennen wollten, von dem wir gar nicht wussten,
wer er ist. Dass damals unsere Ehe erst richtig begonnen hat,
und dass wir seitdem immer lebendiger und wacher miteinander werden und immer mehr lernen, dass das Geheimnis darin liegt, loszulassen und dem eigenen Herzen zu folgen. Es
kennt den Weg so viel besser als unser Verstand. Wir können
Ihnen nur sagen: Wagen Sie das Loslassen und hören Sie auf
Ihr Herz. Dann sind Wunder möglich.

5. Kapitel

Wie Sie von innen für Heilung, Entspannung und Verbindung sorgen

Das Praxisprogramm

»Wer regelmäßig meditiert, bildet das aus, was wir erlebendes Bewusstsein nennen. Damit ist die Fähigkeit gemeint, eine Situation ruhig und objektiv zu beurteilen, zu bemerken, wenn wir gesteuert werden, sowie bewusst zu entscheiden, wie wir auf etwas reagieren möchten. Statt reflexhaft und gemäß vorprogrammierten Verhaltensmustern zu antworten, befreien wir uns selbst für Entscheidungen, die uns helfen, unsere tiefsten Wünsche nach Glück, Liebe und Erfüllung wahr zu machen.«

Deepak Chopra

Deepak Chopra hat leicht reden. Er meditiert seit Jahrzehnten trotz vollem Terminkalender und Reisen um die ganze Welt vier Stunden am Tag. Aber wir beide wissen, dass das eine der allerallerallergrößten Hürden im Beziehungsalltag ist: Nicht reflexhaft und entsprechend der alten Programme zu reagieren, sondern sich eine Million Mal bewusst für die Liebe im Umgang miteinander zu entscheiden. Ohne Meditation hätten wir uns sicher deutlich öfter für Krieg statt für Frieden in unserem Ehealltag entschieden.

Mittlerweile kenne ich eine Menge Leute mit wahrhaft erleuchtendem theoretischem Wissen und einer umfänglichen spirituellen Bibliothek. Und doch wirken viele von ihnen auf

mich wie verheißungsvolle, aber ungeküsste Jungfrauen. Tat-
sächlich hängt das Maß an Lebendigkeit und Erfüllung in un-
serem Leben einzig davon ab, wie sehr wir unsere tatsächliche
innere Wahrheit erleben. Wie sehr wir uns selbst als liebende
Wesen erfahren können. Wie sehr wir uns trauen, überwinden
und herausfordern, diese Wahrheit mit Geduld, Ausdauer,
Mut und Disziplin ins Leben zu bringen. Wie sehr wir uns
trauen, unserem Herzen zu folgen und uns verletzbar zu ma-
chen. Vor allem aber, wie sehr wir anderen – vor allem unse-
ren Partnern – vergeben und unser Urteil über ihr Anderssein
überwinden können. ∞

Wollen Sie sich treu sein?

»Ich kann jetzt nicht telefonieren.
Ich mach gerade mal eben eine Medi,
weil mich heute alle an der Uni
so abgenervt haben. «

Annalena Zurhorst

Unsere Tochter hat sich früher zu Tode geschämt, wenn ihre Freunde nichtsahnend in unser mucksmäuschenstilles Wohnzimmer kamen und ihre Eltern mit geschlossenen Augen bei der Meditation erwischten. Mittlerweile genießt auch sie ihre kleinen Ruhe- und Runterkomminseln im bewegten Studentenalltag.

Vielleicht macht Ihnen dieses emotionale Loslassen und Aufräumen in Ihrem Leben ein wenig Angst – ganz zu schweigen von einer möglichen Trennung in der Beziehung. Es stimmt, der Moment vor dem ersten Schritt kann einen umhauen. Aber wir möchten Ihnen versichern, dass ab dem zweiten Schritt jede Menge Hilfe da ist. Deshalb gibt es eben nicht nur dieses Buch, sondern auch einen Audio-Download mit den von uns gesprochenen Hörübungen, die Ihnen in jedem ängstlichen, unsicheren, unruhigen Moment reale Unterstützung bieten.

Wir haben die Hörübungen bewusst kurz und zeitgemäß gestaltet, damit Sie sie problemlos in Ihren Alltag integrieren können. Im Kern basieren diese Übungen aber auf jahrtausendelang erprobten Wegen des Loslassens, Heilens und Zur-Ruhe-Kommens, die wir Ihnen hier in einer modernen, leicht nachvollziehbaren Version an die Hand geben. Einige der kurzen Audios spenden Ihnen einfach nur Trost oder ermutigen Sie. Andere helfen Ihnen, im Alltag im richtigen Moment Antworten auf Ihre Fragen zu finden. Vor allem aber werden Sie erleben, dass Sie, egal was gerade ist, aus eigener Kraft zur Ruhe und in die Entspannung finden können.

Also machen Sie sich jetzt nicht verrückt, indem Sie denken, dass Sie ausgerechnet in dieser Phase Ihres Lebens – bei dem, was gerade alles ansteht – auch noch etwas Neues lernen sollen. Und dann auch noch so etwas Diffuses wie Meditation. Dieses Programm kann jeder machen. Und außerdem müssen Sie ja nichts tun! Hier, im eigentlichen Programm, müssen Sie tatsächlich nichts tun, außer es sich bequem zu machen und die Augen zu schließen – dann werden Sie von unseren Stimmen auf dem Download geführt.

Manch einer von Ihnen kennt Meditation nur so, dass man sich allein in die Stille begibt. Natürlich kann man auch allein einfach nur still werden und mit der Meditation beginnen, aber das kann gerade am Anfang eine große Herausforderung und auch frustrierend sein. Außerdem geht es uns ja hier nicht nur darum, zur Ruhe zu kommen, wir wollen ja, dass Sie ihr Beziehungsleben heilen. Und da braucht das Allein-in-Stille-zu-Sitzen, die Suche nach Führung und Antworten und die Heilung von inneren Schmerz zumindest zu Anfang viel Kraft und Disziplin, weil wir es nicht gewohnt sind, uns selbst bewusst wahrzunehmen und dabei fokussiert zu bleiben. Gerade in turbulenten Zeiten sind unsere Gefühle oft so stark, dass sie uns leicht wegreißen. Und unsere Gedanken sind es gewohnt, überallhin zu galoppieren, ohne dass wir auch nur ansatzweise die Zügel in der Hand hätten.

Deshalb bieten wir Ihnen hier für den Anfang geführte Meditationen an – weil eine geführte Meditation Sie durch das eigene, innere Wirrwarr hindurchführen und immer wieder zurückholen kann, wenn es Sie drängt, abzudriften, wegzudösen oder abzubrechen. Gerade in emotional turbulenten Zeiten kann eine geführte Meditation Sie besser halten und aktiver dabei unterstützen, in einen ruhigen und annehmenden Zustand zu finden, als wenn Sie ganz allein in Stille dasitzen.

Und – auch da keine Sorge – es gibt auch ganz kurze Hörübungen von nur ein, zwei Minuten – unserer Mini-Medis, mit denen Sie wirklich ganz klein und behutsam anfangen können. Das Übungsprogramm führt also nicht zu Entspannungsstress, und man muss dafür auch nicht gleich das ganze Leben umbauen. Sie dürfen sich einfach vertrauensvoll entspannen und sich der Führung unserer Stimmen anvertrauen.

Das Einzige, was es von Ihnen braucht, ist Verbindlichkeit, was die regelmäßige Praxis betrifft – nämlich sich jeden Tag ein paar Minuten Liebe und Entspannung zu schenken. Dabei ist es für dieses Audio-Programm nicht wichtig, dass Sie es gut finden, sondern dass Sie es regelmäßig tun.

Ganz ehrlich: DAS HIER IST DIE GRÖSSTE HÜRDE IM GANZEN PROGRAMM – DASS SIE SICH ZEIT NEHMEN. Diese Entscheidung, sich täglich ein paar Minuten für das Programm zu reservieren, liegt allein in Ihrer Hand. Wollen Sie sich für drei Wochen Treue versprechen? Wollen Sie sich ein Abenteuer mit sich selbst gönnen und drei Wochen lang die Freundschaft zu sich selbst wiederbeleben?

Diese Liebe ist ein Geschenk des Himmels – und doch ist sie eine bewusste Entscheidung. Jeden Tag, jede Stunde, jede Minute können Sie sich bewusst entscheiden zu lieben – oder es zu lassen. Wenn Sie sich allerdings entscheiden, die Liebe in Ihrem Leben zu entfalten, sind Ausdauer und Disziplin gefordert.

Falls Sie sich sagen: »Ja, eigentlich schon. Aber ich weiß einfach nicht, wo ich die Zeit und die Ruhe hernehmen soll«, dann sollten Sie sich vielleicht einmal ehrlich die Hand aufs Herz legen und fragen: »Heißt nicht: ›Ich habe keine Zeit‹ in Wahrheit: ›Etwas anderes ist mir wichtiger‹?« Wenn ja, fragen Sie sich: »Was scheint mir wichtiger, als mein Leben und meine Beziehung wieder in Ordnung zu bringen und mir dafür ein paar Minuten Zeit für mich zu nehmen?« Vielleicht steht Ihnen ja nur ein alter Glaubenssatz im Weg oder eine Art mit dem Leben umzugehen, die Sie von zuhause kennen. Vielleicht ist es ja an der Zeit für was Neues?

Wir können Ihnen versprechen, dass sich die Zeit, die Sie sich für sich nehmen, lohnen und Ihnen reichlich Geschenke in Ihr Leben und in Ihre Beziehungen bringen wird. Wir können Ihnen aus unserer Erfahrung sagen, dass die Zeit des Nichtstuns sich bald schon als eine Art friedvolle Ruheinsel mitten im vollen Alltag entpuppen und Ihnen ungeahnte Kraft und Zuversicht schenken kann.

Aber wir möchten Ihnen gleich hier am Anfang auch sagen: Der Kurs, ohne dass Sie sich Zeit nehmen für die regelmäßige Praxis der Übungen, ist wertlos. So führt er Sie nur ins Verstehen. Wollen Sie eine echte Veränderung erfahren, dann geht das nur mit Übung. In Wahrheit sind die Hörübungen das Herz des Kurses.

Also, sind Sie bereit, nicht nur ein glücklicheres Beziehungsleben zu WOLLEN, sondern wirklich Freundschaft mit sich selbst zu PRAKTIZIEREN?

Dann kann es jetzt losgehen …

Das Drei-Wochen-Übungsprogramm

> »Ein Tag ohne Meditation
> ist ein Tag ohne echte Begegnung
> mit mir selbst.«

Wolfram Zurhorst

Ich, Wolfram, bin mir sicher, dass auch Sie diese Wahrheit nach ein bisschen Übung für sich bestätigen können.

Für das Drei-Wochen-Übungsprogramm braucht es von Ihnen als einziges Zutun, dass Sie bewusst und aktiv einige Minuten am Tag sich selbst widmen und morgens und abends einer geführten Übung folgen. Allein dadurch säen Sie in diesen drei Wochen die Samen, die in der Zeit danach in Ihrem Leben und in Ihrer Beziehung aufgehen können. Daneben bekommen Sie hier noch eine Reihe von kleinen Tipps, wie Sie Ihren Alltag achtsamer leben und Ihre Beziehung zu sich bewusster und wacher gestalten können.

Praktisch funktioniert das Programm wie folgt: Jede Woche hat ein Thema, das hier im Folgenden noch beschrieben wird und dem Sie sich in zwei 5–10-minütigen, von uns gesprochenen Audio-Meditationen täglich einmal am Morgen und einmal am Abend widmen. Durch die tägliche Praxis der gleichen Übungen bekommen Sie Sicherheit, und Ihr Unterbewusstsein kann sich durch die Wiederholung besser für Veränderungen öffnen.

Für die alltäglichen Herausforderungen zwischendurch bekommen Sie darüber hinaus drei 1–2-minütige Mini-Meditationen (🎧 Track 9, 10 und 11), wenn Sie kurz mal entspannen, Stress oder negative Gefühle loswerden oder sich auf Ihre innere Führung besinnen wollen. Diese Übungen sollten Sie im Alltag einfach immer mal zwischendurch einschieben, so oft Sie wollen.

Seien sie kreativ dabei: Sie können sich die Übungen herunterladen auf Ihr Handy oder Ihren MP3-Player. Sie können
irgendwo mit dem Auto auf einen Parkplatz fahren, den Sitz
nach hinten stellen, die Kopfhörer aufsetzen und eine Mini-
Medi von nur einer Minute machen, um danach wieder er-
frischt und geklärt Ihre Fahrt fortzusetzen. Sie können sich
beim Spazierengehen auf eine Parkbank oder einen Baumstumpf setzen und mit einer Mini-Medi eine Frage klären. Sie
können sie zusammen mit Ihren Kindern nach der Schule
oder vor dem Einschlafen machen. Manchmal haben Sie nur
Raum für sich auf der Toilette. Manchmal haben Sie nur Ruhe
beim Joggen im Wald.

Aber auch wenn Sie die U-Bahn nehmen, können Sie den
Platz, auf dem Sie sitzen oder an dem Sie stehen, zu Ihrem
Ruhe- und Rückzugsort machen. Nehmen Sie einfach die Au-
dioübungen auf dem MP3-Player oder Ihrem Handy mit und
setzen Sie Ihre Kopfhörer auf. Schon kann es losgehen mit der
Entspannung.

Für turbulente Momente gibt es noch das Notfallset mit
zwei ebenfalls 1–2-minütigen Hörstücken, die Ihnen Trost
spenden und Ermutigung bringen (☻ Track 8 und 9). So
können Sie sich nach einem Streit an einen stillen Ort zurückziehen und sich beim Zuhören eine Minute lang wieder auf-
päppeln und innerlich freipusten.

Der Kern des Programms sind die beiden wöchentlich
wechselnden Meditationen für den Morgen und den Abend.
Sie sind jeweils nur 5–10 Minuten lang. Bitte treffen Sie eine
Entscheidung, wann und wo Sie diese kleinen Übungen während der drei Wochen wirklich regelmäßig morgens und
abends in Ihren Tag einschieben. Morgens ist es am besten,
sich der Übung zu widmen, bevor Sie sich ins eigentliche Ta-

gesgeschehen stürzen. Abends sollten Sie die Übung als Unterbrechung zwischen dem geschäftigen Teil des Tages und dem eher gemütlichen hören, so dass Sie bewusst den Tagesstress loslassen und bei sich ankommen können. Alle praktischen Details zum Übungsablauf finden Sie im nächsten Kapitel.

Hier die Themen für die drei Wochen:

In der ersten Woche dreht sich in den beiden Übungen alles darum, dass Sie bei sich ankommen. Dass Sie lernen, sich bewusst zu entspannen, in Ihrem Körper zu landen und sich nicht mehr so sehr von Gefühlen umtreiben zu lassen (🎧 Track 1 und 2).

In der zweiten Woche lernen Sie, Ihr Herz für sich selbst, aber auch für andere Menschen zu öffnen (🎧 Track 3 und 4).

Und in der dritten Woche geht es darum, sich selbst und anderen zu vergeben und Vergangenheit und Schmerz loszulassen (🎧 Track 5 und 6).

Grundsätzlich gilt für das Programm, dass Sie sich während der drei Wochen möglichst an unsere Vorgaben halten und mit den Mini-Medis experimentieren. Sie können aber auch in Woche zwei oder drei zusätzlich intuitiv auf eine Übung zurückgreifen, die Ihnen davor gutgetan hat und bei dem Thema hilfreich sein könnte, das Sie gerade beschäftigt. Nach oben sind der Praxis keine Grenzen gesetzt: Je öfter und je intuitiver Sie sich Ihrem Inneren zuwenden, desto tiefer und kraftvoller wird Ihr Kontakt zu sich selbst werden.

Vergessen Sie nicht, dass Beziehung nach dem Prinzip innen geht vor außen funktioniert. Das heißt, jede äußere braucht zuerst eine innere Veränderung. Ihre dreiwöchige regelmäßige Praxis der geführten Übungen ist so, als ob Sie eine neue Liebe beginnen und sich kleine Rendezvous gönnen –

hier in diesem Fall verabreden Sie die Rendezvous allerdings vorerst nur mit sich. Erst einmal schenken Sie sich selbst Zuwendung, Annahme und Achtsamkeit. Erst einmal befreien Sie sich selbst von Schmerz und Groll. Erst einmal lieben Sie sich selbst. Und dann kommt der Rest da draußen von ganz allein.

Wenn Sie die Übungen kontinuierlich praktizieren – egal, ob Sie Ihnen sinnvoll oder logisch vorkommen oder nicht –, wird sich Ihnen auf Ihrer inneren Entdeckungsreise das Geheimnis der Liebe immer mehr offenbaren. Sie werden erleben, welche Wunder in Ihren Beziehungen zu anderen geschehen können, wenn Sie Ihr Herz wieder für sich öffnen, wieder mehr bei sich sind und durch die Praxis von Achtsamkeit, Annahme, Selbstliebe und Vergebung wieder Freundschaft schließen mit sich selbst.

Die Übungen

1. Woche – bei mir ankommen

Meditation für den Morgen: Entspannen und inneren Halt finden

Meditation für den Abend: Im Körper verwurzeln und Batterien aufladen

2. Woche – das Herz öffnen und Liebe schenken

Meditation für den Morgen: Annahme, Ermutigung und Mitgefühl für mich selbst

Meditation für den Abend: Annahme, Ermutigung und Mitgefühl für andere

3. Woche – loslassen und vergeben lernen

Meditation für den Morgen: Loslassen und mir selbst vergeben

Meditation für den Abend: Anderen vergeben und mich befreien

Das Notfall-Set

Notfalltropfen: Trost

Notfalltropfen: Ermutigung

Die kleine Pause zum Auftanken

Mini-Medi: zum Runterkommen

Mini-Medi: zum Loslassen

Mini-Medi: aufs Herz hören

1. Woche –
bei mir ankommen

»Also, es ist höchste Zeit. Hier und jetzt anzukommen und aus vollem Herzen zu leben. Warten Sie nicht auf die Zukunft. Sie ist nur eine Illusion. Sobald sie da ist, sind Sie wieder in der Gegenwart. Und um die geht es immer. Und zwar jetzt.«

Eckhart Tolle

Eckhart Tolles Tipp können wir nur unterstreichen. Er hat gleich einen Weltbestseller mit dem Titel »Jetzt!« geschrieben. Für uns ist seine Lehre über die Kraft der Gegenwart erst mal nicht ganz leichte Kost gewesen, aber heute steht sie auf unserer Beziehungsrettungsbestsellerliste unangefochten auf Platz eins.

Entspannung und innerer Halt

Kennen Sie diesen Zustand: Sie kommen einfach nicht mehr runter. Sie machen morgens die Augen auf, und schon rattert der Kopf los: »Ich muss das, das und das machen. O Gott, ich muss mich beeilen, denn heute ist es ja besonders viel …«

Ihre Gefühle versetzen Sie in den Ausnahmezustand: Ihr Herz schlägt bis zum Hals, weil es auf Ihrem Handy diesen einen kleinen Pling-Ton gab. Und Sie denken nur: »Sie war es wieder! Sicher war die SMS von ihr!«

Ihre Gedanken laufen in einer Dauerschleife: »Ich kann so nicht mehr weitermachen … Das hat so keinen Sinn … Ich will das nicht mehr … Ich halte das nicht aus … Aber ich kann doch nicht gehen … Das hat auch keinen Sinn … Ich muss einfach weitermachen … Vielleicht geht es ja irgendwie …«

Oder Sie sind immer wieder enttäuscht oder wütend auf Ihren Partner: »Jetzt hat sie wieder mit dieser Diskussion angefangen …« »Jetzt ist er wieder nicht gekommen …«

Für all diesen Stress ist ein und derselbe Übeltäter verantwortlich – und zwar nicht Ihr Partner! Es sind einzig und allein Ihre Gedanken! Wenn Sie wirklich still würden, sich beobachten und zuhören könnten, würden Sie feststellen, dass in allen Stresssituationen Ihre Gedanken am Werk sind und Sie im Hyperaktivmodus an- und umtreiben.

Jeder wünscht sich in solchen Zeiten, wenn alles zu viel wird, dass es aufhören möge. Dass irgendwie wieder Ruhe einkehrt und der ganze Stress ein Ende hat. Meist hoffen wir, dass sich im Außen irgendetwas ändert, damit wir wieder Ruhe finden. Wenn draußen der Stress wegfällt, ist das natürlich eine Erlösung. Aber wenn Sie wirklich einen Ausstieg aus der täglichen Achterbahn wollen, dann brauchen Sie ein Handwerkszeug, das in Ihrem Inneren ansetzt und Ihnen hilft, Ruhe im Kopf zu schaffen.

Wenn Sie wirklich wieder bei sich ankommen, loslassen und Halt finden wollen in stressigen Phasen, dann ist es wichtig, dass Sie lernen, bewusst still zu werden und kleine Lücken im Strom der Gedanken zu finden. Sie werden überrascht und verblüfft sein, wie eng der Zusammenhang zwischen dem ganzen Zeug in Ihrem Kopf und dem Stress in Ihrem Leben ist. Und Sie ahnen gar nicht, wie erfrischend, beruhigend und befreiend ein Moment in bewusster Stille sein kann. Wie sehr sich alles in Ihnen entspannt, wenn Sie mit Ihrer Aufmerksamkeit vorübergehend aus der Achterbahn in Ihrem Kopf aussteigen und sich auf etwas konzentrieren, das Sie beruhigt und nährt.

Deshalb lernen Sie in der ersten Woche, auf ganz einfache Art den Trubel in Ihrem Leben, alle Menschen, Probleme, Termine und Ablenkungen loszulassen und mit der ersten geführten Übung *Entspannen und inneren Halt finden* (⚐ Track 1) bei sich zu landen.

Sie sollten diese Meditation in der ersten Woche jeden Morgen machen, um auch wirklich eine neue Gewohnheit in Ihrem Unterbewusstsein zu etablieren. Es braucht am Anfang Ihren Willen, sich wirklich jeden Morgen 5–10 Minuten Zeit zu nehmen. Und es braucht, wie bei allem anderen, was Sie neu lernen, auch etwas Übung, um sich aus dem Gedankenka-russell zu lösen und aus eigenem Antrieb trotz Stress oder Kri-se Ruhe in sich selbst zu finden.

Aber wenn Sie erst einmal bequem sitzen und die Augen geschlossen haben, gibt es nichts mehr zu tun, außer unseren Anleitungen und dann der Lebendigkeit in Ihrem Inneren und dem Rhythmus Ihres Atems zu lauschen. Sie müssen nichts wegmachen, sich nicht gegen irgendetwas stellen oder irgendetwas loswerden wollen. Die heftigsten Widersacher am Anfang sind Ihre Gedanken. Sie sind es einfach gewöhnt, im-mer aktiv zu sein. Und Sie sind es gewöhnt, ihnen fast immer Ihre Aufmerksamkeit zu schenken. Diese eingeschworene Be-ziehung gilt es zu lösen. Dazu müssen Sie Ihre Gedanken aber nicht loswerden. Dieses Unterfangen wäre eh nicht erfolgver-sprechend, da Sie Zigtausende Gedanken am Tag haben. Sie müssen sich auch nicht anstrengen und gegen sie kämpfen. Sie können aber lernen, einen gesünderen Abstand zu Ihren Ge-danken zu bekommen. Sie können lernen, Ihre Aufmerksam-keit von ihnen zu lösen und bewusst auf etwas zu fokussieren. So bringen Sie tatsächlich von innen nach außen nicht weni-ger als eine neue Richtung in Ihr Leben.

Sie werden sehen, diese erste kleine bewusste Tat, mit der Sie sich aus dem Trubel lösen und in die Stille eintauchen, kann schon sehr befreiend wirken. Sie gibt Ihnen ein Gefühl von Eigenmacht, wenn Sie merken, dass Sie sich einfach hin-setzen können, die Augen schließen und selbst entscheiden können, jetzt mal auszusteigen, Kraft zu sammeln und sich selbst etwas Gutes zu tun. Und es wird Ihnen bald schon neu-en Halt geben, wenn Sie erleben, dass Sie in sich einen Ort der Ruhe finden können, wenn der Stress droht, Sie zu übermann-nen.

Mit ein bisschen Übung, merken Sie, wie Sie – und darum geht es uns ja hier – eben auch im Alltag wieder mehr bei sich sind und zur Ruhe finden, nachdem Sie in der Meditation gelernt haben, langsam in Ihrem Inneren Ruhe zu finden. In der Meditation arbeiten Sie an der Software statt auf dem Bildschirm.

Wir haben mittlerweile sehr viel Erfahrung mit allen möglichen Techniken und Praktiken, arbeiten schon sehr lange mit Menschen an ihrer Beziehung, und wir können Ihnen nur sagen: Alle Arbeit am Bildschirm bleibt eine Wiederholung des Gleichen ohne eine echte Lösung des Problems, wenn Sie keinen Zugang zur Software und nicht die Möglichkeit zum Update und zum Aufräumen auf der Festplatte haben.

Nichts und niemand kann Ihnen auf Dauer zur Erfüllung verhelfen, wenn Sie nicht lernen, wirklich bewusst und mitfühlend mit sich selbst in Kontakt zu sein. Wenn Sie möchten, dass jemand Ihnen nahekommt, dann geht das nur, wenn Sie sich selbst nah sind. Und wenn jemand Sie kennenlernen will, dann können Sie nur das mit ihm teilen, was Sie von sich kennen. Und das alles tun Sie hier mit den Übungen ab jetzt aktiv!

Die zarte Frau ist gerade mal 40 Jahre alt. Vor einem halben Jahr hatten wir den ersten Kontakt. Damals steckte sie in einer unglücklichen Ehe und hatte neben einem Burn-out auch noch starke Herz- und Rückenprobleme. Sie kam zu uns, weil sie nach einem Weg suchte, um wieder gut für sich selbst zu sorgen. Sie wollte wieder Gefühle für ihren Mann entwickeln oder den Mut finden, die Ehe zu beenden. Und sie wollte Klärung für ihren beruflichen Weg, der sie auch nicht mehr erfüllte. »Ich komme mir vor wie ein Wachmann in ständiger Alarmbereitschaft. Ich bin immer unruhig und kann nirgendwo so richtig landen, dabei sehne ich mich so sehr nach einem Zuhausegefühl«, sagte sie damals fast flehend.

Im Lauf des Coachings fand sie zusätzlich auch einen neuen Arzt, zu dem sie großes Vertrauen fasste und der ihr das Gleiche riet wie wir, nämlich dass sie dringend eine Auszeit brauche, wenn sie sich nicht ernsthaft in Gefahr bringen wollte. Mit dem Arzt startete sie eine körperliche Entgiftung, und wir zeigten ihr die innere Arbeit. Sie war bei beidem genauso diszipliniert wie vorher in ihrem Job, stellte ihre Ernährung um, übte täglich ihre Meditation und war begeistert von den Ergebnissen: »Jedes Mal, wenn es still wurde, war alles so klar. Ich wusste, wer ich bin und was ich brauche. Jedes Mal nach der Meditation hatte ich Boden unter den Füßen.«

Sie entschied sich zu kündigen und zu einer Yogawoche zu fahren. »Wir haben gelernt, still zu sitzen und unseren Atem bewusst zu vertiefen. Dabei kam ich mir irgendwie so nahe, dass ich nicht anders konnte als weinen, weinen und weinen. Wir hatten eine fast 70-jährige Frau mit in der Yogagruppe, die mich in den Armen gehalten und mir über den Kopf gestreichelt hat wie einem kleinen Kind. Dabei hat sie ganz ruhig weitergeatmet. Ich kann es kaum in Worte fassen, aber dieser Atem war wie ein Zuhause-Ankommen für mich. Dieses Gefühl werde ich nie vergessen.«

Der Atem ist ein Wunder, auch wenn wir ihm im normalen Leben kaum Beachtung schenken. Er verbindet uns mit dem Leben, und mit seiner sanften Wellenbewegung kann er uns tief zur Ruhe bringen. Über Jahrtausende hat sich der Atem als eins der besten Hilfsmittel erwiesen, um in der Meditation den Fokus vom Denken abzuziehen und auf seinen ewigen und immer wiederkehrenden Rhythmus zu lenken. Es gibt wenig, was so schlicht ist, wie sich des eigenen Atems im Körper bewusst zu werden, und das einen gleichzeitig so tiefgreifend zur Ruhe und wieder zu sich selbst bringen kann.

Die Frau hier kam nach ihrer Yogawoche nach Hause zu ihrem Mann und erklärte ihm, dass sie die Beziehung so nicht mehr weiterführen könne. Sie erzählte ihm ehrlich, wie sie im Arm der älteren Frau und in der Geborgenheit ihres Atems gespürt hatte, was sie all die Jahre in ihrer Ehe und in der Körperlichkeit vermisst hatte. Sie bat ihren Mann, mit ihr zusammen zu meditieren. Obwohl er das Erlebnis seiner Frau nicht nachvollziehen konnte, willigte er ein. »Ich hätte nie geglaubt, dass er das ausprobieren würde.« Aber er war so beeindruckt von der neuen Ruhe und Klarheit, die sie durch die Meditation gefunden hatte, dass es wagte. »Wir haben Erfahrungen miteinander gemacht, die wir noch nie vorher hatten. Manchmal sitzen wir beide da und halten uns in den Armen, sind still und atmen. Ich kann gar nicht beschreiben, wie nah ich mich ihm dabei fühle.«

Nehmen Sie noch einmal Ihren Atem wahr. Er fließt. Ob Sie sich nun um ihn kümmern oder nicht – er fließt. Die ganze Zeit. Er bewegt Ihren Körper. Er öffnet und schließt ihn. Er versorgt Sie. Er hält Sie am Leben. Versuchen Sie einmal, ihn anzuhalten. Es wird Ihnen nur kurze Zeit gelingen. Danach wird er sofort umso tiefer in Sie hineinströmen. Der Atem ist eine so alltägliche Angelegenheit, dass wir ihn kaum noch bewusst wahrnehmen, aber er ist eines der größten Mysterien des Lebens. Er ist das Leben. Und meiner Meinung nach ist er unsere göttliche Verbindung. Aber um diese immerwährende stille Lebendigkeit und Bewegung in unserem Inneren wahrzunehmen, um die eigentliche göttliche Präsenz in uns zu erkennen, müssen wir uns einen Moment der Stille zugestehen.

Auch wenn diese erste Meditation hier nur ein Anfang ist – sie kann Ihr erster kleiner Schritt auf einer großen Reise sein. Und vielleicht ahnen Sie jetzt noch gar nicht, was Ihnen unterwegs alles passieren kann …

Haben Sie Lust, den ersten tiefen Atemzug zu wagen?

Im Körper verwurzeln und Batterien aufladen

Sie sind nicht mehr Herr Ihrer Sinne: Sie merken immer öfter, dass Sie gar nicht mehr richtig zuhören, nicht mehr richtig fühlen können, das Essen nicht mehr schmecken. Alles rauscht irgendwie an Ihnen vorbei.

Sie MÜSSEN sich auspowern … Sie brauchen Sport, sonst werden Sie ganz unruhig. Halten es nicht aus, wenn Sie ohne Ablenkung still sitzen müssen. Sie werden angespannt, wenn Sie nicht ausreichend Sex bekommen.

Sie haben immer öfter irgendwo im Körper Schmerzen, gegen die nichts so recht helfen will.

Sie funktionieren zwar, aber unten drunter lauert andauernd Erschöpfung. Sobald Sie sich entspannen wollen, werden Sie müde. Wenn Sie sich abends hinsetzen, fallen Ihnen sofort die Augen zu.

Sie haben an nichts mehr Vergnügen, können sich an nichts mehr freuen, und die Gedanken lassen sich einfach nicht abschalten.

In den Paargesprächen beschwert sich oft einer von beiden, dass es kein Miteinander mehr gibt. Dass der andere nur noch körperlich anwesend, aber innerlich abwesend ist. Dass die Abende müde und leer auf der Couch vor dem Fernseher enden. Frauen erzählen, dass sie mit Sportjunkies verheiratet sind, die das Joggen oder Fahrradfahren wie eine Droge brauchen und nicht in der Lage sind, in der freien Zeit einfach nur mit Frau und Kindern zusammen zu sein.

Wir machen dann mit den Männern Scherze und schlagen Ihnen vor, sich ein Gruselszenario vorzustellen, in dem sie eine Woche lang keinen Sport, kein Handy und keinen Computer haben und abends einfach so mit Ihren Frauen bei einem Glas Wein zu einem Gespräch über sich selbst zusammensäßen. Wir lachen dann zwar gemeinsam, aber viele Männer müssen zugeben, dass es tatsächlich eine Horrorvorstellung ist, sich mal nicht auspowern zu können.

Auspowern ist nicht das, was dem Körper wirklich Freude macht. Der Körper mag es, wenn wir mit ihm in Kontakt gehen, ihn in seinen vielen kleinen Regungen kennenlernen und mit ihm gut in Verbindung sind. Aber wenn wir beim Auspowern angekommen sind, dann sind wir eigentlich nur noch dabei, alle Spannungen, die im Körper sitzen, abzubauen. Stattdessen wäre es aber wichtig, dafür zu sorgen, dass gar nicht erst so viel Spannung in uns entsteht.

Der menschliche Körper hat fast 800 Muskeln, die auf Stress mit Anspannung reagieren. Anspannung blockiert den natürlichen Fluss von Energie, von Körperflüssigkeiten, von Lebenskraft.

Natürlich ist es wunderbar, Sport zu treiben und dem Körper Bewegung zu verschaffen. Aber es ist mindestens so wichtig, ihm wirklich Entspannung zu ermöglichen und wieder mehr mit ihm zu kommunizieren, statt ihn ständig anzufeuern und herauszufordern. Genauso wenig hilft es ihm, wenn Sie sich gar nicht um ihn kümmern und ein Leben im Stress oder auf der Überholspur führen. Dann wird der Körper immer belasteter und immer erschöpfter.

Unsere zweite kleine, sehr schlichte Meditation, *Im Körper verwurzeln und Batterien aufladen* (☁ Track 2), führt Sie wieder in die Stille, aber auch in Ihren Körper. Diesmal geht es darum, den Körper besser wahrzunehmen und kennenzulernen und sich wieder bewusster in ihm zu verankern. Das gibt Ihnen nicht nur zunehmend ein Gefühl davon, in sich zuhause zu sein und zur Ruhe zu kommen, Sie können so auch sehr bewusst für Entspannung in Ihrem ganzen System sorgen. Wenn Sie während der Übung Ihre Aufmerksamkeit bewusst in das Innere Ihres Körpers richten und den Körper abscannen, können Sie lernen, allein durch die gelenkte Aufmerksamkeit, chronische Muskelspannungen innerlich genau in ihrem Ursprung zu lokalisieren und zu lösen. Ein tolles Gefühl!

Wenn Sie entspannt sind, verändert sich Ihr gesamtes Erleben. Sie sehen die Welt nicht nur wieder mehr mit offenen Augen, Sie erleben sie auch wieder mit offenen Zellen und fühlen sich mehr im Fluss. Wenn Sie verspannt sind, kommt nichts zu Ihnen. Wenn Sie entspannt sind, kann Ihnen Energie wieder zufließen. In dieser Übung sorgen Sie also jeden Abend ein paar Minuten dafür, dass alles in Ihnen sich entspannen, wieder in Fluss kommen und regenerieren kann.

In Ihrem Körper gibt es unendlich viel zu spüren. Wenn Sie sich ihm erst einmal bewusst zuwenden, werden Sie erleben, dass sich Ihre Wahrnehmung für Ihre Körperempfindungen verfeinert. Das ist für das Paarsein, die Zärtlichkeit und die Sexualität ja nicht ganz unwichtig. Es kann allerdings gut sein, dass Sie nach einiger Zeit der Übung das Gefühl haben, Ihr Körper sei verspannter und empfindlicher als früher. Das ist nicht so. Sie nehmen nur mehr wahr als früher. Sie merken auf einmal, wie viel festgehaltene Energie und Spannung im

Kiefer oder in den Schultern sitzt. Sie saß da schon die ganze Zeit, aber jetzt werden Sie ihrer gewahr. Und jetzt können Sie sich ihr regelmäßig in der Meditation einige Minuten liebevoll zuwenden und sich vorstellen, wie die Spannung abfließt oder wie die Muskeln hier oder dort loslassen dürfen. Und schon lässt da tatsächlich etwas los. Und schließlich können Sie die Energie im Körper wieder in Bewegung bringen und die Batterien aufladen. Und das alles während Sie still sitzen und sich einige Minuten Ruhe gönnen.

Aber auch die Gefühle bekommen endlich Gestalt, wenn Sie sich mehr und mehr Ihrem Körper zuwenden. Sie wollen ja wieder glücklicher und leichter werden. Dann sollten Sie sich als Erstes den Gefühlen zuwenden, die jetzt da sind, auch wenn sie nicht so glücklich und angenehm sind, wie Sie es gern hätten. Vielleicht sind Sie gerade eher schlapp, resigniert oder traurig. Oder Sie sind gerade wütend. Ihrer Wut können Sie relativ leicht im Körper auf die Spur kommen. Angst, Traurigkeit, Wut – alles lässt sich irgendwo im Körper lokalisieren. Wut zum Beispiel oft im Bauch. Wenn Sie Ihre Aufmerksamkeit dorthin richten, dann finden Sie vielleicht eine starke Spannung oder einen Kloß im Magen. Oder Sie merken, wie fest Ihre Kiefer aufeinandergepresst sind.

Indem Sie in der Meditation Ihren Fokus genau dorthin richten, wo die Spannung oder der Kloß sitzen, und nicht davon weg, was unser automatischer Impuls wäre, haben Sie wieder Kontakt zu dem Gefühl und damit auch Einfluss darauf. Sie können einen tiefen Atemzug nehmen, und sich vorstellen, wie sich dort alles entspannen darf. Wenn Sie erst einmal ein wenig Erfahrung mit der Erforschung Ihrer selbst haben, werden Sie sehen, dass die Gefühle, die wir als negativ bezeichnen, alle etwas festhalten, Widerstand aufbauen und

Spannung erzeugen. Und dass bei den angenehmen Gefühlen etwas in Fluss kommt, sich öffnet. In der Meditation üben Sie, Ihrem Inneren wieder Raum zu geben. Wenn Sie gelernt haben, Ihre Gefühle im Körper zu lokalisieren, bekommen Sie immer mehr Sicherheit, um sich für Ihre Gefühle zu öffnen, sie wieder zuzulassen, wieder mehr mit ihnen in Kontakt zu sein. Sie sind sich Ihrer selbst mehr bewusst und können sich so nehmen und auch zeigen, wie Sie sind.

2. Woche – Liebe schenken und das Herz öffnen

»Manchmal haben wir das Gefühl, nicht lieben zu können. Denn unsere Liebe ist unter all dem verwirrenden Leid um uns und in uns begraben. Trotz aller Wirren müssen wir zur Liebe zurück-finden — mit dem Körper und im Herzen, innerhalb der Gemeinschaft, in allen Dingen.«

Jack Kornfield

Jack Kornfield sagt das so einfach. Für mich, Wolfram, ist das ganz praktisch oft die nackte Hölle. Dann sagt alles, aber auch wirklich alles in mir: »Nein! Jetzt kannst du auf gar keinen Fall auf sie zuge-hen.« Und dann muss ich ringen, aber so richtig. Und zwar mit mir. Ich muss diese Stimme in meinem Kopf besiegen und mich einfach in Bewegung setzen und sie vielleicht einfach mal drücken. Und dann? Ist der ganze Spuk wie weggepustet.

Annahme, Ermutigung und Mitgefühl für mich und für andere

Was würden Sie tun, wenn Sie wieder mehr auf Ihr Herz hören? Denken Sie nicht groß nach, nehmen Sie einfach die erste spontane Antwort, die Ihnen in den Sinn kommt. Es muss nichts Weltbewegendes sein. Es kann etwas Schlichtes sein, das Ihrem Herzen guttut. Ich, Eva, habe mir diese Frage gerade auch einfach mal spontan gestellt. Die Antwort just in diesem Moment, fast am Ende des Buches, nach einer intensiven Schreibphase mit festem Terminrahmen lautete: »Auf dem Boden liegen und ein Loch in die Luft gucken.«

Was wünscht sich Ihr Herz? Eine Sache wünscht es sich bestimmt: dass Sie öfter mit ihm Verbindung aufnehmen. In den meisten Urvölkern war es ganz selbstverständlich, eine Verbindung zu seinem Herzen zu pflegen und es in wichtigen Lebenslagen bewusst zu befragen. In allen Weltreligionen ist das Herz das Organ der Anteilnahme und des Mitgefühls. Hildegard von Bingen, die mittelalterliche Mystikerin, nannte das Herz das Haus der Seele. Und immer mehr Forschungen belegen, dass das Herz der stärkste Übermittler zwischen uns Menschen ist. So haben Studien zeigen können, dass Mütter am anderen Ende der Welt über ihr Herz erfahren, wie es ihrem Kind geht. Dass Liebende ihre Gefühlslagen selbst über große Distanzen anpassen.

Zu den ältesten Meditationen auf unserem Planeten gehört die *Metta-Meditation.* Sie wird seit über zweitausend Jahren in fernöstlichen Kulturen praktiziert und ist für buddhistische Mönche sozusagen ein Teil ihrer Grundausbildung. Metta bedeutet Warmherzigkeit, Freundlichkeit, Sympathie. Diese Meditation hilft uns auf sehr, sehr einfache Weise, uns selbst mit Wohlwollen und Mitgefühl zu erfüllen und dies auch allen anderen Menschen zu wünschen. Die Metta-Meditation besteht aus nur vier kleinen Sätzen, die man sich innerlich und unhörbar, aber mit Gefühl und innerer Verbundenheit, vorsagt:

Mögest du glücklich sein.
Mögest du dich sicher und geborgen fühlen.
Mögest du gesund sein.
Mögest du unbeschwert leben.

Diese einfache Praxis wird Teil der Meditation in dieser zweiten Woche sein, in der wir uns ganz unserem Herzen widmen. In den beiden Morgen- und Abendübungen schenken wir uns selbst *Annahme, Ermutigung und Mitgefühl für mich selbst* (🎧 Track 3) und anderen Annahme, Ermutigung und Mitgefühl für andere (🎧 Track 4) aktiv Liebe und Wertschätzung, ohne uns danach zu fragen, ob es einen Grund dafür gibt, dies zu tun. Wir tun es einfach. Was das für Sie und Ihre Beziehung bewirken kann?

Vor einiger Zeit sagte ich, Eva, einer Frau im Coaching: Jetzt hilft nur noch bedingungslose Liebe oder Trennung. Zwischen ihr und ihrem Mann herrschte schon sehr lange ein leiser Machtkampf, der keinem von beiden mehr erlaubte, sich auch nur ein bisschen für die Welt des anderen zu öffnen. Ich schlug ihr vor, ihren Mann komplett loszulassen und bis zu unserem nächsten Coaching täglich eine Metta-Meditation für ihn zu machen.

In dieser E-Mail schrieb sie mir ihre Erfahrungen: »*Ich war an einem Punkt in unserer Ehe angekommen, wo sich alles kalt anfühlte, sich nichts mehr bewegte. Weder mein Mann noch ich gingen einen Schritt … Stillstand … Zwischen uns stand eine Mauer aus Verständnislosigkeit, Wut und tiefer Traurigkeit. So viel hatten wir, hatte ich, getan, gesprochen, ausprobiert, und trotzdem ging nichts mehr! Ich sah keinen Weg mehr, keine Möglichkeit, wie ich diese Mauer zwischen uns wieder abbauen könnte. Trennung fühlte sich trotz aller Verzweiflung nicht richtig an.*

Also beschloss ich, noch ein Letztes auszuprobieren … METTA für meinen Mann! Warum sollte, was mir schon so gutgetan hatte, nicht auch bei ihm ankommen. Als ich mich das erste Mal auf mein Meditationskissen setzte, um für meinen Mann Metta zu machen, sträubte sich alles in mir, und eine ungeheure Wut packte mich. Ich brach ab, Tränen flossen mir unaufhaltsam über die Wangen. Am nächsten Tag machte ich Metta für mich selbst, denn wenn ich die Liebe in mir nicht spüren konnte, konnte ich sie auch meinem Mann nicht schicken.

Nun probierte ich, täglich Metta zu machen – manchmal für mich selbst, meist aber für meinen Mann. Es war anfangs eine Reise in die Vergangenheit, alles, was je zwischen uns war, kam beim Meditieren vor meinem inneren Auge wieder hoch. Groll wollte sich breitmachen, ich versuchte, ihn anzunehmen. Dies gelang mal leicht, und mal fühlte es sich an wie eine Bergwanderung ohne Schuhe – barfuß, so dass sich jedes Steinchen in den Fuß drückte und ich jede schmerzliche Erfahrung noch mal einzeln spüren durfte.

Nach etwa zwei Wochen spürte ich erste Veränderungen: Hier eine nette Geste, da ein liebevolles Wort … Es wurde langsam wieder wärmer zwischen uns. Stück für Stück brachen Steine aus der Mauer zwischen uns. Ich machte weiter mit Metta und konnte kaum glauben, dass wir uns tatsächlich wieder annäherten.

Es gab keinen Zeitpunkt, wo ich sagen könnte, da ist der Knoten geplatzt. Nein, es war ein langsamer Prozess. Stück für Stück haben wir uns wieder angenähert, mit kleinen Rückschlägen zwischendrin, wo ich wieder in alte Gedankenmuster verfiel und ihm Vorwürfe machte: Er hat aber dies, er hat aber das … Doch mit Metta habe ich mein Werkzeug gefunden, immer wieder auf den richtigen Weg zu kommen und mich meinem Mann zu nähern. Inzwischen habe ich das Vertrauen in uns zurück, und die Liebe fließt – ein Zustand, den ich mir noch vor einigen Wochen nicht erträumt hätte.«

Wo auch immer die Liebe in Ihrem Leben nicht mehr fließt – geben Sie geduldig Liebe hinein und schauen Sie, was passiert …

3. Woche –
loslassen und vergeben lernen

»Vergebung beruht darauf, vergangenes Leiden und Verrat loszulassen, sie befreit von der Pein des Hasses, den wir uns aufgebürdet haben. Vergebung führt zur eigenen Herzenswürde zurück. Wann immer wir vom Weg abgekommen sind, lässt sie uns wieder in der Liebe Halt finden. Durch Vergebung verlieren wir die Lust daran, andere anzugreifen und ihnen Schaden zu wünschen. Sobald wir vergeben, ob im Kleinen in unserem Haus oder unter den Völkern, machen wir uns frei von der Vergangenheit.«

Jack Kornfield

Jack Kornfield lehrt unablässig Menschen auf der ganzen Welt Vergebung und Mitgefühl. Das klingt für Sie vielleicht ein wenig entfernt, religiös oder spirituell. Unsere eigenen Erfahrung und die mit Tausenden von Paaren sagt uns, dass eine langfristige Beziehung ohne aktiv praktizierte und bewusste Vergebung kaum eine Chance hat, wirklich nah zu bleiben. Dazu türmen sich im Alltag eines jeden Paares im Laufe der Jahre einfach zu viele Missverständnisse und unbewusste gegenseitige Verletzungen auf.

Loslassen macht Platz für das Neue

In dieser Woche geht es unter anderem darum, dass Sie bewusst etwas loslassen, das Sie nicht mehr wollen. Dass Sie nicht mehr dagegen kämpfen oder sich verzweifelt sehnen, dass es aufhört, sondern dass Sie es loslassen und diesem Thema Ihre Aufmerksamkeit entziehen. Dass Sie sich auf einen neuen Zustand, der Ihnen besser bekommt, ausrichten.

Eine festgehaltene Vergangenheit ist sicher eine der beschwerlichsten und auf die Dauer lähmendsten Lasten für eine Partnerschaft. So oft sitzen Menschen vor uns und wollen ihre Ehe erneuern, sagen dann aber: »Ich kann das einfach nicht vergessen ... Schon bei der Geburt unseres ersten Kindes ... Wie soll ich jemals darüber hinwegkommen ... Da hab ich mir geschworen ... Das hätte er damals nicht tun dürfen.«

Diese Sätze halten Sie gefangen in etwas, das es gar nicht mehr gibt – außer in Ihrer Erinnerung: Die Vergangenheit ist in Wahrheit heute nicht mehr als eine Vorstellung in Ihrem Kopf. Sie existiert tatsächlich nur, wenn sie durch Ihre Gedanken und Gefühle am Leben gehalten wird. Deswegen ist es so wichtig, dass Sie sich bewusst darin üben, alte Geschichten loszulassen, um wirklich frei zu werden für die Partnerschaft, die Sie jetzt gern erleben wollen und nach der sich Ihr Herz sehnt. Dazu gibt es die Meditation für den Morgen: *Loslassen und mir selbst vergeben* (☉ Track 5).

Hier eine kleine Geschichte über einen Mönch, der eine Frau trägt:

> *»Zwei Zen-Mönche überquerten einen breiten Fluss. Sie trafen eine sehr junge und schöne Frau, die ebenfalls den Fluss überqueren wollte, sich jedoch vor dem Wasser fürchtete. So hob der eine Mönch sie auf seine Schulter und trug sie zum anderen Ufer.*
>
> *Da packte den anderen Mönch die Wut. Er sagte kein Wort, aber innerlich kochte er. Das war verboten! Ein buddhistischer Mönch durfte doch keine Frau berühren, und sein Gefährte hatte diese Frau nicht nur berührt, er hatte sie sogar auf seinen Schultern getragen!*
>
> *Nach Meilen, als sie das Kloster erreichten und durch das Tor traten, wandte sich der erboste Mönch dem anderen zu und sprach: »Hör zu, ich werde mit dem Meister darüber sprechen müssen, ich werde es ihm melden müssen. Es ist verboten!«*
>
> *Der erste Mönch entgegnete: »Worüber redest du? Was ist verboten?«*
>
> *»Hast du vergessen?«, fragte der andere. »Du hast die junge, schöne Frau auf deinen Schultern getragen!«*
>
> *Da lachte der erste Mönch und sprach: »Ja das habe ich. Aber ich habe sie am Fluss abgesetzt, viele Meilen weit zurück. Trägst du sie etwa immer noch?«*

Das Allermeiste, das uns schmerzt, findet in unseren Köpfen statt. Wir brauchen alle eine Befreiung von den falschen Ansprüchen, die in unserem Verstand festsitzen. Ansprüchen an uns, an andere, an Moral, an Perfektion. Aber damit wir diese Ansprüche loslassen können, müssen wir etwas anderes haben, das wir an deren Stelle in unser Leben nehmen können. Es gibt einen Trick, wie das Loslassen besser funktioniert. Machen Sie sich klar, dass Loslassen nicht ohne Vergebung geht. Vergebung sorgt dafür, dass sich Gefühle wirklich auflösen können und eine schmerzliche Erfahrung ihre Kraft in uns verliert. Und Loslassen klappt erst dann richtig, wenn Sie etwas finden, das das Loch stopft, das durchs Loslassen entstehen könnte. Etwas, das sich besser anfühlt als das, woran Sie bisher festgehalten haben.

Wenn wir loslassen, ohne dass uns etwas Neues zufließt, entsteht ein Vakuum in uns. Viele versuchen, dieses Vakuum mit Willenskraft zu überbrücken. Das klappt aber nur so lange, wie der Stress nicht zu groß und die bedrückenden Gefühle nicht zu stark werden. Das Loch, das durch Loslassen entsteht, füllt sich nur durch Ihre echte Bereitschaft zur Selbstliebe und Ihre langsame Öffnung für ein neues Selbstbewusstsein, nämlich dass Sie all die Liebe in sich tragen, die Sie angeblich brauchen.

Haben Sie einen Partner, der sich nicht wirklich einlässt? Der nicht mit Ihnen zusammenzieht, sich nicht an Vereinbarungen hält, den Raum bei Spannungen oder Konfrontation verlässt …? Wenn Sie sich jedes Mal emotional ausgehungert oder zurückgestoßen fühlen durch das abgeschaltete Handy, die ausbleibende Antwort, das hartnäckige Schweigen, die Absage für den Tanzkurs, dann hilft es, als Erstes einen Glaubenssatz bewusst loszulassen und zu erkennen: Ich bin hier nicht die verlassene Schwache, und er ist nicht der Starke, der jederzeit bestimmen, beenden und mich im Stich lassen kann. Sie haben es einfach nur mit einem Menschen zu tun, der nicht weiß, wie man mit schwierigen Gefühlen umgeht.

Diese Einsicht sollten Sie sich wieder und wieder ins Bewusstsein rufen, wenn Sie nicht loslassen können: Dieser Mensch

KANN mir NICHT geben, was ich brauche. Ihre wichtigste Übung in so einem Fall besteht darin, bei sich zu bleiben und das zu tun, wovor er wegrennt – nämlich zu fühlen, was gerade zu fühlen ist. So füllen Sie das Loch in sich selbst auf, vor dem er flüchtet. Seien Sie mutig und gehen Sie den Gefühlen auf den Grund: Wenn Sie gerade wütend sind und ihm am liebsten den Hals umdrehen würden – wenn Sie ehrlich sind, ist untendrunter Angst. Angst vor dem Alleinsein. Angst, verlassen zu werden. Haben Sie den Mut, ihn loszulassen und genau das zu fühlen.

Wenn Sie sich im Alltag bewusst wieder und wieder im Fühlen und Loslassen üben, während Ihre Gedanken um Ihr Opfersein kreisen … Wenn Sie atmen, die Gedanken und Gefühle beobachten und lernen, ruhig dabei zu bleiben … Dann lassen diese Gefühle durch Ihre bewusste Wahrnehmung nach. Üben Sie das öfter, stellt sich langsam wieder ein Bewusstsein von Eigenmacht ein. Sie erleben, dass Sie für Ihre Gefühle verantwortlich sind. Sie können zwar keinen anderen Menschen dazu bewegen, das zu tun, was Sie gern hätten, aber Sie können etwas ändern. Sie können gut für sich selbst sorgen. Sie sind nicht abhängig. Sie müssen nicht klammern oder Panik kriegen, wenn jemand auf Abstand geht. Sie sind gut so, wie Sie sind. Sie können diesen Moment aushalten. Und auch den nächsten. Und den nächsten. Einfach so.

Je öfter Sie dieses Loslassen praktizieren, desto mehr fängt Ihre alte Identität an zu bröckeln. Jetzt können Sie beginnen, sich eine ganz neue Frage zu stellen, nämlich: Möchte ICH nicht eigentlich etwas mehr Abstand von jemandem, der sich nicht wirklich einlassen und verletzlich zeigen kann? Möchte ICH nicht eigentlich anders leben?

Es gibt einen seltsamen Punkt, wenn es ums Loslassen geht. Da ist etwas, das Sie seit Ewigkeiten nervt oder quält. Sie haben sich schon auf allen Wegen damit beschäftigt, wie Sie es nur lösen, wegkriegen, verbessern oder heilen könnten. Und jetzt, wenn Sie sich immer bewusster wahrnehmen lernen, merken Sie: Es geht irgendwie nicht. Ich kann das auf gar keinen Fall loslassen. Es wäre, als ob ich mir einen Arm amputierte.

Es beschleicht Sie ein eigenartiges Gefühl, dass Sie gar nicht wüssten, wer Sie noch sind, wenn Sie dieses Problem nicht mehr hätten. Wie Sie sich so sehr an das Problem gewöhnt, sich so viel mit ihm beschäftigt haben. Wäre es weg, wäre da eine Lücke, die Sie füllen müssten. Nur womit? Da haben Sie sich ewig schlecht gefühlt und jetzt sollen Sie sich gut fühlen? Sich nicht mehr nach einem guten Gefühl sehnen und hoffen, dass es besser wird, und auch nicht mehr gegen etwas ankämpfen, das Sie daran hindert, sich gut zu fühlen, sondern sich einfach gut fühlen. Einfach nur so.

Sie sind gut. Einfach so!

Alles fühlt sich gut an. Einfach so!

Alles ist gut. Einfach so!

Auf einmal merken Sie, dass Sie gar nicht wissen, wie das ist. Sie wissen nicht, wer Sie sind, wenn alles gut ist. Wenn alles gut ist, ist alles irgendwie leer.

Jetzt heißt es, sich wirklich an das neue Ichgefühl zu gewöhnen und sich zu trauen, die alte Persönlichkeit zu verabschieden. Fragen Sie sich wieder und wieder: Wer bin ich? Was fühle ich? Was denke ich? Was tue ich? Wie lebe ich? Wenn alles gut ist.

Ja! Alles ist gut!

Wie Sie durch Vergebung frei werden

Ein zweiter wichtiger Aspekt der inneren Arbeit in dieser Woche ist die Vergebung – eine der heilendsten und am meisten missverstandenen Kräfte überhaupt. Oft sagen wir: Ja, ich möchte loslassen. Ich möchte den ganzen Streit und die Lügerei nicht mehr. Aber dann halten wir unterschwellig immer noch fest am Groll wegen des Seitensprungs, an der Wut über den Betrug, an der Selbstverurteilung für unsere Schwäche, nicht konsequent zu sein oder nicht genug geliebt zu haben.

Wenn Sie loslassen wollen, kommen Sie nicht umhin, vergeben zu lernen – sich und anderen. Zu lernen, von all den zerstörerischen und blockierenden Gefühlen abzulassen, die unterschwellig mit diesem Thema, das Sie loslassen wollen, verknüpft sind. Vergebung ist der radikale Abschied von Groll, Abhängigkeit und Ohnmacht; Vergebung erlöst einen von der Vergangenheit. Irgendwo stand: Die Leute, denen du nicht vergeben kannst, geben dir ein Geschenk, das du nicht nehmen kannst.

Eine Falle, in der Sie stecken, wenn Sie nicht vergeben können, ist die Vorstellung, dass Sie im Recht sind, dass Sie die moralische Überlegenheit haben und dass Sie irgendwie noch eine Art von Kontrolle besitzen, wenn Sie nicht vergeben. Leider ist nichts davon wahr! Das ist nur der hoffnungslose Versuch Ihres Egos, den Schmerz nicht zu fühlen, der zwischen Ihnen und dem Menschen steht, dem Sie nicht vergeben können. Wem Sie nicht vergeben können, an den sind Sie in gewisser Weise gefesselt. Erst wenn Sie diesen Menschen wieder sich selbst und seinem Weg durch das Leben übergeben können und diesen Weg akzeptieren – ohne ihn selbst gehen zu müssen – sind Sie frei.

Wir haben es fast täglich mit Menschen zu tun, die Fremd-
gehen, Lügen, Betrug und Verlassenwerden erfahren haben.
Und wir selbst haben das genauso erlebt und wissen: Das tut
weh! Wenn jemand, dem Sie vertraut haben und mit dem Sie
Ihr Herz geteilt haben, Sie betrügt, dann fühlt es sich an, als
habe er auf Ihre Seele herumgetrampelt. Und wahrscheinlich
hat er das auch. Es gibt tausend Gründe, warum jemand nicht
ehrlicher, stärker, mutiger und loyaler war – immer liegt der
Grund in seiner eigenen Verletzung.

Aber es gibt keinen Grund, dass Sie deshalb Ihre Lebensfreude, Ihr offenes Herz und Ihr Selbstvertrauen verlieren sollten. Jeder Mensch wird irgendwann von einem anderen enttäuscht und betrogen. Und für viele führt diese Erfahrung steil
abwärts auf einen Weg des Rückzugs, Misstrauens, Zynismus,
der Verhärtung und des Selbstschutzes. Betrogen und verlassen zu werden kann aber auch eine der ganz großen Erfahrungen sein, die Sie persönlich reifen und mehr zu Ihrer eigenen
Stärke und zu Ihrem Mitgefühl finden lässt. Meist ist unsere
Verhärtung nur eine Schutzschicht über unserer Traurigkeit,
manchmal auch über großer Selbstverurteilung.

Wenn es um Vergebung geht, sollten Sie sich bewusst machen, dass Sie sich immer wieder auf einem schmalen Grat
zwischen der Verurteilung anderer und Ihrer Selbstverurteilung bewegen. Gerade spirituellen Menschen leuchtet es ein,
dass Vergebung sehr heilsam sein kann. Dass es die wahre Befreiung für mich selbst ist, wenn ich meinen Eltern, meinem
Partner oder seiner/seinem Geliebten wirklich verzeihe.

Aber wir sind alle eben nur Menschen. Und auch wenn es
unserem Verstand einleuchtet, sind da immer noch unsere
Gefühle: Rachegefühle, Opfergefühle, Rechthaberei ... Je
nachdem, wie tief Ihre Wunde ist, kann die Heilung dieser Ge-

fühle Tage, Wochen, Monate oder Jahre dauern. Und da ist es dann sehr wichtig, sich selbst dafür zu vergeben, dass Sie solche Gefühle überhaupt haben. Wenn Sie Ihre Wut und Ihre Urteile jetzt verleugnen oder wegdrängen, weil Sie wissen, dass Vergebung besser wäre, dann blockieren Sie Ihre Bemühungen nur wieder. Sie können sagen: Ja, ich möchte gern vergeben. Und ja ich bin bereit, meine Rachegefühle, Verurteilungen, mein Opferbewusstsein etc. anzunehmen. Aber dann kann es in Ihrem Herzen immer noch Achterbahn fahren. Seien Sie liebevoll mit sich! Allein dass Sie vergeben wollen, ist schon ein großer Schritt.

Der Meditationslehrer Jack Kornfield sagt: »*Vergeben geschieht nicht plötzlich. Wem großes Unrecht widerfahren ist, für den kann Vergeben ein langwieriger Prozess sein, zu dem Ratlosigkeit, Empörung, Trauer, ein Gefühl von Verlust und Kummer gehören. Vergebung spielt das Geschehene nicht herunter. Sie will das Leid nicht mit falschen Bemühungen unterdrücken oder ignorieren. Es ist ein langer, mitunter steiniger Weg aufrichtigen Trauerns und Enttäuschtseins, bis man reif genug geworden ist, wirklich zu vergeben.*«

Bevor Vergebung wirklich möglich wird, das heißt, bevor Ihr Herz sich wirklich wieder leichter und freier anfühlt und sich wieder öffnen kann, ist es wichtig, dass Sie sich dem eigenen Leid zuwenden. Wir verzeihen uns selbst, indem wir uns eingestehen, was wir fühlen und wie sehr wir uns dafür verurteilen. Wenn wir den Mut finden, wirklich zu fühlen, kommen wir dem Schmerz langsam näher, der immer unter einer Verurteilung liegt. Oft kommen große Hilflosigkeit und eine nackte, sehr zarte Verletzlichkeit zum Vorschein, die wir erst einmal kaum aushalten können. Aber wenn wir bei diesen Erfahrungen »bleiben« und uns mutig für sie öffnen, dann verbindet sich etwas in uns, das unterbrochen war. Dann kommt langsam ein Gefühl von Frieden mitten im Unvermeidbaren in uns auf, aus dem heraus wir auf einmal auch einem anderen vergeben können. Manchmal mit einer Leichtigkeit, die vollkommen verblüfft. Aber hüten Sie sich vor Erwartungen – an sich und an andere –, wenn es um Vergebung geht. Bleiben Sie offen, geduldig und mitfühlend – aber konsequent dabei.

Sie werden erleben, dass Sie sich an manchen Tagen nach der Vergebungsmeditation *Anderen vergeben und mich befreien* (✆ Track 6) wie befreit und von einer großen Last erlöst fühlen. Und an anderen Tagen wird Ihre Psyche wieder zuschnappen, und alles in Ihnen schreit förmlich nach dem Schmerz, ein Opfer dieser Umstände oder dieses Menschen zu sein. Seien Sie liebevoll und mitfühlend. Und dann fragen Sie sich: Stimmt das wirklich? Sie werden sehen, dass Sie in diesem inneren Hin und Her zwischen Verurteilung und Opfer, zwischen Erleichterung und Zorn eine Entwicklung erfahren. Sie wachsen in dieser Phase als Mensch und als Partner enorm, wenn Sie dabeibleiben.

Aber seien Sie bei diesem Weg der Vergebung großmütig und geduldig mit sich und wenn es geht auch mit den anderen. Machen Sie die Meditationen auch in dieser Woche jeden Tag. Manchmal fühlt es sich befreiend und gut an. Manchmal werden Sie vielleicht beim Hören richtig aggressiv. Das ist okay. Nach der ersten Woche wissen Sie ja, was Sie tun können, wenn alles in Ihnen bockig wird oder in die Ketten geht. Sie könnten sich hinsetzen, die Kopfhörer wieder aufsetzen und die Meditation *Entspannen und inneren Halt finden* (✆ Track 1) aus der ersten Woche machen. Sie könnten präsent bleiben und Beobachten üben. Wir versprechen Ihnen, falls es eine große Wunde gibt, wird es zwar wehtun, sie wieder zu berühren – aber wenn

Sie konsequent bei der Vergebung bleiben, wird sie kleiner und kleiner, und irgendwann können Sie nur noch die Narbe erkennen.

Das Programm geht leicht! Tipps und Tricks für die Umsetzung

> »Man wird durch Meditation
> kein anderer, sondern der,
> der man immer gewesen ist.«

Carl-Friedrich von Weizsäcker

Carl-Friedrich von Weizsäcker ist nur einer der Physiker, die sich mit Quantenphysik beschäftigten und dabei auf grundlegende Fragen des Menschseins stießen. Wenn Sie lernen, still zu werden und in der Meditation nach innen zu gehen, können Sie mitten in einem Ameisenhaufen landen, und wenn Sie sich von der Unruhe nicht an der Nase herumführen lassen, können Sie manchmal ein umfassendes Gefühl von Einssein, von »alles ist vollkommen okay« mit sich erleben.

Unser Praxisprogramm hat eine Hauptregel, die für alle Übungen gilt: Machen Sie es regelmäßig, aber machen Sie es sich einfach. Deshalb hier die wichtigsten Tipps und Tricks für die Übungen, damit Sie hoffentlich alle anstrengenden Vorstellungen über Meditation und die Frage, ob Sie täglich eine Stunde still sitzen müssen, schnell hinter sich lassen und sich nicht unnötig abmühen, auch richtig im Schneidersitz zu sitzen, völlig frei von Gedanken zu werden und dauerhaft inneren Frieden und immerwährendes Verständnis für Ihren Partner zu finden. Das alles müssen Sie nicht. Machen Sie es sich lieber einfach!

Wie kann ich die Übungen am besten hören?

Aus Erfahrung wissen wir, dass es oft ganz banale praktische Schwierigkeiten sind, die die regelmäßige Praxis mit den Hörübungen und damit den Erfolg des Kurses behindern. Wenn es für Sie technisch machbar ist, können wir Ihnen nur empfehlen, die Hörübungen möglichst leicht zugänglich bei sich zu haben. Wir haben immer eine Variation unserer geführten Lieblingsmeditationen auf unseren Handys oder einem MP3-Player. So können wir immer und überall eine kleine Pause einlegen, uns fokussieren und nach innen gehen. Sie können sich aber auch zuhause so einrichten, dass die Technik für Sie leicht zugänglich ist. Wichtig ist, dass Sie sich einen Rahmen schaffen, in dem Sie entspannt und gemütlich sitzen können und wissen, dass Sie für die Zeit der Meditation ungestört sind.

In welcher Position sollte ich die Übungen machen?

Vergessen Sie erst einmal alle Vorgaben, wie eine perfekte Meditations- oder Sitzhaltung zu sein hat. Es gibt für die Übungen keine Idealhaltung, und Sie brauchen auch Ihre Beine nicht zu verknoten. Am Anfang, gerade wenn Sie sehr müde und erschöpft sind, ist bequemes Sitzen mit aufrechter Wirbelsäule – ohne dass Sie sich in eine militärische Haltung zwingen müssten – das Beste, besser als zu liegen. Ein aufrechter Sitz ermöglicht einen freien Energiefluss im Körper und hilft Ihnen, wach und konzentriert zu bleiben. Machen Sie es sich aber ruhig bequem dabei. Nutzen Sie Kissen, falls Ihr Rücken Unterstützung benötigt, und finden Sie Ihre persönliche Wohlfühlhaltung, in der Sie entspannt und präsent sein können.

Wie lange und wie oft sollte ich die Meditationen machen?

Sie sollten während der drei Wochen möglichst täglich meditieren, damit Ihr Unterbewusstsein tatsächlich eine neue Gewohnheit verankern kann. Falls Sie bereits irgendwo meditieren gelernt oder andere Bücher über Meditation gelesen haben, haben Sie sicherlich viele unterschiedliche Einschätzungen gehört, wie lange Sie meditieren sollten. Hier in diesem Programm haben wir alles so angelegt, dass Sie wirklich ganz klein anfangen können und Ihr Pensum am Tag auf insgesamt etwa eine halbe Stunde steigern können. Die halbe Stunde können Sie aber in kleinere Portionen aufteilen.

Wenn Sie erst einmal auf den Geschmack gekommen sind, oder am Wochenende oder in den Ferien mehr Zeit haben, gilt natürlich: länger oder öfter geht immer. Bei der inneren Arbeit gibt es kein Zuviel. Wie für alles Üben von etwas Neuem gilt auch hier: je öfter, desto besser. Einmal ist besser als keinmal. Mehrere Mini-Medis am Tag können in besonders stressigen Zeiten genauso hilfreich sein wie eine große Meditationspause.

Manchmal bleibt auch uns beiden an einem vollen Tag wirklich nur hie und da eine Minute, um in unseren Körper hineinzuspüren und kurz mal runterzukommen. Manchmal gönnen wir uns den Luxus von ein bis zwei Stunden Meditation, oder wir haben ein freies Wochenende, an dem wir uns ganz intensiv der inneren Arbeit zu einem Thema, das gerade ansteht, widmen. Für uns ist es eine richtige Freude, wenn wir uns sagen können: Dieses Wochenende haben wir so richtig Zeit zum Meditieren. Sie denken: Da gibt es doch wirklich Interessanteres! Probieren Sie es aus und tasten Sie sich Minütchen um Minütchen heran…

Wann sollte ich die Übungen hören?

Wir persönlich können Ihnen nur zu den Zeiten nach dem Aufwachen und vor dem Einschlafen raten. Gleich morgens, weil Ihnen in der Meditation ganz leicht Inspirationen für den Tag zufließen können, für die Sie sich später im Tagesstress Ihr Gehirn zermartern müssten. Außerdem können Sie morgens Ihren Geist gut verankern und so für innere Ruhe sorgen. Diese entspannte Aufgeräumtheit können Sie mit in den Tag nehmen und als Puffer nutzen, wenn es stressig wird. Für uns ist das der beste Start in den Tag, den wir uns denken können. Aber für Sie kann das – vor allem anfänglich – erst einmal ganz anders sein. Vielleicht sind Sie morgens noch so müde, dass Sie selbst sitzend einschlafen würden. Dann sollten Sie lieber einen Zeitpunkt finden, der besser für Sie passt. Da hilft Ausprobieren.

Abends ist die Meditation der ideale Break, um runterzukommen und den Tag hinter sich zu lassen. Die Zeit nach der Arbeit, nach einem gefüllten Tag, wenn man sich ausgelaugt fühlt, oder das innere Rad einfach seinen Schwung nicht verlieren will, kann es sehr hilfreich sein, erst einmal ein paar Minuten mit sich zu verbringen. Oft ist einer der größten Killer für die Partnerschaft, dass man abends nicht abschalten kann und den ganzen Stress des Tages mit in die Zweisamkeit schleppt. Aber auch die Zeit unmittelbar vor dem Insbettgehen ist ideal für die Meditation. Sie können so noch mal wirklich tief entspannen und alles loslassen. Das sollten Sie sich zu einer neuen Gewohnheit als Einstimmung vor dem Sex machen, weil Sie so wirklich befreit und gelöst aufeinander zugehen können und gut mit sich verbunden sind, bevor Sie dem anderen begegnen.

Was ist, wenn ich müde werde?

Dann sollten Sie schlafen. Es kann sein, dass sich erst bei der Meditation die ganze Erschöpfung zeigt, die Sie sich bisher nicht erlaubt haben. Wenn dem so ist, sollten Sie sich keinen neuen Stress obendrauf packen und mit der Meditation kämpfen, sondern erst einmal ein bisschen Schlaf nachholen. Das allein kann schon für neue Kraft und neue Entspannung sorgen. Wenn Sie allerdings merken, dass Sie dauerhaft sofort gähnen oder müde werden, wenn Sie sich zur Meditation hinsetzen wollen, dann riecht das schwer nach unbewusster Abwehr. Dann heißt es: Klar bleiben und mit liebevoller Präsenz die eigene Abwehr erforschen.

Nach den ersten Versuchen hören wir oft: »Ach, ich hab es nur ein-, zweimal gemacht und dann gelassen. Ich bin ja sowieso immer eingeschlafen.« Oder: »Ich hatte einfach keine Zeit. Morgens sind immer die Kinder da.« Oder: »Ich bin ganz hibbelig geworden. Das ist nichts für mich.« Im ersten Anlauf verstehen viele Paare oft gar nicht, warum sie die Praxis der Übungen so ernst nehmen sollen. Weil sie so unspektakulär ist, haben sie das Gefühl, dass es andere, wichtigere Dinge zu tun gibt, als sich regelmäßig hinzusetzen und still zu werden.

Wir können Ihnen nur sagen: Machen Sie die Übungen regelmäßig, sie können viel mehr in Ihnen und Ihrer Beziehung in Bewegung setzen, als Sie ahnen. Trotzdem müssen Sie sich nicht unter Druck setzen, gehetzt fühlen und denken: »Jetzt muss ich aber schnell irgendwie meine Meditation einschieben, obwohl ich noch das, das und das zu tun habe.« Sie haben ja immer die Möglichkeit – auch später im Programm – eine Mini-Medi zu machen. Wenn Ihnen die Zeit im Nacken sitzt, dann fällt es sehr schwer, den Fokus zu halten. Sie ziehen auch keinen echten Nutzen aus der Zeit, in der Sie unter Druck still sind. Das haben Sie als Kind schon oft genug in der Schule gemusst – still sitzen, obwohl Sie hibbelig waren. Meditation soll ein Bonbon sein und keine weitere Pflichtübung.

Also beschummeln Sie sich nicht: Wenn Sie einfach nur eine Runde absitzen, dann bringt Ihnen das nichts. Das ist so, als wenn Sie sich mit Ihrem Partner zum Essen verabredet haben und dann zwar körperlich anwesend sind, aber gleichzeitig denken: Gleich muss ich zum Job oder zum Sport oder, oder … Bei zu wenig Zeit sollten Sie nicht unter Druck meditieren, sondern lieber immer mal zwischendurch Ihre Füße fühlen oder eine Minimeditation machen. Und dann möglichst bald wieder die Prioritäten hinterfragen: »Wie wichtig ist mir meine persönliche Entwicklung, die Lösung des Knotens in meiner Beziehung?« Und dann schaufeln Sie sich Zeit frei.

Was ist, wenn ich nicht still, sondern unruhig werde?

Es kann gut sein, dass sich das Stillwerden erst einmal sehr unangenehm anfühlt und Sie unruhig macht. Daran ist nichts falsch. Wenn Sie beginnen, aufmerksamer und achtsamer zu werden, können Spannungen zutage treten, von denen Sie sich bisher vielleicht durch Aktivitäten abgelenkt haben. Da kann es jucken und zwicken, oder lähmende Erschöpfung macht sich breit. Bleiben Sie einfach so wach und bewusst wie möglich, atmen Sie tief durch und erlauben Sie, dass die aufgestaute Spannung sich endlich zeigen und lösen darf.

Wenn Sie drei Wochen lang täglich praktizieren, werden Sie sehen, dass der Widerstand nachlässt und Sie sich bereits deutlich mehr bei sich fühlen und alles leichter geht.

Was ist, wenn meine Gedanken ständig abschweifen?

Gedanken sind immer unterwegs. Die Wissenschaft geht davon aus, dass wir rund 60 000 Gedanken an einem einzigen Tag denken. Sie denken normalerweise also ständig an irgendetwas – zu 80 bis 90 Prozent übrigens immer die gleichen Gedanken von der gleichen emotionalen Grundqualität. Und apropos »emotionale Grundqualität«: Nur drei bis fünf Prozent unserer Gedanken sind erhellend, förderlich und inspirierend – ein erschreckend kleiner Anteil also.

So ist es zum einen also vollkommen normal, dass Ihre Gedanken wandern und immer in Bewegung sind. Und zum anderen ist es nicht verwunderlich, dass es sich anstrengend oder runterziehend anfühlen kann, die eigenen Gedanken zu beobachten. Wenn Sie also mit der Meditation beginnen, sollten Sie sich nicht als Ziel setzen, Ihre Gedankenflut zu stoppen oder mit bewusster Anstrengung besonders positiv zu gestalten – beides ist in Anbetracht der Menge und Qualität ein ebenso unmögliches Unterfangen, wie einen reißenden Fluss mit den Händen stoppen zu wollen. Aber es gibt andere Wege, um die Grundqualität unserer inneren Welt freundlicher, gesünder und erhebender zu gestalten.

Zu Beginn der inneren Arbeit besteht die Kunst darin, die Gedanken sein zu lassen, ihre Bewegung wahrzunehmen und sich langsam von ihnen zu lösen. Das heißt am Anfang womöglich, dass Sie ständig merken, dass Sie mit den Gedanken davongetragen werden. Ihr einziger Job besteht dann darin, dies wahrzunehmen und Ihren Fokus möglichst friedlich und ohne Selbstbeschimpfung wieder zurückzuholen.

Was ist, wenn ich einfach nicht runterkommen kann?
Wenn dem so ist, fragen Sie sich, ob Sie innerlich vielleicht daran zweifeln, dass Meditation etwas bringt. Es kann sein, dass Sie sich im Widerstand befinden. Dann könnte es helfen, wenn Sie einfach mal neugierig zuhören, was Sie eigentlich denken, wenn Sie sich hinsetzen. Etwa: »Was soll das schon bringen? Bei uns ist gerade alles so verfahren.« Oder: »Ach die letzten Male waren auch Murks. Warum sollte es heute klappen?« Oder Ihre momentane Lage ist extrem schwer auszuhalten, und Ihr Herz schlägt in den Hals vor Angst, dass er bei der anderen ist. Oder Ihre Stimmung zieht Sie so runter, dass alles nur dunkel und hoffnungslos ist und Sie das Gefühl haben, ins Unendliche abzustrudeln. Da kommen häufig Gedanken wie: »Ich kann mich einfach nicht hinsetzen und still werden, dann werde ich ganz verrückt!« Machen Sie sich keinen Druck! Solche Zustände brauchen besonders viel Liebe und Zuwendung. Sagen Sie ja zu der inneren Unruhe. Und dann bleiben Sie so präsent mit dem Murks, der Angst oder dem Nichtrunterkommen wie möglich. Kämpfen Sie nicht dagegen, seien Sie

zärtlich und offenen Herzens für Ihren Schmerz wie eine Mutter. Oft öffnet sich so plötzlich mitten im Murks etwas am Horizont Ihres Geistes, oder Ihr Körper lässt tief los, und Sie sind soooo dankbar – vielleicht sogar zu Tränen gerührt –, dass Sie geblieben sind.

Was mache ich in Krisenzeiten?

In schweren Krisenzeiten oder in Zeiten der Trennung fühlen Sie sich vielleicht so aufgewühlt, so ohnmächtig oder so verzweifelt, dass auch die Meditation Ihnen an manchen Tagen keinen Frieden bringen kann. Auch das ist total okay. Wenn es richtig schmerzt, gibt es oft im Inneren eine Art Schutzmechanismus, der sich als heftiger Widerstand gegen Ruhe und Achtsamkeit ausdrückt.

Wenn die Gedanken Achterbahn fahren oder körperliche Schmerzen sehr stark sind, dann sollten Sie nicht erwarten, dass sich dieser Stress im Handumdrehen durch stilles Sitzen lösen lässt. Wenn der Aufruhr sehr stark ist, hilft es oft, erst einmal im wahrsten Sinne des Wortes Halt unter den Füßen zu suchen. Gehen Sie eine Runde in der Natur spazieren und bringen Sie all Ihre Achtsamkeit in die Füße, zum Boden und in den Körper, so entziehen Sie dem Kopf die Aufmerksamkeit. Der Kopf ist in Wahrheit immer der Ort, an dem der Stress seinen Ursprung nimmt. Es sind Ihre Gedanken über etwas, die für Panik, Angst und Durchdrehen sorgen. In so einem Fall ist der sicherste Ort, den Sie aufsuchen können, Ihr Körper. Durch genaues Fühlen der Körperempfindungen kommen die Gedanken mehr und mehr zur Ruhe.

Aber Sie werden erleben, dass Sie mit mehr Übung auch auf starken Gefühlswallungen immer besser surfen können. Die wunderbare Meditationslehrerin Marie Mannschatz nutzt den Vergleich, dass man einen Segelkurs für Anfänger ja auch nicht bei Windstärke zwölf beginnt. Also steigen Sie wieder ins Boot, wenn der Wind etwas abgeflaut ist.

Was kann ich von der Meditation erwarten?

Meditation ist keine Droge. Im Normalfall werden Sie keine enthusiastischen Zustände und keinen Rausch in oder nach der Meditation erleben. Gehen Sie also nicht mit falschen Erwartungen an die Sache heran. Am besten sind Sie einfach nur offen für das, was gerade geschieht. Manchmal dösen Sie ständig weg, manchmal werden Sie immer unruhiger oder sogar aggressiv. Ein anderes Mal sind Sie sich ganz nahe und fühlen sich sehr ruhig und friedlich. Manchmal werden Sie eine Art von Entspannung erleben, deren Tiefe Sie so noch nicht kannten. Hin und wieder macht es klick, und Sie haben das Gefühl, Ihnen geht in einem einzigen Augenblick ein ganzer Kronleuchter auf. Dann fließen Ihnen Ideen und Informationen in einer Sekunde zu, die Sie lange Zeit vergeblich gesucht haben. Und wenn Ihnen das Meditieren immer mehr Freude macht, dann werden Sie dabei auch immer öfter richtige Glücksgefühle erleben. Versprochen!

Was sind die größten Fehler bei der Meditation?

Sich unter Leistungsdruck zu setzen. Es gibt bei der Meditation kein Richtig oder Falsch. Allein Ihr bewusster Versuch, präsent zu bleiben bei dem, was gerade ist, und Ihren Fokus voll und ganz in die Gegenwart zu bringen, ist genug. Allein damit tun Sie sich schon was Gutes.

Auf jeden Fall ist eines in der Meditation genauso wie bei allem anderen im Leben: Einmal klappt es besser und ein anderes Mal schlechter. Dabei können Sie aber weder etwas falsch noch kaputt machen. Es gibt auch keinen Menschen, der zur Meditation gut geeignet wäre und ein anderer schlecht. Sie sind auch nicht »unfähig«, wenn sich ein gewünschter Zustand nicht einstellen will. Wenn sich etwas blockiert anfühlt, dann seien Sie sich sicher, dass es hier noch mehr Präsenz und Loslassen und keinen Druck braucht. Dann will etwas von Ihnen noch genauer entdeckt werden. Dann braucht es vielleicht Langsamkeit und Neugierde. Und auf einmal zeigt sich etwas, das Sie so gar nicht in Ihrem Bewusstsein hatten, das aber sehr hilfreich für die Lösung Ihres Problems sein kann.

Bleiben Sie offen! Das ist die Zauberformel. Meditation ist keine Leiter, bei der es Stufen zu erklimmen gäbe. Es gibt auch kein Endziel. Es geht einfach nur darum, im Moment zu sein. Geben Sie also nicht gleich auf, sondern atmen Sie durch, wenn es bei den ersten Malen nicht so gut klappt. Meditation braucht Übung: Die Aufmerksamkeit halten zu lernen ist nicht einfach, aber es gelingt mit der Zeit grundsätzlich immer besser.

Aber auch wenn Sie schon jahrelang meditieren, haben Sie mal gute und mal schlechte Tage.

Gibt es ein richtiges Maß oder ein Zuviel?

Wenn Sie merken, dass es langsam mit den Übungen klappt und sich für Sie gut anfühlt, und wenn Sie vielleicht sogar Lust auf Mehr verspüren, dann können Sie natürlich auch mehr machen – öfter mal eine Pause zum Runterkommen einlegen oder sich intensiver mit der Heilung eines Themas beschäftigen. Wir nehmen uns auf jeden Fall – bis auf wenige Ausnahmen, wenn es partout nicht geht – morgens unsere Zeit für unsere tägliche innere Arbeit. Wir machen das schon lange »freestyle«. Jeder von uns hat ein Gefühl dafür, was für ihn heute am ehesten ansteht: Ob es darum geht, einfach nur in Stille zu sitzen, sich zu entspannen und sich für das, was ist, zu öffnen. Oder ob es um eine gute Verankerung im Körper geht, an einem Tag, an dem viel los sein wird und man Halt braucht. Oder ob ein Thema drückt: eine belastende Situation oder Beziehung, die Vergebung und Loslassen braucht. Oder ob es an der Zeit ist, sich mehr und mehr einem alten, schmerzlichen Gefühl zu stellen, das sich meldet, nachdem man es lange verdrängt hat.

Was mache ich danach?

Nach den drei festen Wochen mit dem Basisprogramm sollten Sie natürlich weitermachen, aber das ruhig immer mehr nach Ihrem eigenen Gefühl. Das heißt, dass Sie mehr und mehr für sich prüfen sollten, welche der Meditationen gerade für Sie passend scheint. Mit der Meditation ist es auch in diesem Punkt wie mit dem Sport. Man kann sie nicht auf Vorrat machen, man muss am Ball bleiben. Es gibt auch keine richtige oder falsche Meditation. Ihre richtige Meditation finden Sie mit der Zeit immer mehr aus einem inneren Gefühl der Resonanz heraus: Was sich gut anfühlt, wirkt und Ihnen Ruhe bringt, ist richtig. Das Tolle ist, dass Sie sich, nachdem Sie den Kurs grundsätzlich verinnerlicht haben, einfach je nachdem die passende geführte Meditation suchen und sich so Ihr eigenes Trainingsprogramm maßschneidern können.

Machen Sie es nach Ihrer Fasson, nur machen Sie es. Für uns ist ein Leben ohne die innere Arbeit überhaupt nicht mehr vorstellbar. Sie ist unser wahres Zuhause geworden.

Das alltägliche Geheimnis
für eine Rundumerneuerung
Ihres Lebens

»Das Glück ist ein Schmetterling«,
sagte der Meister. »Jag ihm nach und
er entwischt dir. Setz dich hin und er
lässt sich auf deiner Schulter nieder.«
»Was soll ich also tun, um das Glück
zu erlangen?«, fragte der Schüler.
»Du könntest versuchen, dich ganz
ruhig hinzusetzen — falls du es wagst!«,
antwortete der Meister.

Anthony de Mello

Die kleine Geschichte stammt vom indischen Jesuitenpater Anthony de Mello. Was heilt Ihr Herz? Wenn Sie still werden und Ruhe finden. Was heilt Ihre Beziehung? Wenn Sie still werden und Ruhe finden. Was heilt Ihren Körper und Ihr Liebesleben? Sie ahnen es schon …

Es gibt die Zeit der Stille, in der Sie sich bewusst den Übungen, der Heilung, Entspannung und Transformation widmen. Aber es gibt auch die restlichen mehr als 23 Stunden am Tag, an denen Minute für Minute Ihr ganz normales Leben darauf wartet, dass Sie es erfüllend leben. Dieses Jeden-Tag-Leben ist das Leben, das zum Blühen gebracht werden und mit anderen Menschen – vor allem Ihrem Partner – geteilt werden will. Denn es gibt kein anderes, besonderes Leben. Das normale Leben ist das Leben, in dem Sie unablässig – Atemzug für Atemzug – verweilen und all Ihre Erfahrungen machen. Damit es sich wirklich voll und lebenswert und nicht zum Flüchten und Weglaufen anfühlt, braucht es bei den allermeisten Menschen ein erneutes liebevolles Düngen und Pflegen und die Bereitschaft, im Kleinen wieder etwas Großes entdecken zu wollen. Wir möchten Ihnen hier nahelegen, das, was ist, lieben zu lernen, statt die ganze Zeit nach etwas Besserem oder besonders Liebenswertem zu suchen.

Wir sagen so oft in Vorträgen: »Partnerschaft besteht zu 99 Prozent aus Alltag.« Für Ihr Leben gilt das Gleiche. Deswegen ist es so wichtig, dass Sie sich im Alltag und in Ihrer Beziehung wieder den kleinen Dingen zuwenden, sich beim Frühstück oder beim Abendessen gegenseitig wirklich achtsam zuhören und sich nicht hinter Zeitungen vergraben oder auf Bildschirme starren. Oder dass Sie sich wieder drei Sekunden volle Aufmerksamkeit für den Begrüßungskuss schenken, statt routinemäßig Lippen zu streifen und Arme auf- und zuzuklappen. Es bringt auf Dauer nichts, den Alltag als lästiges Übel verstreichen zu lassen und stattdessen ständig nach Highlights oder Traumurlauben zu suchen. Wenn Sie sich nach einer Rundumerneuerung Ihrer Beziehung sehnen, dann sollten Sie sich in allergrößter Sorgfalt um jeden Moment des Alltags kümmern.

Hier ein paar Tipps wie Sie Ihre Beziehung und Ihr Alltagsleben düngen und saftiger machen …

Alles bewusst wahrnehmen

Das Leben will gelebt werden und nicht an Ihnen vorbeirauschen. Treffen Sie doch die Entscheidung, das Leben wieder fühlen zu wollen. Ihre Hände, Ihr Essen, den kleinen Kuss am Morgen, das Wasser auf Ihrer Haut beim Duschen, die Wärme der Hände Ihres Partners, die Stimmung im Büro, Ihre Traurigkeit, Ihre Freude, Ihr Bedürfnis nach Zärtlichkeit. Wenn Sie sich so im Fühlen üben, wird Ihr Leben wieder voller, und Sie werden wieder lebendig – aber natürlich auch verletzlicher. Fühlen zu üben sollte zu Ihrer täglichen Praxis werden. Erinnern Sie sich daran, wo auch immer Sie gehen oder stehen: Was mache ich gerade? Wie geht es mir gerade? Wie fühlt sich dieser Moment an? Diese Übung können Sie immer und überall völlig unbemerkt machen. Sie ist so simpel, dass man es kaum glauben kann, aber sie trägt eins der größten Geheimnisse des Lebens in sich: Sie schafft Fülle, egal wo Sie sind und was Sie tun, einfach nur weil Sie im ganz normalen Alltag intensiver da sind.

Atmen nicht vergessen

Es gibt so viele kleine Möglichkeiten, um kurz auszuspannen, die Stimmung zu drehen oder sich wieder besser verbunden zu fühlen. Schreiben Sie sich kleine elektronische Nachrichten, oder kleben Sie Zettelchen irgendwohin, wo sie Sie daran erinnern, kurz bei sich anzukommen. Eine Nachricht könnte zum Beispiel »Atmen« lauten. Dann wissen Sie, es ist Zeit, ein paar bewusste Atemzüge zu nehmen und dabei die Atembewegung im Körper zu spüren. Das können Sie überall unbemerkt tun, aber regelmäßig in den Tagesablauf eingeschoben, werden Sie erleben, dass Sie ruhiger werden und mehr bei sich sind.

Füße fühlen

Auch das können Sie überall: im Auto, in der Schlange an der Kasse, im Kino, am Schreibtisch, am Abendbrottisch, wenn alle durcheinanderreden; bei einem Streit, wenn Sie drohen, sich zu verlieren; vor einer wichtigen Rede oder einem Gespräch mit dem Chef. Richten Sie Ihre Aufmerksamkeit auf Ihre Füße. Nehmen Sie wahr, wie sich die Fußsohlen auf dem Untergrund anfühlen, wie die Zehen sich berühren und wo es in der Fußwölbung einen Hohlraum gibt. Während Sie das tun, verwurzeln Sie sich im Körper und lösen Sie sich vom Gedankenkarussell und dem Trubel in der Außenwelt oder im Kopf. Das gibt Ihnen Halt.

Ausschütteln

Nach einem stressigen Tag, nach einem Streit, nach zu langem Sitzen oder einer Autofahrt können Sie sich und Ihrem Körper ganz leicht etwas Gutes tun, wenn Sie sich ausschütteln. Einfach locker mit weichen Knien, aber gut verankert auf beide Füße stellen und von den Füßen ausgehend den Köper in eine sanfte Schüttelbewegung bringen. Stellen Sie sich dabei vor, wie Sie allen Stress und alle Verspannung einfach abschütteln. Ruhig ein paar Minuten machen, gern auch mit einer Musik, die Ihnen dabei guttut.

Im Moment sein

Üben Sie sich immer mehr darin, achtsam durch den Tag zu gehen. Halten Sie von Zeit zu Zeit inne und erinnern Sie sich daran, dass es etwas zu erfahren und den gegenwärtigen Moment bewusst wahrzunehmen gibt. Versuchen Sie mehrmals am Tag, innerlich in Worte zu fassen, was Sie wahrnehmen. Jede Erfahrung, die Sie machen, spiegelt sich auch als Empfindung in Ihrem Körper wieder: »Ah, das Wasser der Dusche läuft mir warm bis zu den Knöcheln runter.« Oder: »Mein Magen krampft schon auf dem Weg ins Büro.« Oder: »Hier auf der Verkehrsinsel steht ja ein alter, kräftiger Baum, den ich noch nie vorher wahrgenommen habe.« Oder: »Hier im Wald werde ich ruhiger.« Oder: »Wenn seine Stimme so ist, dann entspannt sich mein Nacken.« Wenn Sie sich eine Zeit lang in Achtsamkeit geübt haben, werden Sie sich wundern, was Sie alles fühlen und wahrnehmen, was Sie vorher nie bemerkt haben.

Allein nur mit mir

Lernen Sie das Alleinsein lieben. Das ist die kostbarste Zeit, die Sie sich schenken können, um sich kennenzulernen, um loszulassen und aufzutanken. Im Laufe der Meditationspraxis werden Sie »durchlässiger« und feiner in Ihrer Wahrnehmung. Schritt für Schritt schaffen Sie eine Art bewusste Grundpräsenz in Ihrem Leben. Sie sorgt dafür, dass Sie mehr Gelassenheit spüren gegenüber dem, was ist, und weniger

Drang, die Dinge verändern zu müssen. Doch Sie werden auch deutlicher merken, was Ihnen nicht guttut und was Sie so für Ihr Leben nicht mehr wollen. Deshalb brauchen Sie Zeit allein zu Hause oder in der Natur, um sich zu klären und zu nähren. Sie werden nicht umhinkommen, im Alltag hie und da neue Entscheidungen zu treffen: Gehe ich heute Abend aus oder wäre ich eigentlich lieber mit mir? Treffe ich mich mit X oder Y, oder brauche ich einfach mal Zeit für mich?

Guten-Morgen-Gute-Nacht-Ritual
Es kann wahre Wunder wirken, täglich morgens und abends eine Minute Ihren Körper innerlich zu »scannen« und mit Bewusstheit zu füllen. Hier mal hinspüren, da mal nachfühlen. Einfach ein paar ruhige Atemzüge dahin schicken, wo viel Spannung sitzt. Und schon löst sich ein Seufzer und mit ihm die Spannung. Dadurch wird Ihr Schlaf tiefer oder Ihr Tag beginnt wacher.

Ich bin ganz bei mir
Planen Sie einmal am Tag Ihre absichtsvollen fünf Minuten ein. Duschen Sie zum Beispiel jeden Morgen ganz bewusst: Spüren Sie das Wasser auf Ihrer Haut und stellen Sie sich vor, wie es alles von Ihnen abwäscht, was Sie belastet. Oder wie es Ihnen Lebendigkeit und Frische für den Tag bringt. Oder Sie lassen das Telefon mindestens einmal am Tag einen tiefen Atemzug lang klingeln, bevor Sie den Anruf annehmen. Verbinden Sie diesen Atemzug mit einer Absicht für Ihr Telefonat: Ich bleibe in diesem Gespräch ganz bei mir. Oder: Während ich spreche, bin ich mir weiterhin meines Körpers bewusst. Oder: In diesem Telefonat schenke ich dem anderen Mitgefühl und Achtsamkeit. Oder Sie tanzen zu einem Lied

und entscheiden vorher, dass Ihnen dies Freude und Sinnlichkeit bringen wird. Was auch immer Ihre Absichten sind, sich mit ihnen zu verbinden, bringt mehr Qualität in Ihr Leben.

Ich liebe meinen Körper

Setzen oder legen Sie sich für eine Minute bequem hin und schließen Sie die Augen. Verbinden Sie sich mit Ihrem Atem. Suchen Sie einen Ort in Ihrem Körper, wo Sie seine Bewegung wahrnehmen können. Folgen Sie einen Moment lang Ihrem Atem, wie er in den Körper einströmt und wieder ausströmt. Dann schenken Sie Ihrem Körper jeweils für einige Sekunden vom Kopf abwärts Ihre liebevolle Aufmerksamkeit, so als ob Sie Hallo zu einem lieben Freund sagen wollten: Kopf, Hals, Brust, Arme, Hände, Bauch, Becken, Oberschenkel, Knie, Waden, Füße und Zehen. Dann tun Sie das Gleiche andersherum und wandern wieder nach oben. Lassen Sie Ihre Bewusstheit in Ihrem Körper nun wie eine Welle mehrmals auf und ab wogen. Eine Minute genügt schon.

Wenn der Same
erst einmal ist gesät ist ...

> »Die Kraft der Gedanken ist unsichtbar
> wie der Same, aus dem ein riesiger Baum
> erwächst; sie ist aber der Ursprung
> für die sichtbaren Veränderungen im
> Leben des Menschen.«

Leo Tolstoi

Leo Tolstoi benutzt dieses Bild, um die allumfassenden und grundlegenden Auswirkungen unserer Gedanken und Überzeugungen auf unser Leben deutlich zu machen. Die Samen, die Sie jetzt beim Üben mit diesem Kurs säen, sind vielleicht erst mal unsichtbar. Aber wenn Sie den Boden düngen und pflegen, dann sorgen Sie damit für sichtbare Veränderungen.

Wir möchten Ihnen von ganzem Herzen danken, dass Sie sich dieses Geschenk gemacht haben. Es braucht Mut, sich zu öffnen und sich mit all der Einzigartigkeit, aber auch mit dem Schmerz ganz und gar anzunehmen. Ganz ehrlich: Dafür gebühren Ihnen Ehre und Anerkennung.

Vielleicht lesen Sie das hier ja, während Sie schon mit den Übungen angefangen haben. Vielleicht sagen Sie: Ich merke ja noch nicht so viel ... Sie sollten wissen, dass Sie Samen gesät und in fruchtbaren Boden gesetzt haben. Jetzt heißt es: Vertrauen!

Leben Sie, so oft Sie können, in dem festen Wissen, dass Sie die Saat Ihrer Absicht, liebevoll mit sich selbst in liebevollen Beziehungen zu leben, im fruchtbaren Feld aller Möglichkeiten ausgesät haben. Dort wird die Saat aufgehen und Ihre Liebe, Ihr Mitgefühl sowie Ihre Bereitschaft, zu vergeben und loszulassen zum Erblühen bringen.

Das größte Geheimnis der Liebe ist wohl, wirklich an sie zu glauben. Das ist nicht naiv. Das heißt, dass Sie von ihrer Gegenwart und Kraft bereits überzeugt sind, auch wenn Sie erst mal nur einen leeren Acker sehen. Die Saat trägt das gesamte Potenzial in sich. Alles, was es jetzt als Dünger braucht, sind Ihr ungebrochener Glaube und Ihre liebevollen Handlungen. Wenn Sie sich nicht beirren und ablenken lassen, dann werden die Samen blühen! Und zwar zwangsläufig und leicht, da jeder Same auf dieses Erblühen von Natur aus zustrebt, wenn er richtig behandelt wird.

All die Liebe, die in uns verschüttet ist, wieder zu entdecken und zu befreien, ist in dieser verwirrten, unwissenden Zeit nicht leicht. Aber wenn Sie wirklich Mut und Ehrlichkeit aufbringen und wenn Sie von ganzem Herzen einen anderen Weg voller Erfüllung und Liebe ersehnen, dann werden Sie vom Leben auf diesem Weg sicher geführt werden. Schauen Sie jedoch wachsam darauf, von wo tatsächlich Antworten auf Ihre innersten Fragen kommen. Vertrauen Sie auf das, was hilft und heilt, und nicht auf das, was von anderen als hilfreich und heilsam anerkannt wird. Wenn er uns begegnet, sieht Gott selten aus wie der weise Mann mit dem grauen Bart. Und wenn die Liebe uns begegnet, trägt sie selten Flügel.

In welcher Form und Gestalt uns auch immer die Hilfe auf unserem Weg erscheint – wir müssen uns entscheiden, sie anzunehmen. Am Ende sind immer wir selbst gefordert, unseren Frieden zu machen mit der Welt, so wie sie ist. Am Ende geht es eben auch nicht darum, die passenden Partner zu finden – am Ende geht es darum, unser Leben für uns zurückzuerobern. Niemand anders kann das für uns tun. Aber wenn wir darum bitten, können uns alle Kräfte zwischen Himmel und Erde bei dieser größten unserer Aufgaben unterstützen.

Bitten Sie in diesem Sinne um Unterstützung. Wagen Sie ein Gebet. Wir können Ihnen nur sagen, dass es gehört wird.

Literaturverzeichnis

Martha Beck: *Das Polaris-Prinzip. Entdecke wozu du bestimmt bist – und tue es!* Deutsche Übersetzung: Jochen Lehner. München: Integral Verlag 2002.

Die Bibel. Einheitsübersetzung. Stuttgart: Katholische Bibelanstalt 1980.

Lise Bourbeau: *Heile die Wunden deiner Seele mit der Weisheit deines Körpers. Die Botschaften deines Körpers wandeln sich zur Quelle spiritueller Kraft.* Aitrang: Windpferd Verlag 2001.

Rhonda Byrne: *The Secret. Das Praxisbuch für jeden Tag.* Deutsche Übersetzung: Andrea Panster. München: Arkana Verlag 2014.

Pema Chödrön: *Meditieren. Freundschaft schließen mit sich selbst.* Aus dem Amerikanischen von Stephan Schuhmacher. München: Kösel Verlag 2013.

Paulo Coelho: *Der Alchimist.* Aus dem Brasilianischen von Cordula Swoboda Herzog. Zürich: Diogenes Verlag 1996.

Paulo Coelho: *Am Ufer des Rio Piedra saß ich und weinte.* Aus dem Brasilianischen von Maralde Meyer-Minnemann. Zürich: Diogenes Verlag 1997.

Paulo Coelho: *Der Dämon und Fräulein Prym.* Aus dem Brasilianischen von Maralde Meyer-Minnemann. Zürich: Diogenes Verlag 2001.

Paulo Coelho: *Handbuch des Kriegers des Lichts.* Aus dem Portugiesischen übersetzt von Maralde Meyer-Minnemann. Zürich: Diogenes Verlag 2001.

Johann Wolfgang von Goethe: *Wilhelm Meisters Wanderjahre oder die Entsagenden.* In: Ders.: *Werke.* Hamburger Ausgabe in 14 Bänden. Band 8. Textkritisch durchgesehen und kommentiert von Erich Trunz. München: C. H. Beck-Verlag 1994.

Ernst Jünger: *Sämtliche Werke.* Zweite Abteilung: Essays VI: Fassungen I, Band 12. Stuttgart: Klett-Cotta 2002.

Jon Kabat-Zinn: *Im Alltag Ruge finden. Meditationen für ein gelassenes Leben.* München: Knaur Verlag 2010.

Jon Kabat-Zinn: *108 Momente der Achtsamkeit. Auszüge aus »Zur Besinnung kommen«.* Zusammengestellt von Hor Tuck Loon und Jon Kabat-Zinn. Freiamt im Schwarzwald: Arbor Verlag 2009.

Jack Kornfield: *Meditationen, die unser Herz öffnen.* Aus dem Englischen übersetzt von Ilse Fath-Engelhardt und Claudia Göbel. München: Arkana Verlag 2010.

Eckhart Tolle: *Stille spricht. Wahres Sein berühren.* Aus dem Amerikanischen von Erika Ifang. München: Arkana Verlag 2003.

Carl-Friedrich von Weizsäcker: *Gespräch über Meditation.* In: *Der Garten des Menschlichen. Beiträge zur geschichtlichen Anthropologie.* München, Wien: Carl Hanser Verlag 1981.

Eva-Maria Zurhorst: *Liebe dich selbst und es ist egal, wen du heiratest.* München: Wilhelm Goldmann Verlag 2004.

Unsere Leseempfehlung

400 Seiten
Auch als Hörbuch
und E-Book
erhältlich

»Die meisten Scheidungen sind überflüssig«, glaubt Eva-Maria Zurhorst. Anhand zahlreicher Beispiele macht sie deutlich, woran es hakt, wenn vom Anfangsglück einer Partnerschaft nicht mehr viel übrig ist außer Enttäuschung und Wut oder warum die Erwartung, dass mit dem nächsten Partner alles besser werde, falsch ist. Die Autorin zeigt, wie wir die Partnerschaft als Entwicklungsweg nutzen können. Denn eine tiefe Beziehung und Liebe sind gerade dort möglich, wo wir die Hoffnung vielleicht schon aufgegeben haben.

www.goldmann-verlag.de
www.facebook.com/goldmannverlag

GOLDMANN
Lesen erleben

Unsere Leseempfehlung

384 Seiten
Auch als Hörbuch
und E-Book
erhältlich

Bestsellerautorin Eva-Maria Zurhorst zeigt hier, zusammen mit ihrem Mann Wolfram, die nächsten Schritte aus der Beziehungskrise hinein in das Abenteuer Ehe-Alltag. Auf eine sehr persönliche und berührende Art erhält der Leser bisweilen unbequeme, jedoch wirkungsvolle Antworten. Er lernt, die schwierigen Zeiten einer Partnerschaft als kraftvolle und heilsame Chance für Wachstum zu nutzen. Die Autoren zeigen u.a., wie wichtig Phasen des Alleinseins für Singles und Paare sind und welche Möglichkeiten dabei entstehen, sich für Verbindung und Nähe zu öffnen.

Unsere Leseempfehlung

256 Seiten
Auch als Hörbuch
erhältlich

Die Bestsellerautoren Eva-Maria und Wolfram Zurhorst beschreiben anhand vieler Beispiele Wege aus beruflichen Sackgassen, Selbstausbeutung und überhöhten Erfolgsansprüchen. Aus ihrer Erfahrung als Coaches ermutigen sie ihre Leser, sich Fragen zu stellen, die vielleicht lange dem Sicherheitsdenken und überhöhtem Erfolgsanspruch weichen mussten. Mit vielen praktischen Übungen hilft das Buch, berufliche Krisen dazu zu nutzen, eingefahrene, aber nicht mehr hilfreiche Glaubenssätze zu überwinden und das eigene Potenzial zu aktivieren.

Unsere Leseempfehlung

352 Seiten
Auch als Hörbuch
und E-Book
erhältlich

Probleme mit der Sexualität bringt fast jedes Paar mit, das in die Praxis von Eva-Maria Zurhorst kommt. Frauen fühlen sich von der Lust an der Liebe verlassen und Männern schlagen Stress, Leistungsdruck oder Zurückweisung durch die Partnerin auf die Seele. Soulsex beschreibt Zurhorsts persönliches Wundermittel für die Heilung von Beziehungsstress und die Rückkehr der körperlichen Lust: Der Sex muss mit dem Herzen verbunden werden. Soulsex zeigt Paaren den Weg, sich wieder neu für den Sex zu öffnen, Angst und Scham zu überwinden und sich ohne Druck genussvoll fallen zu lassen.

www.goldmann-verlag.de
www.facebook.com/goldmannverlag

 GOLDMANN
Lesen erleben

Unsere Leseempfehlung

304 Seiten
Auch als E-Book
und Hörbuch
erhältlich
inkl. 1 Mp3-CD,
Laufzeit ca.
2 Std. 15 min.

ida steht für ein einzigartiges Selbstentwicklungsprogramm, mit dem wir die Dinge in unserem Leben ohne fremde Hilfe in Ordnung bringen können. Eva-Maria Zurhorst hat mit Hilfe von ida ihr eigenes Leben und ihre Beziehung geheilt und aus ihren Erfahrungen ein alltagserprobtes Programm zusammengestellt. Ob es um Beziehung, Beruf, Kreativität geht oder um Ruhe und Lebendigkeit, dieses Programm ist leicht zu handhaben und lässt sich harmonisch in den Alltag integrieren.

Unsere Leseempfehlung

192 Seiten

Das Geheimnis einer glücklichen Partnerschaft? Es ist der einfache, aber radikale Wechsel des Blickwinkels: weg vom anderen, hin zu sich selbst. Dazu gehört eine große Portion Ehrlichkeit und die Bereitschaft, sich selbst so anzunehmen wie man ist. Dann können Wunder geschehen. Die Bestsellerautoren Eva-Maria und Wolfram Zurhorst, Deutschlands renommierteste Beziehungsexperten, zeigen ganz praktisch, Schritt für Schritt, wie man den heilsamen Umgang mit sich selbst und dem Partner lernen kann.

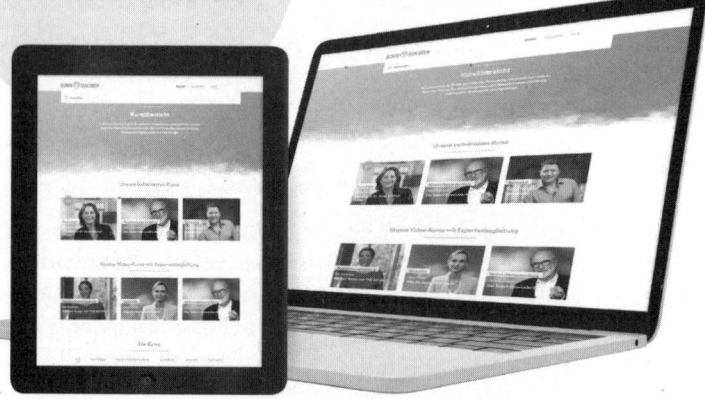